이나모리 가즈오
도전자

도전자

초판 1쇄 발행 | 2010년 11월 25일
초판 2쇄 발행 | 2011년 1월 3일

지은이 | 시부사와 가즈키
옮긴이 | 이춘규
펴낸이 | 공혜진
펴낸곳 | 도서출판 서돌
편집 | 조일동 김진희
마케팅 | 임채일
경영지원 | 김복희
디자인 | 남미현

출판등록 | 2004년 2월 19일 제313-2004-239호
주소 | 서울시 마포구 서교동 396-58
전화 | 02-3142-3066
팩스 | 02-3142-0583
메일 | editor@seodole.co.kr
홈페이지 | www.seodole.co.kr

ISBN 978-89-91819-58-0 03320

* 책값은 뒤표지에 있습니다.
* 잘못 만들어진 책은 구입하신 서점에서 교환해드립니다.
* 이 도서의 국립중앙도서관 출판시도서목록(CIP)은 e-CIP 홈페이지(http://www.nl.go.kr/ecip)
  에서 이용하실 수 있습니다. (CIP제어번호 : CIP2010003943)

이나모리 가즈오
도전자

시부사와 가즈키 지음 | 이춘규 옮김

서돌

어려운 일을 완수해내는 사람은
지식이나 기술, 자금이 많아서가 아니라
순수한 마음을 잃지 않았기 때문이다.

차례

프롤로그

전화요금을 낮추어라

이 책은 한 명의 경영자와 19명의 젊은이들의 도전에 관한 이야
기다. 그들의 도전 상대는 직원 32만 명의 독점기업이었다. 그들은
물자나 자금 면에서 열세였고, 어느 누구도 그들의 도전이 성공하
리라 예상하지 않았다. 하지만 그들은 지혜와 열정을 무기로 거대
독점기업의 급소를 파고들어, '일본의 전화요금을 낮추겠다'는 순
수한 마음을 현실로 바꾸었다. 사람이 기적을 만들 수 있음을 증명
해 보인 것이다. 일본의 경제사에 한 획을 그은 이 이야기는 오늘
을 살아가는 우리에게 다음과 같은 메시지를 던져준다.

"절대 포기하지 마라. 상황을 바꾸려면 스스로 일어나 도전해
야 한다."

1983년 초, 일본의 전기통신 업계에 개혁의 바람이 불기 시작했다. 일본전신전화공사(현 NTT)가 누려온 100년간의 전기통신사업 독점 체제가 끝나고, 자유화·민영화·경쟁의 시대가 온 것이다. 그 계기는 제2차 임시행정조사회(중심인물의 이름을 따 도코임시조사회라고 부름)가 발족하면서부터였다.

공중전기통신법은 일본 국내 통신은 일본전신전화공사가, 국제 통신은 국제전신전화주식회사(KDD)가 독점적으로 취급하도록 규정했다. 도코임시조사회는 이에 따른 독점의 폐해를 없애기 위해 전화·전신 산업에 신규 참여를 인정해야 한다는 것을 그 전해인 1982년 7월 말에 기본 방침으로 정했다. 임시조사회가 독점의 가장 큰 폐해로 지적한 것은 미국이나 영국보다 훨씬 비싼 전화요금이었다. 임시조사회는 일본전신전화공사의 분할·민영화까지 명시했다.

도코임시조사회의 방침을 받아들인 우정성은 이르면 1984년을 목표로 기존 공중전기통신법을 전기통신사업법으로 발전시키는 등 법률을 정비하고, 새롭게 발족한 전기통신심의회를 중심으로 새로운 전기통신 정책과 비전을 만들어 실행하겠다고 발표했다.

공중전기통신법을 민간도 포함한 전기통신사업자 전체를 대상으로 하는 전기통신사업법으로 개정한다는 것은 일본전신전화공사의 독점을 막고 민간기업에 문호를 개방한다는 것을 의미한다. 하지만 일본전신전화공사의 분할·민영화와 전기통신사업의 자유화는 그 오랜 역사나 저항 세력, 사회적인 파급력 때문에 일본전매공사와 일본국유철도의 분할·민영화보다 훨씬 어려운 개혁으로 여겨져 왔다.

　도코임시조사회가 국영기업 100년의 독점에 반기를 든 기본 방침을 발표하자 정치계와 산업계에서는 격렬한 논쟁이 벌어졌다. 특히 "일본전신전화공사의 분할·민영화는 전기통신산업의 공공성을 훼손한다", "신규 참여를 인정하는 것은 시기상조다"라는 목소리가 끊이지 않았다. 하지만 움직이기 시작한 시곗바늘은 멈춰 세울 수 없었다. 민간사업의 활성화, 경쟁 정책을 성원하는 목소리에 힘입어 일본의 전기통신, 아니 일본 자체가 크게 변하려 하고 있었다.

　그런 혁명의 발소리에 귀를 기울이고 있던 이나모리 가즈오는 자신이 소용돌이를 일으켜야겠다고 생각했다.

1

폭풍 속으로 뛰어들다

1

1983년 봄, 이나모리 가즈오는 스스로에게 진지하게 물었다.

'전기통신사업에 정당한 경쟁을 불러와 전화요금을 낮추고 싶다는 나의 생각은 정말 순수한가? 전기통신사업법이 제정되고 전기통신사업이 민간에 개방되면 내가 전전공사에 도전의 기치를 들어야 하는가?'

언론 매체들은 너나없이 일본전신전화공사(이하 전전공사)의 민영화와 전기통신사업의 자유화를 기정사실로 보도했다. 하지만 신규 참여자가 나타나지 않으면 전전공사의 독점 체제는 흔들리지 않는다. 그리고 독점이 계속 유지되면 미국보다 열 배 이상 비싼 전화요금은 결코 내려가지 않는다.

'그렇다면 내가 뛰어들어 정당한 경쟁을 일으키고 전화요금을 낮추어야 하지 않을까? 그리고 그것을 통해 이 나라가 고도정보화 사회로 발전할 수 있도록 도와야 하지 않을까?

이런 생각과 함께 가까운 장래에 실현될 것이 분명한 고도정보화사회의 미래상을 머릿속에 그려보는 나날이 계속되었다. 때마침 미국에서는 AT&T(미국전화전신회사)와 IBM이 컴퓨터 관련 회사들을 통신회선으로 연결해 데이터를 주고받는 고도정보통신시스템을 개발했고, 미국 정부는 이런 움직임을 지원하기 위해 통신회선 이용 자유화에 힘쓰고 있었다.

그러나 미국과 달리 일본은 기술의 진보로 고도정보화사회가 실현된다고 해도 지금 당장은 반길 상황이 아니었다. 우정성이나 전전공사는 장밋빛 미래를 선전하고 있지만, 기업이나 가정에서 그 은혜를 향유하려면 큰 부담을 안을 수밖에 없었다.

당시 기업들은 각종 데이터를 주고받을 때 전전공사에 많은 통신요금을 지불해야 했다. 이는 일반 가정도 마찬가지였다. 인터넷으로 쇼핑한다고 가정해보면, 마음에 드는 물건을 고르기 위해 백화점 사이트를 이곳저곳 옮겨 다니는 동안 통신요금은 자신도 모르는 사이에 그 물건 값을 넘어버릴 수 있었다.

'전화요금을 낮추는 것은 시대와 사회의 요청이 아닐까?'

이나모리 가즈오는 이렇게 생각하면서, 스스로에게 다시 질문했다.

'이렇게 생각하는 것은 내게 딴마음이 있어서는 아닐까? 폼을 잡고 싶어서 그런 것은 아닐까? 돈을 더 많이 벌고 싶다는 욕심과 국민적인 인기를 얻고 싶다는 허황된 생각 때문은 아닐까?'

하지만 도쿄임시조사회가 기본 방침을 발표하면서 일본 사회에 자유화·민영화에 대한 기대가 싹트고 있는데, 언제까지 이런 생각에만 빠져 있을 수는 없었다.

그 무렵, 사람들은 거대 전자회사나 종합상사들이 컨소시엄을 구성해 전전공사에 도전할 것이라고 예상했다. "누군가 경쟁에 참가하겠다고 말하겠지"라며 다들 기대를 품었다. "전전공사와 맞서려면 도요타자동차나 도쿄전력, 히타치제작소 정도는 되어야 하지 않겠어?"라고 말하는 이들도 있었다. 이나모리 가즈오 역시 그러리라 기대했다. 하지만 해가 바뀌어도 신규 참여를 신청한 기업은 단 한 곳도 없었다.

상황이 이렇게 되자 이나모리 가즈오는 애초부터 대기업에 기대를 걸었던 것이 잘못이었음을 깨달았다. 대기업 경영자들은 규모가 크고 강력한 전전공사에 도전장을 내밀 리가 없었다.

전전공사는 1868년부터 100년 이상 일본의 전기통신 그 자체였다. 전전공사는 총자산 10조 엔, 직원 32만 명의 일본 최대 기업이었다. 더구나 전전공사는 일본의 전신·전화를 독점해, 전기통신에 관한 거의 모든 기술을 손안에 쥐고 있었다.

그런 전전공사에 도전하기에는 리스크가 너무 커 회사 내부에서 반대 의견이 나올 것이 분명했다. 반대 의견을 떨쳐내고 자신의 뜻을 관철하려면 강력한 리더십과 용기가 필요했다. 하지만 대기업 경영자들 중 그 일에 뛰어들 만큼 용감한 사람은 없었다.

그러자 사람들은 이렇게 말했다.

"그렇다면 이제 누가 할 수 있을까? 전전공사에 도전하는 것은 모험심 강한 벤처기업 경영자밖에는 없지 않을까?"

이나모리 가즈오는 전화요금과 관련해 잊을 수 없는 일을 경험했다. 미국 샌디에이고 교외에 있는 교세라의 현지법인, 교세라아메리카를 방문했을 때의 일이다.

교세라아메리카에는 전화를 오래 쓰기로 소문난 직원이 있었다. 이나모리 가즈오가 방문한 날에도 그는 사무실에서 큰 소리로 통화하고 있었다. 이나모리 가즈오가 유심히 들어보니, 뉴저지에 있는 거래처와 통화하고 있는듯했다. 샌디에이고에서 뉴저지까지의 거리는 약 4천 킬로미터로, 도쿄에서 교토까지 거리의 열 배에 이른다.

이나모리 가즈오는 전화요금도 비싼데 너무 오래 통화하는 것 아니냐며 그를 나무랐다. 그러자 그가 이렇게 반박했다.

"사장님, 이렇게 전화해도 전화요금은 얼마 나오지 않습니다."

거짓말이 아니었다. 그가 사용한 전화요금은 이나모리 가즈오가 짐작했던 것보다 훨씬 저렴했다. 약 4천 킬로미터 떨어진 샌디에이고-뉴저지를 3분간 통화하는 데 소요되는 요금은 일본 돈으로 300엔이었다. 약 500킬로미터 떨어진 도쿄-오사카의 통화요금이 3분에 400엔인 것을 감안하면 일본의 10분의 1도 안 되는 요금이었다. 평소 일본의 전화요금이 너무 비싸다고 생각해왔던 이나모리 가즈오에게는 믿기지 않을 정도로 싼 요금이었다.

1959년 교세라를 창업한 이후 이나모리 가즈오는 도쿄에 가서 히타치제작소, 도시바, NEC 등과 상담하는 일이 잦았다. 그는 상담이 끝나자마자 가까운 공중전화로 가서, 교토의 교세라 본사에 있는 연구개발 스태프들에게 상담 결과를 알려주고, 의뢰받은 부품에 대해 설명하고 업무를 지시했다. 그때마다 갖고 있던 동전들이 몇 분 만에 사라져버리곤 했다. 그런 상황은 20년이 지난 1983년에도 전혀 개선되지 않았다.

그와는 반대로 미국은 상상을 뛰어넘을 정도로 전화요금이 내려가고 있었다. 그것은 모두 규제완화와 자유화의 결과물이자 혜택이었다. 미국은 미국 연방통신위원회의 주도하에 1970년대부터 전기통신사업의 규제 완화를 진행했다. 저렴한 전화요금을 장점으로 내세운 MCI나 스프린트 등이 전기통신사업에 신규 참여해, 세계 최대의 전화회사인 AT&T와 경쟁했다. 이들의 치열한 경쟁으로 전화요금은 점점 더 내려갔다.

이런 자유화의 흐름은 더욱더 거세질 분위기였다. 반독점 소송에서 패한 AT&T의 분리·분할이 결정되면서 AT&T는 산하에 거느린 22개의 지역 전화회사와 연구 개발 부문을 분리해 장거리 전화에만 집중하고 있다.

시간이 흘러, 계절은 색색의 꽃들로 물든 봄을 지나 여름에 접어들고 있었다. 그런 중에도 이나모리 가즈오는 '나의 생각은 순수한가? 정당한 동기에 기초하고 있는가?' 끊임없이 스스로에게 물었다. 그리고 마침내 결단을 내릴 준비를 갖추었다. '누군가 하지 않으면 안 된다' 라는 막연한 생각이 '내가 해야 한다' 는 사명감으로 바뀌었다.

그러나 그 사명감에 한 점이라도 불순한 의도가 있다면 사업은 성공할 수 없었다. 상대는 일본 최대 기업, 전전공사였다. 교토의 일개 벤처기업이 100년의 역사를 이어온 거대한 독점기업에 도전장을 내미는 일이었다. 스스로를 다그치고, 용기를 불러일으키기 위해서라도 반드시 동기가 순수해야만 했다.

'지금 내가 하고자 하는 일은 진정 내 마음에서 우러난 것인가? 그 동기는 정말 순수한가?'

수천 번, 아니 수만 번 이 질문을 되풀이했다. 그리고 마침내 흔들리지 않는 확신이 섰다.

1983년 7월, 이나모리 가즈오는 임시 임원회의를 소집했고, 임원들은 예정된 시각보다 5분 일찍 교세라 회의실에 모였다.

"다들 바쁜 건 알지만, 여러분에게 꼭 하고 싶은 말이 있어서 이렇게 임시회의를 소집했습니다. 지난 반년간 혼자 생각해온 일입니다만……."

이나모리 가즈오는 숨을 한 번 들이마신 뒤 말을 이었다.

"도코임시조사회가 지난해 제출한 기본 방침은 여러분도 알고 있겠죠? 전전공사의 분할·민영화, 통신사업 신규 참여 자유화를 제창해, 전전공사가 누려온 독점에 반기를 든 것 말입니다. 그에 발맞추어 전전공사의 독점을 막고 민간기업에 문호를 개방하는 전기통신사업법이 제정될 날도 얼마 남지 않았습니다. 이것은 혁명이라고 부를만한 엄청난 개혁입니다. 이 소식을 듣고 나는 대기업이 컨소시엄을 구성해 경쟁에 뛰어들 것이라고 기대해왔습니다.

하지만 아무리 기다려도 신규 참여자는 나타나지 않았습니다. 생각해보면 당연한 일일지도 모릅니다. 거대하고 강력한 전전공사에 정면으로 맞서려면 엄청난 리스크를 안아야 하니 말입니다."

이나모리 가즈오는 거기에서 말을 멈추었다. 임원들은 마른침을 삼키며 이나모리 가즈오를 주시했다. 다들 말 한마디 꺼내지 못했다.

"그러나 나는 어떻게 해서든 도전해보고 싶습니다. 지난 반년간 생각하고 번민한 끝에 내린 결론입니다. 엄청난 리스크를 안아야 하는 사업이지만, 새로운 전화회사를 만들어 전전공사에 도전하고 싶습니다. 설령 실패하더라도 회사에는 피해가 없도록 하겠습니다. 교세라가 갖고 있는 약 1,500억 엔의 내부 보유 자금 중 1,000억 엔을 사용할 예정입니다. 그 돈을 날려버린다면 이것은 분수에 맞지 않는 사업이라고 생각하고 깨끗이 포기하겠습니다."

이나모리 가즈오는 임원들을 둘러보았다. 임원들은 몸을 곧추세우고 그의 다음 말에 귀를 기울였다.

"내가 이렇게 큰 리스크를 감수하고 전화사업에 나서고자 하는 이유는 단 하나, 일본의 전화요금을 낮추고 싶기 때문입니다. 여러분도 잘 알고 있듯이 일본의 전화요금은 미국보다 열 배나 비쌉니다. 이것은 전전공사의 독점 때문입니다. 그래서 나는 새로운 전화회사를 만들어 전기통신 시장에 정당한 경쟁을 일으키고, 전화요금을 내리고 싶습니다. 전화요금이 내려가면 고도정보화사회도 더 빨리 올 테고, 이는 일본의 경쟁력을 높여 국민의 생활을 풍요롭게 해줄 것입니다. 반대로 전화요금이 계속 비싸다면 국민의 부담은 점점 더 늘어날 것입니다. 세상을 위해, 국민을 위해 리스크를 감수하고 과감하게 도전해보고 싶습니다."

임원들은 이나모리 가즈오가 펼쳐 보인 장대한 구상과 회의실을 감싸고 있는 엄숙한 분위기에 압도되어 아무 말도 하지 못했다.

회의실 안에는 한참 동안 침묵이 이어졌고, 마침내 한 임원이 입을 열었다.

"저는 찬성합니다. 사장님의 생각에 동참하고 싶습니다."

그러자 다른 임원도 거들었다.

"저도 함께 하고 싶습니다. 지금까지 그랬던 것처럼 말입니다."

다른 임원들도 이나모리 가즈오를 쳐다보면서 고개를 끄덕였다.

"고맙습니다! 정말 고맙습니다!"

이나모리 가즈오는 머리를 숙여 감사 인사를 했다.

1983년 8월, 사회자가 강연자를 소개했다. 강연자가 연단에 오르자, 교토 상공회의소 회의장을 가득 메운 청중이 열렬하게 박수를 보냈다. 강연자는 이런 분위기에 익숙한 듯 당황하는 기색 없이 "방금 소개받은 전전공사 긴키 전기통신국의 센모토 사치오입니다"라고 자기 소개를 한 뒤 강연을 시작했다. 이나모리 가즈오는 청중 틈에서 강연자를 주시했다.

이나모리 가즈오는 강연 주최자 중 한 명으로 강연장에 참석했다. 당시 이나모리 가즈오는 교토 상공회의소 부회장을 맡고 있었지만 재계 모임과는 되도록 거리를 유지했다. 그런데 교토 상공회의소 회장이 그런 그에게 몇 번이나 전화를 해 꼭 와달라고 요청했다.

"이번 강연은 관련 분야에 있는 경영자라면 반드시 들어봐야 합니다."

강연자는 '대규모집적회로(LSI)와 고도정보화사회 실현'을 주제로, 반도체 기술의 비약적인 발전이 고도정보화사회를 실현하고, 통신자유화까지 가져온다고 역설했다. 이나모리 가즈오는 세라믹 제품을 개발해오면서 LSI의 가능성과 기술적인 문제들을 수없이 고민해왔다. 그 때문에 강연 내용은 새로울 것이 없었다. 하지만 강연자만은 매우 인상적이었다.

"고도정보통신시스템은 사회와 모든 기업을 하루아침에 바꿀 것입니다. 그것을 실현하기 위해 제가 여러분 앞에 섰습니다. 저는 전전공사의 선두에 서서 고도정보통신시스템의 가치와 중요성을 알리고 있습니다."

강연자인 센모토는 강연 중간 중간에 자신이 전전공사의 미래를 책임지고 있다며 자랑스러워했다. 이나모리 가즈오는 그런 그를 지켜보면서, 자긍심이 강한 그가 전전공사라는 거대 조직 안에서 어떻게 평가받고 있을지 생각하자 안타까움이 앞섰다.

"제 강연이 도움이 되셨습니까?"

강연을 끝낸 센모토가 이나모리 가즈오에게 다가와 물었다. 센모토의 얼굴에는 여전히 자긍심이 넘쳤다.

이나모리 가즈오는 잠시 뜸을 들인 후 대답했다.

"LSI의 발전이 고도정보화사회를 실현하고, 전기통신사업의 자유화까지 불러온다는 말씀, 잘 들었습니다. 하지만 전전공사와 경쟁할 기업이 나타나지 않는다면 이 땅에서 진정한 의미의 자유화가 실현될 수 있을까요? 지금까지 전기통신사업에 뛰어든 기업이 한 곳도 없다는 점은 큰 문제입니다."

"저도 같은 생각입니다."

"그래서 내가 나설까 합니다."

그 말에 센모토는 놀라는 표정이었다.

"센모토 씨, 오늘 강연은 인상적이었지만, 강연 도중에 저런 말을 해도 되나 싶어 내 가슴이 철렁했습니다. 실례가 될지 모르지만, 평소에도 그렇게 말해 회사 경영진으로부터 따돌림 당하지는 않았습니까? 전전공사는 튀는 직원을 절대로 용납하지 않는 것으로 알고 있습니다."

"그걸 어떻게……."

센모토는 급소를 찔렸는지 더 이상 말을 잇지 못했다.

"전전공사를 그만두고, 우리 회사에 오지 않겠습니까? 함께 전전공사와 경쟁할 회사를 만들어보지 않겠습니까?"

그 말에 한동안 멍해 있던 센모토가 입을 열었다.

"정말이십니까?"

"물론입니다. 나는 이런 말을 농담으로 하지 않습니다. 나와 함께할 생각이 있다면 연락 주십시오. 기다리고 있겠습니다."

이나모리 가즈오는 자신의 명함에 집 전화번호를 적어 센모토에게 건넸다. 센모토는 넋이 나간 사람처럼 한참 동안 그 명함을 들여다보았다.

2

지하철 계단을 빠져나온 가타오카 마스미는 어깨를 움츠렸다. 해가 지면서 날씨가 갑자기 쌀쌀해져, 지금이 정말 9월인가 싶을 정도로 바람이 차가웠다. 게다가 비까지 세차게 내려 우산을 써도 잠깐 사이에 옷이 비에 젖고 말았다. 그는 서둘러 약속 장소인 아카사카프린스호텔로 향했다.

날씨 때문인지 호텔 3층의 커피숍에는 손님이 몇 명뿐이었다. 그 때문에 구석진 테이블에 앉아 있는 센모토를 금방 찾아냈다.

"오랜만이야! 우선 이것부터 봐주게."

가타오카가 자리에 앉자마자 센모토는 서류 파일부터 건넸다. 그것은 센모토가 강연한 경제단체의 회보와 업계 관련 신문기사의 복사본들이었다.

"올해만 해도 강연이 그럭저럭 100회를 넘었어. 그러다 보니 재계 거물들과도 자연스럽게 어울리게 되고……."

센모토는 의기양양한 표정이었다. 센모토는 가타오카보다 다섯 살 위로 올해 마흔한 살이었지만, 잘난척하는 것은 여전했다.

가타오카는 커피를 한 모금 마신 후 복사물을 들여다보았다.

그는 약 1년 반 동안 도시와 도시 사이를 케이블로 연결하는 유선 전송 부서에서 센모토와 함께 일했다. 지금으로부터 5년 전으로, 그가 전전공사에 입사한 지 10년이 지났을 무렵이었다. 그 후 센모토는 호쿠리쿠 전기통신국을 거쳐 긴키 전기통신국으로 옮겨갔고, 그곳에서 새로운 통신기술 동향을 조사하는 기술조사부장으로 일했다. 센모토가 기술조사부장이라는 지위를 활용해, 경제단체나 경영자클럽 등에서 고도정보화사회와, 이를 실현하기 위한 기술, 전전공사의 고도정보통신시스템을 적극 홍보하고 있다는 것도 잘 알고 있었다.

"그런데 제게 부탁할 게 있다는 게 뭔가요?"

센모토가 몸을 앞으로 내밀었다.

"이제 곧 전기통신사업법이 제정된다는 건 알고 있지?"

"물론입니다."

가타오카는 최근 "전기통신사업의 민영화에 대응하려면 좀 더 효율적으로 일해야 한다"며 부하직원들을 다그친 바 있었다.

"내가 그 일에 뛰어들려는 회사에서 일할 생각인데, 자네도 함께하지 않겠나?"

가타오카는 할 말을 잊은 채 센모토의 얼굴을 빤히 쳐다보았다. 우쭐대는 것이 영 미덥지 않던 전직 상사였지만, 지금 센모토의 표정은 너무나 진실해 보였다.

가타오카가 시부야에 있는 전전공사 사원아파트에 돌아왔을 때는 시곗바늘이 열두 시를 지나고 있었다. 그때까지 그는 센모토와 이야기를 나누었다. 아니다. 이야기를 나누었다기보다는 센모토가 하는 말을 듣기만 했다는 것이 정확했다. 센모토는 열변을 토했다. 통신자유화가 일본 사회에 가져다줄 혜택을 조목조목 언급하며, 신규 참여 시 통신 수단으로 광통신을 부설할지, 통신위성을 활용할지, 아니면 무선을 사용해야 좋을지 혼자 묻고 답했다. 특히 이나모리 가즈오라는 경영자와, 이나모리 가즈오가 경영하고 있는 교세라의 대단함을 말할 때는 열정이 넘쳤다. 그러면서 전전공사에서 현재 받고 있는 급료를 보장해줄 테니 함께 일해보지 않겠느냐고 물었다.

가타오카는 안방 문을 살며시 열었다. 문소리에 잠에서 깬 아내는 아이들이 잠에서 깰까 봐 작은 목소리로 "많이 늦었네요"라고 말했다.

"지금 할 얘기가 있는데, 괜찮을까?"

"아이들이 곤히 자고 있어요. 내일 얘기하면 안 될까요?"

"그럴까?"

괘종시계가 새벽 세 시를 알렸지만 가타오카는 잠이 들지 못했다. 몸은 전날 업무로 몹시 피곤했지만, 눈을 감으면 센모토가 한 말들이 머릿속에 떠올랐다.

센모토가 말했다.

"우리가 팔짱만 끼고 있다간 어중이떠중이가 참여하겠다고 하지 않겠어? 아무나 해도 괜찮다면, 통신 분야에서 프로인 우리가 먼저 해야 하지 않을까? 그렇지 않나?"

그럴지도 모른다고 가타오카는 생각했다. 적어도 어중이떠중이보다는 훨씬 잘 할 수 있을 테니 말이다.

센모토는 이렇게도 말했다.

"이것은 전기통신사업에 혁명을 일으킬만한 프로젝트고, 거기에 도전할 절호의 기회네. 이런 기회는 두 번 다신 없을 거야."

그 역시 맞는 말이었다. 통신 기술자라면 평생에 한 번 만나기도 힘든 대단한 기회임은 분명했다.

그렇다고는 해도 쉽게 회사를 그만둘 수도 없었다. 그는 핵심 기술자는 아니더라도, 전전공사에서 나름대로 중책을 맡고 있고, 부하직원과 동료들로부터도 신뢰를 받고 있었다. 게다가 그에게는 초등학교와 유치원에 다니는 아이가 셋이나 있었다.

"대단한 사람과 함께해보지 않겠나?"

센모토는 지금은 걱정하지 않아도 되고, 전전공사에서 기술자 여럿이 올 예정이라고 자신만만해했다. 하지만 만에 하나라도 프로젝트가 실패해 길거리에 나앉는다면…….

가타오카는 쓴웃음을 지었다.

'센모토 선배는 그때나 지금이나 여전하군.'

센모토와 3년 만에 만난 자리였는데, 어처구니없는 이야기만 듣고 집에 돌아왔다. 억지로라도 잠을 청하려 했지만 잠이 오지 않았다. 자는 것을 포기한 그는 조심스럽게 이불 속에서 나왔다.

"어제 하려던 얘기가 뭐예요?"

식탁에서 신문을 읽고 있던 가타오카에게 아내가 물었다. 가타오카는 신문을 식탁 위에 놓고, 아내에게 어젯밤에 있었던 일을 간략하게 말해주었다.

그의 말을 담담하게 듣던 아내가 다시 물었다.

"어떻게 할 생각이에요?"

"이런저런 생각을 해봤는데, 해봐도 좋지 않을까 싶어."

"당신이 괜찮다면……."

"괜찮겠어? 아이들도 아직 어린데……."

"제가 반대한다면 안 할 건가요?"

"아니……."

그날 밤, 가타오카는 센모토에게 전화를 걸었다.

센모토는 가타오카의 목소리를 듣자마자 "잘했어"라는 말부터 꺼냈다.

"어제 선배가 전전공사에서 여러 명 온다고 했죠? 그게 누구 누구죠?"

"가와니시와 다치바나."

"둘뿐인가요?"

"그래도 두 사람 기술은 대단해."

"좀 더 많이 온다고 하지 않았나요?"

"다른 사람들은 답변을 기다리는 중이야."

센모토는 몇 명의 이름을 알려주었다. 그들 중에는 가타오카가 잘 알고 있는 이들도 끼어 있었다. 답변을 기다리고 있다고는 했지만, 그들이라면 전전공사에서 나올 리가 없었다.

'그들이라면 전전공사의 기술자라는 안정된 자리를 버리고 리스크가 큰 프로젝트에 도전할 만큼 경망스럽게 행동하지는 않을 거야.'

그러면서 가타오카는 센모토에게 한 가지를 지적했다.

"무선 담당자는 한 명도 없네요."

센모토가 언급한 사람들은 모두 케이블을 사용해 신호를 주고받는 유선 전송 기술자들로, 무선통신 기술자는 한 명도 없었다. 이

대로라면 균형이 맞지 않았다.

"맞아. 혹시 좋은 사람 있으면 소개해줄 수 있나?"

"있긴 있어요. 설명하기는 좀 어렵지만, 선배도 잘 알고 있는 사람인데……."

가타오카는 자신보다 한 살 아래로, 전전공사의 젊은 기술자들 중에서도 무선통신 기술이 가장 뛰어난 한 직원의 이름을 댔다.

오노데라 마사시는 개운치 않은 표정으로 수화기를 내려놓았다. 전화 상대는 센모토로, 꼭 만나서 할 이야기가 있다고 했다. 센모토는 그에게 "매우 중대한 일이라서 전화로 말하기가 곤란해"라며 가까운 친구와 통화하듯 말했다. 그에게 약속 날짜와 장소를 알려 줄 때도 그랬다.

그와 센모토는 가깝기는커녕 업무 때문에 여러 번 충돌해 껄끄러운 사이였다. 전전공사에서 오노데라가 무선기술자로 경력을 쌓아온 데 반해 센모토는 유선 전송 분야의 전문가였다. 그들은 사사건건 부딪치며 회사 안에서 서로에게 각을 세웠다. 새로운 전화망을 깔 때마다 "무선을 깔아야 한다", "무선보다는 케이블이 훨씬 낫다"며 다투었고, 그래서 오노데라와 센모토는 서로를 적으로 간주할 정도였다.

'대체 센모토 선배가 하고 싶다는 이야기가 뭘까?'

"진심입니까?"

오노데라는 놀란 가슴을 진정시키기 위해 커피를 한 모금 마셨다. 회사 일로 뭔가 부탁할 게 있겠거니 생각했을 뿐, 함께 전화회사를 만들어 전전공사에 대항하자는 이야기를 꺼내리라고는 짐작조차 하지 못했다.

약속 당일, 센모토는 오노데라의 마음속 동요를 꿰뚫어 보기라도 한 듯 오노데라의 얼굴을 뚫어지게 쳐다보았다.

"자네가 전전공사에서 어떤 위치에 있는지 잘 알고 있어. 전전공사의 젊은 무선기술자들 중에서도 최고라는 소문이 자자하던걸. 그러니 30대의 젊은 나이에 벌써 조사역을 맡고 있지. 전전공사는 자네를 임원 후보감으로 점치고 있을지도 몰라. 하지만 단언하건대, 전전공사에 머물러 있는 한 이렇게 거대한 프로젝트는 절대로 경험할 수 없을 거야."

오노데라는 수긍했다. 맞는 말이었다. 거대 조직인 전전공사에서는 아무리 뛰어난 기술자라도 할 수 있는 범위가 한정되어 있었다. 하지만 센모토가 말하는 프로젝트가 가동되기만 한다면, 거기에는 백지에 그림을 그리는 것처럼 가슴 설레는 일이 기다리고 있을지도 모른다. 그렇다고는 해도 그것은 너무나 무모한 프로젝트였다. 전전공사를 상대로 싸움을 걸어야 한다니.

한동안 생각에 잠겨 있던 오노데라는 마침내 입을 열었다.

"얘기는 잘 들었습니다. 하지만 생각할 시간이 조금 필요할 것 같습니다. 결정은 나중에 말씀드리겠습니다."

오노데라는 집으로 돌아오는 내내 센모토의 제안을 생각했다. 평소 같았다면 그런 말을 들은 즉시 단호하게 거절했을 것이다. 젊은 그에게는 미래가 창창한 반면, 센모토가 말한 프로젝트가 성공할지는 아무도 알 수 없었다. 그런데도 센모토의 제안을 그 자리에서 거절하지 못한 데는 사정이 있었다. 전전공사에서는 무선기술자가 자기 능력을 발휘할 수 있는 범위가 갈수록 줄어들고 있기 때문이었다.

일반적으로 무선통신은 파장이 짧은 마이크로웨이브를 사용한다. 마이크로웨이브는 대기를 뚫고 직진하는 특성이 있어 비나 안개의 영향을 별로 받지 않고, 작은 수신기로도 충분히 수신할 수 있다는 장점이 있다. 그런데도 전전공사는 앞으로 마이크로웨이브로 무선망을 부설할 계획이 단 한 건도 없었다.

전전공사는 무선통신보다는 광통신에 의한 차세대 통신망 구축을 최우선 과제로 진행하고 있었다. 광통신은 유리나 플라스틱으로 만든, 사람 머리카락 두께 정도의 가는 케이블로, 그 속을 통과하는 빛이 정보를 운반한다. 광통신은 전달 속도가 빠르고 정보량이 엄청나다. 이런 장점을 지닌 광통신이 실용화된다면 마이크로웨이브를 활용한 통신기술은 쓸모없어질 게 분명했다.

그런 상황이다 보니 무선기술자인 오노데라로서는 마이크로웨이브로 전화망을 구축한다는 그 프로젝트가 자신의 능력을 발휘할 수 있는 마지막 기회가 될지도 몰랐다. 물론 광통신이나 통신위성, 해저 케이블로 통신회선을 깔 수도 있다. 하지만 비용 면에서 마이크로웨이브가 가장 저렴하기 때문에 마이크로웨이브를 선택할 여지가 충분해 보였다.

'큰일이군. 어쩌면 좋지……'

오노데라는 쓴웃음을 지었다.

가을이 깊어갈 무렵, 오노데라는 다시 한 번 센모토의 전화를 받았다. 센모토의 목소리를 듣는 순간, 그는 자신이 센모토의 전화를 애타게 기다리고 있었던 것은 아닌지 하는 착각에 사로잡혔다.

"아직 결정을 못 내렸나? 이제 해볼 마음이 서지 않았어? 다음 달 하순에 교토에서 모임이 있는데, 함께 가지 않겠어?"

"두 가지만 분명하게 대답해줄 수 있나요?"

"뭔데?"

"통신회선은 어떤 걸 깔 생각인가요? 센모토 선배는 늘 광통신을 밀고 있었는데……."

"광통신이나 통신위성도 검토하고 있는 중이기는 한데, 자네 전문인 무선도 좋겠지."

"지금까지 줄곧 무선은 낡았다고 말하지 않았던가요?"

"그건 전전공사 때 얘기지. 아무것도 없는 상태에서 네트워크를 구축할 때는 마이크로웨이브가 가장 싼걸."

"만약 마이크로웨이브로 하게 된다면, 그때는 모든 권한을 내게 줄 겁니까?"

이 말에 센모토는 망설이는가 싶더니 그러겠다고 약속했다.

"분명히 약속한 겁니다?"

"물론. 또 하나는 뭐지?"

"이 프로젝트를 하려는 사람은 도대체 누군가요? 교토에 가면 그 사람을 만날 수 있나요?"

"그건 와보면 알게 되네."

택시는 교토의 유명한 산책로인 '철학의 길'에 자리 잡은 교세라 영빈관 앞에 멈추었다. 택시에서 내린 오노데라는 코트를 단단히 여몄다. 산기슭을 건너 내려온 바람은 살을 에는듯했다. 나무들은 모든 잎을 떨어뜨리며 겨울을 맞을 채비를 하고 있었다.

영빈관 문을 열자마자 왁자지껄한 소리가 들려왔다. 이미 사람들이 모여 있는듯했다.

오노데라를 알아본 센모토가 "잘 왔어" 하며 반기더니, 옆자리에 앉아 있는 50세 전후로 보이는 한 남자를 소개했다.

"이나모리 가즈오입니다. 환영합니다."

그는 또박또박한 목소리로 인사를 한 후 명함을 내밀었다.

'교세라 사장 이나모리 가즈오?'

오노데라는 그와 인사를 나누면서, 그가 이 프로젝트를 이끄는 사람이라고 확신했다. 눈동자는 이지적이면서도 온화하게 빛나고, 온몸에서 강렬한 에너지가 넘쳐났다.

'교세라?'

교세라라는 회사 이름을 보자 문득 떠오르는 것이 있었다.

'반도체의 파인세라믹 부품을 만들고 있는, 고수익을 올리는 벤처기업……'

그러나 기술자에게는 거기까지가 전부였다. 어디선가 이나모리 가즈오라는 이름을 들어본 것 같기는 한데, 어떤 사람인지는 자세하게 알지 못했다.

센모토는 다부진 체구를 지닌 또 한 사람을 소개했다. 그 역시 오노데라에게 명함을 건넸다.

'교세라 부사장 모리야마 신고?'

이나모리 가즈오보다는 나이가 조금 많아 보였다. 뿔테안경에 숱이 많은 머리를 올백으로 빗어 올린 그는 온화한 표정이었지만, 골격이 확실한 얼굴에는 위엄이 넘쳐났다.

"전에 자원에너지청 장관이셨어. 신에너지 종합개발기구를 만든 분으로, '통산성에는 모리야마가 있다'는 말이 있을 정도로 유명하셨지. 새 전화회사를 설립하면 틀림없이 사장에 오르실 거야."

센모토가 귀엣말로 속삭였다.

"혹시 모르고 있을까 봐 미리 말해두지. 교세라는 직원이 1만 명 정도지만 파인세라믹 분야에서 세계시장의 75퍼센트를 점유하고 있는 고수익기업이야. 매출 대비 경상이익률은 무려 26퍼센트에 달하지."

안면이 있는 이들도 모여 있었다. 가타오카 마스미, 가와니시 소니, 다치바나 가오루……. 전전공사의 젊은 기술자들이었다.

오노데라를 포함한 일행은 교세라 영빈관과 이어진 계곡의 산장으로 자리를 옮겼다. 해는 저물었고, 아래로 보이는 영빈관 정원에는 조명이 은은하게 빛나기 시작했다.

"오늘 잘 오셨습니다."

술과 안주가 준비되자, 이나모리가 모임의 시작을 알렸다.

"센모토 씨가 얘기했는지 모르지만, 오늘 우리가 여기 모인 것은 전화사업에 진출하기 위한 발대식이라고 해도 과언이 아닙니다. 저는 지금 전화사업에 참여할 것을 심사숙고하고 있습니다. 하지만 여러분도 알다시피 세라믹 회사만 경영하다 보니 전기통신 분야는 아는 게 없습니다. 그래서 여러분을 오시게 했습니다. 이 자리는 '현대판 시시가 계곡의 음모' 입니다. 그래서 지금부터는 이 모임을 '시시가 계곡의 밀담' 이라고 부르고 싶습니다."

오노데라는 씽긋 미소를 지으며 좋은 이름이라고 생각했다.

'시시가 계곡의 음모' 는 헤이안시대(794~1185년) 교토의 시시가에서 일어난 역사적인 궐기로, 겐지 가문이 당시 최고 권력 가문이던 헤이케 세력을 타도하기 위해 모의한 것을 말한다. 오노데라는 그 모의를 결의한 산장이 시시가 계곡에 있었다는 글을 책에서 읽은 기억이 났다. 같은 곳에서 열린 오늘 이 모임은 거대한 전전공사에 도전하기 위한 역사적인 결의로 보기에 충분했다.

"내가 하려는 이 무모한 도전에 전문가인 여러분의 의견을 기탄없이 듣고 싶습니다."

술자리가 무르익을 무렵, 교세라 부사장인 모리야마가 오노데라 옆에 와서 오노데라의 빈 잔에 술을 따랐다.

"오노데라 씨의 지혜를 조금 빌려주시겠습니까? 우리와 같은 신규 참여자가 우정성과 어떻게 관계를 맺어야 좋을지 고민입니다."

"그거야 남들 하는 만큼 무난하게……."

"그러려면 어떻게 해야 합니까?"

"전기통신사업에 진출할 생각이 확고하다면……."

오노데라는 술로 목을 적셨다.

"우정성에서 사람을 스카우트해야 합니다. 인허가 하나만 해도 우정성과 전전공사, 국제전신전화회사의 거래는 베일에 가려 있습니다. 그것을 꿰뚫고 있는 사람이라면 우정성 직원이어야 합니다.

구체적으로 말하면, 법률에 능통한 사무직 한 명과 기술직 한 명 정도가 기본적으로 필요할듯합니다."

"듣던 대로입니다!"

모리야마는 수긍하면서 "그렇다면 해봅시다!"라고 말했다. 가까이에서 대해보니 모리야마는 위엄이 넘치는 첫인상과는 달리 소탈하면서도 마음 씀씀이가 사려 깊었다.

오노데라는 모리야마와 대화하는 도중에 호기심이 발동했다.

"어떻게 교세라에 들어오셨나요?"

"그걸 한마디로 말한다면, 운명이죠."

모리야마는 시선을 먼 곳으로 향했다.

"이나모리 가즈오 사장님과는 '긴코우 모임'에서 처음 만났습니다. '긴코우 모임'이란 가고시마와 미야자키 현 남부 출신 경영자 모임을 말합니다. 내가 자원에너지청 경제협력부장을 할 때니까 정확히 10년 전이군요. 그때 서로 의기가 투합했고, 이 사람과 함께 일하는 것은 운명이라고 생각했죠."

"제가 기억하기로, 낙하산 인사라는 둥 이런저런 얘기가 있지 않았습니까?"

"그랬죠. 하지만 그런 것들에 얽매여서는 안 됩니다. 내게는 조직의 일인자가 될만한 카리스마가 부족합니다. 대신 일인자의 이상을 실현해줄 수 있는 보좌역에는 제격이죠. 이인자에 적합한 인간이라고 할까요? 겸손을 떨기 위해 하는 말이 아닙니다."

어느 사이엔가 오노데라는 결심을 굳히고 있었다. 여기에 온 것은 단지 누가 이 프로젝트를 이끌고 있는지 알고 싶기 때문이었다.

그래서 전전공사에 사표를 내지 않은 채 고민을 거듭했고, 그럴수록 점점 지쳐가기만 했다.

그런데 지금 이나모리 가즈오의 의중을 알고, 모리야마의 됨됨이를 접하자 그동안 자신을 괴롭혔던 고민이 씻은 듯이 사라져버렸다.

"결정했습니다! 함께하겠습니다!"

오노데라는 모리야마에게 환한 웃음을 보냈다.

센모토는 도쿄 역에서 가까운 교세라 도쿄 영업소 앞에서 누군가를 기다리고 있었다. 상대가 약속을 어기는 것은 아닌지 초조했다. 그런 터에 다네노 아키오가 오는 것을 보자 안도의 표정을 지었다.

다네노는 매사추세츠공과대학 경영대학원에 유학한 후 전전공사를 거쳐 지금은 외국계 컨설팅 회사에 근무하고 있었다. 그런 그에게 센모토가 "할 말이 있으니까 꼭 만나자"고 전화한 것은 12월 초순이었다.

센모토가 말하고 싶다던 용건은 전화회사를 함께 키워보지 않겠느냐는 것이었다.

다네노는 벌어진 입을 다물지 못했다. 센모토의 말이 믿어지지 않았기 때문이었다. 전자부품 회사인 교세라가 전기통신사업에 참여한다는 것은 상상할 수도 없는 일이었다. 그래서 전전공사에서 함께 일했던 몇몇 선배와 동료들에게 상담해보았더니 모두가 그만두는 게 상책이라고 말했다. 그들 모두 "교토의 작은 부품 회사가 통신사업을 한다고? 그걸 믿는 게 바보지"라며 웃어넘겼다.

다네노는 센모토에게 가지 않겠다고 거절했다. 그런데도 센모토는 "이나모리 사장님도 자네를 만나보고 싶어 하니, 그분을 한 번 만나본 뒤에 거절해도 되지 않을까?"라며 다네노를 설득했고, 결국 다네노는 어쩔 수 없이 면담 약속을 잡았다.

약속 시간 10분 전, 푹신한 소파에 앉아 면담을 기다리고 있던 다네노는 왠지 모르게 가슴이 뛰었다. 다네노는 경제 잡지 등에서 이나모리 가즈오 관련 기사를 보았고, 그의 입지전적인 성공에 경탄하기도 했다. 더구나 보도에 따르면 이나모리 가즈오는 '인간으로서 무엇이 정당한지를 기준 삼아 판단한다', '이타심(利他心)을 가장 중요하게 여긴다'는 독특한 경영 철학을 주창했다. 경영대학원을 다니며, 경영이란 논리의 집적이라고 믿어온 다네노에게 마음의 존재 양식이나 수행을 중요시하는 이나모리 가즈오의 경영 스타일은 매우 이채로웠다.

그럼에도 불구하고 교세라가 이 일에 뛰어들 역량이 되는지, 이나모리 가즈오 사장이 통신사업을 어떻게 전망하고 있는지에 대해서는 아는 것이 없었다.

"기다리게 해서 죄송합니다."

이나모리 가즈오가 응접실로 들어왔다. 다네노는 놀란 표정으로 서둘러 자리에서 일어섰다. 도쿄 영업소 안내데스크에서 사장님이 회의 중이라는 말을 들었기 때문에 오래 기다려야 한다고 생각하고 있던 터였다.

"전전공사를 다니다가 퇴직한 다네노입니다. 매사추세츠공과대학에서 공부했고, 저와는 아는 사이입니다."

센모토가 그에게 다네노를 소개했다. 아는 사이라는 말 외에 달리 표현할 방법도 없다고 다네노는 생각했다.

다섯 살 위인 센모토를 알게 된 것은 그가 통신 관련 전문서적을 번역해달라고 의뢰했을 때부터였다. 전전공사 이름으로 관련 서적을 출간하기로 해, 차세대 전전공사를 이끌어 갈 젊은 엘리트 직원들이 번역을 담당했는데, 다네노도 그들 중 한 명이었다. 센모토는 그들의 책임자 격이었다.

다네노는 미국 유학을 마친 후 전전공사에 입사했고, 경영대학원에서 배운 선진 경영 기법을 회사에 적용하고자 했다. 하지만 구태의연한 관료 조직은 새로움을 반기지 않았다. 아니 혐오스러워하기까지 했다.

"편하게 앉으세요."

이나모리 가즈오는 다네노에게 자리를 권한 뒤 자신도 자리에 앉았다.

"대략적인 상황은 센모토 씨에게서 들었겠지만, 전화회사를 세울 예정입니다."

"네."

"공자님 말씀처럼 따분할지 모르지만, 일본의 통신시장은 100년에 한 번 있을까 말까 한 대전환기를 맞고 있습니다. 이처럼 더없이 중요한 시기에 전화요금을 내릴 수 있는 방법을 찾기 위해 지혜를 끄집어내고, 땀을 흘리고 있습니다. 이것은 매우 의미 있는 일이라고 생각합니다. 전전공사를 그만둔 지금은 어떻게 지냅니까?"

"외국계 컨설팅 회사에서 컨설팅 업무를 하고 있습니다."

"지금처럼 지식을 파는 일도 중요하지만, 지금부터 나와 함께 땀 흘려보지 않겠습니까?"

뭐라고 대답하기 곤란했다. 그는 거절할 마음으로 여기에 왔다. 전화회사를 설립해서 전전공사에 대항한다는 것 자체가 지나치게 무모했다. 더구나 통신회선을 까는 것은 더 큰 문제였다. 광통신을 부설하기에는 돈이 너무 많이 들고, 도로 점용 허가를 얻는 것도 하늘의 별 따기였다. 마이크로웨이브라도 우정성이 전파를 할당해 줄 리 만무했다.

다네노의 속마음을 아는지 모르는지, 이나모리 가즈오는 그 일을 하려는 이유를 설명하는 데 열중했다.

"내가 전화회사를 설립하려는 이유는 공정한 경쟁 풍토를 만들어 전화요금을 낮추기 위해서입니다. 지금처럼 비싼 전화요금을 싸게 하지 못하면 고도정보화사회는 그림의 떡입니다. 돈키호테라고 불리더라도 꼭 해보고 싶습니다."

다네노는 적당한 때를 봐서 빠져나올 생각으로 이 자리에 왔다. 그런데 시간이 지나면서 가슴이 뜨거워지는 것을 느꼈다.

'내 앞에 앉아 있는 이나모리 가즈오 사장이, 걸출한 실적을 올리고 있는 교세라의 최고경영자가 일개 사원과 만나기 위해 일부러 시간을 냈다. 그리고 자신의 속마음을 스스럼없이 터놓고 있다. 일개 사원에 불과한 나 앞에서 열정적으로 말하고, 함께 해보자고 하지 않는가?

생각할수록 믿기지 않는 일이었다. 전전공사에서는 최고 책임자인 총재가 사원들에게 말을 건네는 일이 단 한 번도 없었다. 총재는 누구도 넘볼 수 없는 권위와 권력의 상징이었다. 총재가 엘리베이터를 타기 30분 전부터 비서가 엘리베이터 문을 열고 기다리고 있을 정도였다.

헤어질 때 이나모리 가즈오가 다네노에게 큼지막한 손을 내밀었다. 다네노는 그 손을 굳게 맞잡았다.

"어땠어?"

그를 기다리고 있던 센모토가 이나모리 가즈오와 만난 소감을 물었다.

"손이 따뜻했어요."

다네노는 상기된 얼굴로 대답했다.

"지금 제정신이야?"

다네노가 교세라와 함께 전기통신사업을 하기로 했다고 말하자 회사 선배는 매우 놀라는 표정이었다. 동료들에게 말했을 때도 마찬가지였다. 그간 신세진 전전공사 선배나 동료들에게는 비밀로 할 수 없다는 생각에 전전공사 본사를 방문해 이런 이야기를 꺼내자 다네노의 이야기를 들은 사람들 모두 같은 반응이었다.

"센모토에게서 무슨 말을 들었는지 모르겠지만, 지금이라도 손을 떼는 게 상책이야."

그들은 다네노의 결심을 바꾸게 하려고 몇 번이나 설득했다. 하지만 아무리 타이르고 윽박질러도 다네노의 마음이 변하지 않자 다들 냉랭한 미소를 지어 보였다.

다네노는 서둘러 전전공사 본사를 빠져나왔다. 이미 예상한 반응이었다. 전전공사에 다니고 있다는 자부심에 늘 뿌듯해하던 그들은 영세 사업체가 자신들과 경쟁하려 한다는 데 몹시 불쾌해했다. 어느 누가 교토의 일개 전자부품 회사에 전기통신사업을 맡기겠느냐며 비아냥거리기도 했다. 다네노도 그 일이 얼마나 힘든 일인지 짐작하고 있었고, 정말 가능한지 스스로 되물었다. 그러나 그런 우려보다는 이나모리 가즈오에게 자신의 운명을 걸어보고 싶은 마음이 더 간절했다.

'그라면 내 인생을 걸만한 가치가 있어. 그가 진심으로 해보고자 하는 사업이라면, 나도 그 사업에 인생을 걸고 싶어. 그렇다면 부딪쳐보는 수밖에 없어."

다네노는 입술을 깨물었다.

1983년이 끝나갈 무렵에야 교토에 첫눈이 내렸다.

이나모리 가즈오는 업무를 잠시 쉬고 창밖을 내다보았다. 교세라 본사는 국도 주변에 세워져, 2층 사장실 창 너머로 전선들이 보였다. 차들이 쉼 없이 지나다니고, 신칸센 열차가 지나갈 때는 그 소음과 진동이 사장실 안까지 그대로 전해졌다. 그러나 지금은 아무 소리도 들리지 않았다.

지금 그의 마음은 너무나 평온하고, 구름 한 점도 없었다. 방황도 없었다. 두려움도 없었다. '전기통신사업에 정당한 경쟁을 일으켜, 전화요금을 낮추고 고도정보화사회를 실현한다'는 단 한 가지 목표만이 그의 마음을 가득 채우고 있었다.

2

32만 명과 19명의 대결

1

1984년 3월 10일, 모리야마 신고는 문을 노크하는 동시에 사장실 안으로 뛰어들었다. 그는 손에 신문을 쥐고 있었다.

"신문 보셨습니까?"

"물론입니다."

이나모리 가즈오는 모리야마 부사장을 소파에 앉게 하고 건너편에 걸터앉았다.

교세라와 소니 등 '제2전전' 설립키로!

도쿄-오사카에 광통신회선 설치!

오늘자 조간신문 1면에 실린 특종기사 헤드라인이었다. 기사 내용은 이랬다.

교세라, 우시오전기, 소니, 세콤 등이 전전공사의 민영화에 맞추어 민간기업에 개방되는 전기통신사업에 진출하기 위해 공동 출자로 사업화 조사 회사를 설립한다. 설립 시기는 우정성이 이번 국회에 제출하는 전기통신사업법안이 통과되는 직후로 예상되며, 이들 제2전전 후보 기업은 도쿄-나고야-오사카를 잇는 대용량 광통신 케이블을 깔아, 3년 후인 1987년부터 데이터통신 등 기업체를 겨냥한 전용 서비스를 제공할 예정이다.

기사 내용은 정확했다. 사업화 조사 회사를 설립하는 것도, 도쿄-나고야-오사카에서 서비스를 시작하는 것도 사실이었다.

전전공사의 전화요금은 너무 비쌌고, 도쿄-나고야-오사카 간 시외통화 요금은 다른 지역에 비해 더 비쌌다. 전전공사는 이들 3대 도시의 전화요금이 상대적으로 비싸기는 하지만, 그 수익으로 다른 지역에서 발생하는 적자를 메우고 있다고 주장했다. 비싼 전화요금을 내리기 위해 새로운 전화회사를 설립하려는 이나모리 가즈오에게 전화요금이 다른 지역보다 더 비싼 도쿄-나고야-오사카에서 사업을 구축하는 것은 필연적인 전략이었다.

하지만 도쿄-나고야-오사카에 대용량 광통신 케이블을 독자적으로 깔겠다고 단정한 기사는 오보였다. 아직까지 통신 수단을 무엇으로 할지는 결정되지 않았고, 광통신은 유력한 통신 수단 후보 중 하나일 뿐이었다.

우시오전기와 세콤, 소니가 출자하는 것도 틀림없었다. 올해 1
월, 도쿄의 한 호텔에서 열린 경영자 신년회에서 이나모리 가즈오
는 이들 기업의 회장에게 자신의 구상을 설명했다.

"그것 참 재미있는 구상이군요."

이나모리 가즈오가 전전공사에 대항하는 전화회사를 만들고 싶
다고 운을 뗐을 때 가장 먼저 찬성한 사람은 우시오전기의 우시오
지로 회장이었다.

우시오 회장은 1981년부터 2년간 도코임시조사회 전문위원을
맡았고, 전기통신사업은 반드시 자유화되어야 한다고 주장했다.
이나모리 가즈오보다 한 살 많은 53세로, 같은 세대여서인지 생각
도 비슷했다. 그는 재계 활동을 거의 하지 않는 이나모리 가즈오에
게 몇 안 되는 동료이기도 했다.

"나도 해보고 싶었죠. 하지만 통신사업에는 문외한이어서 아무
리 궁리해도 좋은 그림이 그려지지 않더군요."

우시오 회장은 좀 더 자세하게 듣고 싶다고 했다.

"계획은 얼마나 진척되었습니까?"

이야기 도중에 끼어든 세콤의 이다 마코토 회장도 귀를 기울였
다. 이다 회장은 자신이 창업한 경비회사 상호를 일본경비보장주
식회사에서 세콤으로 바꾸고 한창 정열적으로 일하고 있었으며,
이나모리 가즈오보다 한 살 어렸다. 그는 이나모리 가즈오가 예전
부터 알고 지내던 경영자들 중 한 명으로, 민간 경제 연구 단체인
정책구상포럼에서 전전공사의 분할·민영화를 제안한 바 있었다.

"당장이라도 회사를 설립해 움직일 생각입니다. 그걸 위해 지금 만반의 준비를 갖추고 있습니다."

"승산은 있습니까? 상대는 전전공사인데……."

이다 회장의 질문에 이나모리 가즈오는 고개를 저었다.

"승산을 따지며 하는 게 아니라 반드시 이기기 위해 하는 겁니다. 하겠다고 결심한 이상 이길 때까지 싸울 겁니다."

"그런 결심이라면 나도 적극 응원하겠습니다."

우시오 회장이 목소리를 높였다.

"출자는 내게 맡겨주세요. 내가 경영 책임자인 이나모리 사장을 후원하겠습니다."

"나도 어떤 일이든 도와드리겠습니다."

이다 회장도 호응해주었다.

"설립 발기인 모임 명단에 내 이름을 꼭 넣어주셔야 합니다."

"물론입니다. 두 분이 내 편에 서준 것만으로도 마음이 든든합니다."

"세 분이 밀담을 나누는데, 내가 같이해도 괜찮겠죠?"

누군가 이나모리 가즈오 일행의 대화에 관심을 갖고 다가와 물었다. 귀에 익은 목소리여서 돌아보니 소니 회장인 모리타 아키오였다.

1921년생인 모리타 회장은 당시 63세로, 이나모리 가즈오보다는 10년 연배였다. 교세라가 소니에 전자부품을 납품하고 있어서 서로를 잘 알고 있었다. 기술자 출신인 모리타 회장은 소니를 공동창업해 세계적인 기업으로 키웠다. 그가 이나모리 가즈오를 친근

하게 대하는 데는 기술자 출신의 창업 경영자라는 공통점이 많이 작용했다.

"나도 이 명단에 넣어주는 겁니다."

모리타 회장은 선이 굵은 얼굴에 풍성한 은발로, 재계의 거물다운 풍모를 지녔다. 하지만 스스럼없고 사교적인 성격은 세월이 지나도 여전했다.

"물론 이나모리 사장이 승낙해야 할 일이지만, 대단한 응원군이 생긴 건 분명하군요."

이나모리 가즈오는 경영자 신년회에서 한 이야기를 다른 사람들에게는 꺼내지 않았다. 계획 역시 가장 가까운 몇 명에게만 밝혔을 뿐이었다. 그 자리에서 자신을 도와주겠다는 회장들이 이 계획을 누설했을 리는 만무했다. 그렇다면 그 정보를 언론에 흘린 장본인은 과연 누구일까?

"우리 쪽에서 그럴 일은 전혀 없으니, 결국 우정성 간부들이 한 거겠죠."

모리야마 부사장의 말에 이나모리 가즈오는 고개를 끄덕였다. 우정성 간부들이라면 이나모리 가즈오 팀의 계획을 이미 알고 있었다. 우시오전기, 세콤, 소니 회장이 협력을 약속한 신년회 다음 주, 이나모리 가즈오는 부사장과 함께 우정성 간부들을 만나 전기통신사업에 참여할 의지를 전달했다. 그때 사업화 조사 회사를 설립할 계획도 설명했다.

따지고 보면, 우정성은 이나모리 가즈오 팀의 계획을 언론에 흘려야 할 이유가 있었다. 전기통신사업법안을 국회에 제출하기까지 앞으로 한 달, 각 정당에 사전설명을 하는 우정성 간부들에게는 한 가지 중대한 고민거리가 있었다.

전기통신사업법의 핵심은 전전공사의 민영화와 전기통신사업의 신규 참여 자유화였다. 그런데 법안 제출 기한을 한 달 앞두고도 어느 곳에서도 참여하겠다고 나서지 않았다. 이런 상황이라면 법안을 만든 의의는 퇴색할 수밖에 없고, 모든 수고가 물거품이 되고 말 일이었다. 그렇게 고민하고 있을 때 찾아온 것이 이나모리 가즈오 팀이었다. 이나모리 가즈오 팀의 계획은 우정성에게 법안의 의의를 홍보할 가장 확실한 수단이었다. 이런 모든 상황을 감안할 때 그 계획을 언론에 흘린 것은 우정성 간부들이 분명했다.

"기자들이 몰려올 겁니다. 어떻게 할까요?"

모리야마 부사장은 미간을 찡그리며 사장의 답을 기다렸다.

"그 어떤 코멘트도 하지 마세요. 홍보부에도 그렇게 지시하세요. 아직 정리도 되지 않았는데 공개했다가는 괜한 오해만 불러올 수 있습니다. 가까운 시일 내에 기자회견을 열고, 그때 모든 정보를 공개합시다. 하지만 지금은 절대 아닙니다."

"정보기획본부에도……"

"물론입니다. 그곳에도 분명하게 전달해주세요, 무조건 노코멘트라고."

부사장은 고개를 끄덕였다.

정보기획본부는 센모토, 다네노 등이 사업화 조사 회사를 세우기 전까지 교세라 내에 적을 두고 있는 부서였다. 지금은 교세라 도쿄 영업소에 머물러 있지만, 다음 달에 문을 여는 교세라 도쿄중앙연구소로 옮길 예정이었다.

"사장님, 한 가지 더 말씀드릴 게 있습니다."

모리야마 부사장의 얼굴이 밝아졌다.

"오늘 아침 신문기사에도 나왔지만, 우리가 하고자 하는 전기통신사업의 새로운 회사 이름으로 '제2전전'은 어떻습니까?"

"제2전전?"

"지금 후보로 거론되고 있는 '월드 인포메이션 & 텔레커뮤니케이션'의 WIT보다는 제2전전이 전화사업을 하는 기업 이미지를 잘 표현하고 있어서 좋을 것 같습니다."

"그렇군요."

이나모리 가즈오가 책상을 가볍게 두드렸다.

"그것 참 재미있는 생각이군요. 몸집이 작은 우리가 새로운 전화회사의 총칭인 제2전전 이름을 독점한다……."

전기통신사업에 자유화 기운이 무르익으면서 언론은 어느 기업이 신규 참여 조건을 갖추고 있는지 추측 기사를 내보냈다. 그중 대표적인 기업이 전국에 독자적인 철도 전화망을 갖고 있는 일본국유철도(이하 국철)와 거대한 송전망을 보유한 전력회사들이었다. 언론은 언제부터인가 그 기업들을 '제2전전 후보'라고 부르기 시작했다.

"순서는 이렇습니다. 가까운 장래에 세울 사업화 조사 회사는 제2전전기획, 그리고 사업 계획이 명확해져 사업 회사로 이행하면 기획을 빼고 제2전전으로……."

"좋군요. 그렇게 갑시다."

부사장의 얼굴에 기쁨이 넘쳤다.

그날 저녁, 비서가 고개를 갸우뚱거리며 이나모리 가즈오에게 말했다.

"사장님, 신토 씨라는 분이 전화하셨습니다. 사장님과 꼭 얘기하고 싶답니다."

"신토? 이름은 뭐라고 하던가요?"

"신토라고만 하면 틀림없이 아실 거라고 하시기에……."

"신토라고만 하면 내가 안다? 연결해주세요."

"이나모리 가즈오 사장, 신문 잘 읽었습니다."

전화를 건 상대의 목소리는 밝고 활력이 넘쳤다. 그 목소리를 듣자마자 한 사람이 떠올랐다. 틀림없었다. 전전공사 총재인 신토 히사시가 분명했다.

그는 1910년생으로 73세였다. 이시카와지마 하리마 중공업(현 IHI) 출신인 그는 당시 경제단체연합회 명예회장이자 도시바 회장이던 도코 도시오의 추천으로 전전공사 총재에 취임했다. 전전공사 최초의 민간기업인 출신 총재이자, 통신과는 전혀 관계없는 분야에서 발탁되었다는 점에서 그의 총재 취임은 전전공사에 파란을 일으켰다. 게다가 전 총재가 200억 엔이 넘는 부정회계 사건에 연루되어 사임한 터라 그의 취임은 전전공사에 대대적인 개혁을 예고했다. 예상대로 신토 총재는 취임 후 독점을 고집하는 부총재 등의 저항세력과 싸우면서 관료 집단인 전전공사에 민영화의 기치를 높이 들었다.

신토 히사시는 재계에서 저명인사였다. 하지만 이나모리 가즈오는 재계 만찬회 등에서 그와 얼굴을 한두 번 마주쳤을 뿐 이야기를 나눈 적은 없었다.

"잘했습니다. 사실은 한 곳도 나오지 않으면 어떻게 하나 걱정했습니다."

"아직 제대로 갖추어지지 않아서 나서기가 조심스럽습니다."

"조심스럽다고요?"

"아직은 그렇습니다."

"아닙니다. 이나모리 사장이라면 충분히 할 수 있습니다. 이나모리 사장이 나서주어서 얼마나 감사한지 모릅니다. 그러지 않았다면 우리도 민영화할 수 없을 테니 말입니다. 이나모리 사장 덕분에 우리도 민영화를 진행하게 되었으니, 감사하다고 해야겠군요."

그러고 보니 신토 총재가 전화를 건 이유를 알 것 같았다. 당시 신토 총재는 전전공사의 민영화를 적극적으로 진행하고 있었다. 그런데 신규 참여자가 나오지 않으면 전기통신사업법안은 자동적으로 폐기되어 전전공사의 민영화도 무산될 공산이 컸다. 그런 그에게 이나모리 가즈오 팀은 든든한 원군이었다. 인적 자원이나 물적 자원도 없고, 자금도 턱없이 부족한 이나모리 가즈오 팀이라면 전전공사의 아성을 전혀 위협하지 않으면서 자신이 추진하는 전전공사의 민영화에도 도움을 줄 것이 분명했다. 그에게 이나모리 팀은 힘 들이지 않고도 이길 수 있는 상대였다.

"아무튼 서로 열심히 해봅시다."

신토 총재는 그렇게 말하면서 전화를 끊었다.

전전공사의 신토 총재로부터 전화를 받은 다음 날, 이나모리 가즈오는 조간신문에서 시선을 떼지 못했다.

건설성, 고속도로에 광통신, 민·관 제2전전 설립키로!

이나모리 가즈오 팀의 라이벌이 나타난 것이다.

기사에 따르면 건설성은 고속도로와 대도시의 간선도로에 광통신을 부설해 전화와 데이터통신 서비스를 제공하는 '신(新)전전'을 설립한다고 발표했다. 신전전은 건설성의 외곽 단체인 도로공단을 주축으로 민간기업도 참가시킬 방침이었다. 가까운 장래에 사업화 조사를 수행할 연구기관 '재단법인 도로신산업개발기구'를 발족해 1987년까지는 신전전을 설립한다는 계획이었다.

도쿄임시조사회가 기본 방침을 발표하면서 전기통신사업의 신규 참여 문호가 개방될 분위기가 고조되었지만, 이나모리 가즈오 팀이 경쟁에 참가할 뜻을 표명하기 전까지는 한 곳도 전전공사에 도전장을 내밀지 않았다. 그런데 이제 와서 건설성과 도로공단이 참가 계획을 밝히고 나온 것은 '교토의 일개 전자부품 회사가 할 수 있는 일이라면 우리가 하지 못할 이유가 없다. 그 회사보다 훨씬 잘할 수 있다'고 판단했기 때문일 것이다.

그들은 이렇게 생각했으리라.

'이나모리 가즈오 팀은 인적 자원이나 물적 자원도 없고, 자본

력도 턱없이 부족하다. 그런 회사가 어떻게 전화망을 구축하겠다고 나서는가? 그에 비해 우리는 고속도로와 간선도로의 측면 배수로, 중앙분리대에 광통신을 부설하는 것만으로도 고도의 정보네트워크를 실현할 수 있다. 자본과 능력, 여건을 따진다면 우리가 훨씬 낫다.'

건설성의 신규 참여에 민간기업도 참여시킨다는 기사대로라면 이미 참가 의사를 밝힌 기업도 있을 것이다. 건설성과 도로공단이 치고 나온다면 이나모리 가즈오 팀의 프로젝트는 바람잡이 역할에 그치고 말 것이다. 그렇게 된다면……

"그렇게 된다면 인프라를 갖고 있는 다른 곳도 경쟁에 참가하겠다고 나서겠군."

이나모리 가즈오는 중얼거렸다.

1개월 뒤, 그의 예감은 적중했다.

5월 25일, 각 신문들은 건설성–도로공단에 이어 국철도 통신사업 경쟁에 참가하기로 했다고 보도했다. 기사에 따르면 국철은 도쿄–오사카를 지나는 도카이도 신칸센 연변에 약 200억 엔을 투입해 광통신망을 부설, 1987년부터 도쿄–오사카에서 기업 전용 데이터통신 서비스를 시작할 예정이다. 또 1988년부터는 같은 노선에서 시외전화 서비스를 개시하며, 이어 오사카–후쿠오카를 잇는 산요 신칸센, 도쿄–아오모리를 지나는 도호쿠 신칸센의 선로 옆에도 광통신 케이블을 깔아 전기통신사업을 전국으로 확대할 계획이다. 국철 본사가 전기통신사업을 직접 운영할지, 새로 설립하는 자회사에 운영을 맡길지는 아직 결정하지 않았지만, 자회사를 설립할 경우 내년 4월을 목표로 하고 있다.

"사장님 예상대로 후발주자가 속속 나오는군요."

모리야마 부사장이 걱정스럽게 말했다.

"그런데 이번에는 국철이라니……. 강적이 나왔습니다……."

"그들도 건설성-도로공단과 같은 생각일 겁니다. 자기들 몫을 교토의 전자부품 회사에 넘겨줄 수 없다는 거겠죠."

"매스컴에서는 국철이 경쟁 참가를 표명한다면 전전공사의 라이벌이 될 것이라고 보도하고 있습니다. 국철 철도는 각 도시 사이를 최단거리로 연결하고 있기 때문에 선로변에 광통신 케이블을 부설하는 것만으로 고도의 정보네트워크를 효율적으로 실현할 수 있고, 철도통신을 하면서 익힌 기술과 노하우도 충분합니다. 알아보니, 국철의 통신망은 교환기나 회선 규격이 전전공사와 같고, 국철의 통신 기술자만도 2,000명이 넘습니다."

"우리와는 비교도 되지 않는군요."

더구나 전국 모든 역에 설치한 발권 시스템은 일본 데이터통신 역사의 대명사로 불리며, 신칸센 안에 설치한 통신 설비는 고도의 이동통신 기술을 사용하고 있었다. 그런 국철이 왜 이나모리 가즈오 팀이 경쟁에 참가하겠다고 하기 전까지 망설였을까? 그것은 전전공사가 그만큼 강대하다는 반증이었다.

"호랑이를 피하자 늑대가 나타난다더니……. 건설성이나 국철의 움직임은 계속 주시해야겠습니다."

모리야마 부사장의 한숨 섞인 말이 이나모리 가즈오의 귀에 선명하게 박혔다. 이나모리 가즈오는 부사장의 말을 여러 번 되뇌었다.

"호랑이를 피하자 늑대가 나타난다……."

제2전전이 처한 상황은 부사장이 표현한 그대로였다. 앞에는 거대한 전전공사가 버티고 있고, 등 뒤에서 전혀 예상하지 못한 강력한 경쟁 상대가 나타났다. 더구나 건설성-도로공단이나 국철은 이나모리 가즈오 팀보다 훨씬 유리한 조건을 갖추고 있었다. 그들은 이전부터 이 기회만을 노리고 있었으리라.

그런데 이나모리 가즈오는 강력한 라이벌에 둘러싸여 공격당하면서도 마음만은 더없이 평온했다. 스스로도 어리둥절할 정도였다. 두려움도, 흔들림도 없었다. 그것은 '전화요금을 싸게 한다'는 순수한 목표를 향해서만 걸어왔기 때문이라고 다시 한 번 생각했다.

5월 31일 목요일, 제2전전기획은 창립 축하연을 열었다. 시작 15분 전, 사람들이 몰려들기 시작했고, 제2전전기획의 주주인 대기업 최고경영자들이 속속 도착하면서 연회장의 흥분은 더해갔다.

입구에서 내빈을 맞고 있던 시모사카 히로노부는 연회장 안으로 들어갔다. 연회장 안에는 이나모리 가즈오 사장과 모리야마 부사장이 초대받은 사람들과 담소를 나누고 있었다. 설립 발기인이기도 한 소니의 모리타 회장, 우시오전기의 우시오 회장, 세콤의 이다 회장도 다른 초대 손님들과 이야기를 나누고 있었다.

그런데 그 순간, 그들 사이에 전전공사의 신토 총재가 끼어들었다. 그에게 초대장을 보내기는 했지만 설마 올까 싶었다.

제2전전기획 창립 축하연에 초대한 손님은 150명으로, 주주 외에도 우정성과 통산성의 관계자들, 일본전기(NEC)나 후지쯔 등 통신기기 생산회사 임원 등이 참석할 예정이었다.

시모사카는 손목시계를 들여다보았다. 시곗바늘은 오후 여섯 시 20분을 가리키고 있었다.

'이제 곧 제2전전기획의 창립 축하연이 시작된다. 10분 후면 전쟁이 시작되는 것이다.'

시모사카는 가슴이 떨렸다.

그는 1968년 교토세라믹(지금의 교세라)에 입사해 10년간 이나모리 가즈오의 비서로 근무했다. 그 경험을 통해 이나모리 가즈오가 얼마나 대단한 경영자인지 뼛속 깊이 느끼고 있었다. 통찰력, 결단력, 행동력, 커뮤니케이션 능력까지 이나모리 사장은 발군의 경영자였다. 하지만 이처럼 짧은 기간에 전전공사에서 기술자를 끌어모으고, 동료 경영인들을 끌어들이고, 주주를 모집해 회사를 설립하리라곤 생각하지 못했다.

내일인 1984년 6월 1일, 전기통신사업에 뛰어들기 위한 사업화조사 회사, 제2전전기획이 마침내 발족한다. 자본금은 16억 엔, 주주는 25개 사였다. 설립 발기인 모임의 구성은 교세라·우시오전기·세콤·소니·미쓰비시상사 외에 종합상사에서는 미쓰이물산·이토추상사를 비롯해 다섯 곳, 금융기관에서는 미쓰비시은행·산와은행 등 열 곳, 증권에서는 노무라증권이, 일반 사업 회사에서는 산토리·와코루 등 네 곳이 출자했다.

감사역을 제외한 임원진은 일곱 명으로, 창립 축하연 직전에 열린 중역회의에서 교세라 사장인 이나모리 가즈오가 회장, 교세라 부사장인 모리야마가 사장에 취임했다. 전무에는 센모토, 이사에는 우시오전기의 우시오 회장, 소니의 모리타 회장, 세콤의 이다 회장, 그리고 미쓰비시상사의 미무라 요헤이 사장 등 네 명이 선정되었다.

임원진을 제외한 직원은 열아홉 명뿐이었다. 그들은 다네노·후카다 산시로 등 전전공사에서 옮겨 온 사람들, 올해 교세라에 입사한 후 제2전전기획에 파견된 신입사원들, 주주인 산와은행에서 파견된 두 명, 그리고 교세라에서 파견된 사람들이었다. 두 달 후에는 우정성과 소니에서 네 명이, 가을에는 전전공사에서 오노데라가 입사할 예정이었다. 하지만 시모사카는 왠지 균형이 맞지 않는다고 생각했다. 게다가 아직까지 전화망 구축 수단을 정하지 못한 것도 마음에 걸렸다.

여섯 시 30분이 되자 축하연이 시작되었다.

소니의 모리타 회장이 건배사를 하고 나서 잠시 동안 손님들과 환담을 했고, 이어 제2전전기획의 사장을 맡은 모리야마가 연설을 했다.

"100년의 역사를 이어온 전전공사에 대항하겠다는 우리를 사람들은 돈키호테라고 부를지도 모릅니다. 그러나 우리는 돈키호테가 되어도 좋다고 생각합니다. 전전공사에 도전하는 것은 어리석은 짓일지 모릅니다. 하지만 일본 전기통신 서비스의 질을 향상시키고 싶다면 누군가는 그 거인에게 도전해야 합니다. 설령 거인의 힘에 밀려 튕겨 나올지라도 그 도전만으로도 일본의 전기통신 서비스가 더 나은 방향으로 움직일 것은 분명합니다."

모리야마는 잠시 뜸을 들인 후 다시 말을 이었다.

"제2전전기획의 도전이 실패하더라도 출자자 여러분께는 절대로 피해가 없도록 할 것입니다. 사업화 조사를 실시해서, 어렵겠다는 결론이 나올 수도 있습니다. 사업 허가를 거절당할 가능성이 전혀 없다고 장담할 수도 없습니다. 만약 그런 일이 생긴다면 투입된 비용 전액을 교세라가 책임질 것이고, 출자금은 그대로 여러분께 돌려드릴 것입니다."

시모사카는 그의 연설을 들으면서, 이나모리 가즈오라면 어떤 상황에서도 사업화를 포기하지 않을 것이라고 확신했다.

'불굴의 정신으로 목표를 향해 착실하게 전진한다.'

이것이 이나모리 가즈오 정신이었다.

2

요가 역 개찰구를 빠져나와 지하도를 지나 지상에 나오면 여느 도로와 다를 바 없는 도로가 도쿄 외곽을 지나는 '환상(環狀) 8호선' 도로까지 이어진다. 주위에는 낡은 목조 가옥들이 띄엄띄엄 들어서, 도쿄 교외의 한적한 풍경 그대로였다.

그 도로 연변에 유달리 눈에 띄는 건물이 있다. 건물 옥상에 교세라의 빨간색 로고가 붙어 있는 멋스러운 6층 건물. 그것은 올 4월에 문을 연 교세라 도쿄중앙연구소였다.

제2전전기획은 이 연구소 건물의 5층 왼편 안쪽에 자리 잡고 있었다. 교세라의 각 부서 사무실 사이에 있어서인지, 제2전전기획은 강대국들 틈에 끼어 있는 소수 민족의 자치구처럼 보였다.

1984년 6월의 어느 날, 교세라 도쿄중앙연구소 회의실에는 회의 시작 10분 전인데도 제2전전기획 직원 전원이 모여 있었다. 그들은 설립 전부터 몇 팀으로 나뉘어 광통신과 통신위성, 마이크로웨이브 중 어느 것이 통신회선으로 쓸만한지 조사했다. 오늘 회의는 각 팀의 조사 결과를 검토하기 위한 자리였다.

이나모리 가즈오 회장은 자리에 앉아 출석자들을 둘러보았다. 모리야마, 센모토, 다네노, 시모사카……. 그들 모두가 변함없이 결의와 자신감에 차 있었다. 그런데 이전과는 다른 미묘한 변화가 느껴졌다. 초조함이었다.

"그럼 시작합시다. 먼저 광통신부터 시작할까요?"

이나모리 가즈오 회장은 직원들을 둘러보았다.

"저부터 시작하겠습니다."

다네노가 일어섰다.

"광통신은 건설성-도로공단과 국철이 채용하고 있다는 점에서도 알 수 있듯이 정보 전송 수단으로 가치가 높습니다. 광통신은 많은 정보를 신속하게 전달할 수 있습니다. 광통신 한 가닥으로 약 5,800개의 전화 회선을 확보할 수 있으며, 화상 같은 대용량 데이터를 보낼 때와 기업의 데이터 통신에도 경쟁력이 뛰어납니다. 가입자 수가 늘어 회선 수가 모자라는 일이 생겨도 선을 더 깔기만 하면 되기 때문에 확장성도 뛰어납니다."

"장점밖에 없군요."

"아닙니다. 지금부터 문제점을 많이 말씀드리겠습니다."

이나모리 가즈오 회장과 다네노의 대화에 모두가 웃었다.

"가장 문제되는 것은 광통신을 부설할 용지를 확보하는 것입니다. 도쿄-나고야-오사카를 연결할 토지를 사들이려면 천문학적인 자금이 소요됩니다. 더구나 그런 토지를 확보할 가능성은 전혀 없습니다."

"일반 도로를 굴착해 통과시키는 것은 어떤가요?"

"그것은 불가능합니다."

다네노는 단호하게 답했다.

"민간기업에는 도로 점용 허가를 내주지 않습니다. 더구나 도로 등 국가시설의 건설 사업을 책임지고 있는 곳은 건설성입니다."

"그렇군요."

이나모리 가즈오가 고개를 끄덕였다.

"그들 입장에서 우리는 경쟁 상대죠."

광통신과 관련해 몇 개의 질의응답이 오간 후 이번에는 센모토 전무가 통신위성에 대해 설명했다.

"위성을 사용한다는 구상은 간단하게 말씀드리면 이렇습니다. 통신위성을 지상에서 약 3만 6,000킬로미터 높이까지 쏘아 올려 그 위성이 모은 정보를 받습니다. 많은 정보를 한꺼번에 전달할 수 있고, 일본 전역을 구석구석까지 커버할 수 있다는 이점이 있습니다. 다만……."

"여기서부터 문제점이죠?"

"네. 위성을 활용한 기술은 아직 검증 단계입니다. 좀 더 정확하게 말씀드리면, 품질이 떨어지는 기술적인 문제를 아직까지 해결하지 못하고 있습니다. 특히 음성이 화상보다 늦게 도착하는 게 큰 문제입니다. 비용 면에서도 문제입니다. 2,000킬로미터 이상의 초원거리 통신이 아니면 채산성이 떨어지는데, 우리가 진행하려는 도쿄-나고야-오사카 사이는 500킬로미터여서, 투입한 자금을 회수하기 힘듭니다."

"기술적인 문제를 완전하게 극복하려면 얼마나 걸립니까?"

"몇 년은 지나야 합니다."

"그런가……."

이나모리 가즈오는 조심스럽게 숨을 내쉬었다. 그는 광통신과 통신위성, 마이크로웨이브 중 통신위성에 주목했다. 하지만 전전공사나 경쟁사들보다 서비스 품질이 떨어져서는 안 될 일이었다.

"그럼 마이크로웨이브에 대해 말씀드리겠습니다."

전전공사에서 옮겨 온 기술자 중 한 명인 후카다 산시로가 일어섰다. 마이크로웨이브 부문은 오노데라가 최고 전문가였다. 하지만 그는 전전공사에서 마무리해야 할 일이 남아 있어 10월 이후에야 제2전전기획 입사가 가능했다.

"파장이 짧은 마이크로웨이브를 사용하는 무선통신은 전전공사에서 이미 20년간 사용한 기술입니다. 호우나 농무에 강하고, 기상변화로 마이크로웨이브 통신이 두절된 사고는 전전공사에서 단 한 건도 없었습니다. 고품질 서비스를 안정적으로 제공할 수 있다는 점에서 마이크로웨이브는 매우 우수한 기술입니다. 많은 정보를 커버할 수 있고, 무선 설비를 증설하는 것만으로 회선 수를 늘릴 수 있기 때문에 확장성도 뛰어납니다. 그뿐만이 아닙니다."

후카다는 자료를 참고했다.

"통신회선을 깔 토지를 갖고 있지 않은 우리에게 마이크로웨이브는 가장 저렴한 수단입니다. 물론 마이크로웨이브 네트워크를 구축하려면 일정 거리마다 중계기지를 세워야 하지만, 그런 경우에는 길 전체가 아니라 작은 땅만 있으면 되기 때문에 투자액을 줄일 수 있습니다. 추산한 결과, 토지 구입 자금이나 중계기지 설치비를 포함한 총비용은 최대 600억 엔입니다."

모두가 고개를 끄덕였다. 모리야마 사장은 옆에 있는 이나모리 가즈오 회장에게 마이크로웨이브가 가장 효율적이며, 사내 분위기 역시 그쪽으로 모이고 있다고 말했다.

"그런데 마이크로웨이브를 사용하는 데는 한 가지 난제가 있습니다."

후카다가 말했다.

"일본 상공에는 무선 전파가 복잡하게 엉켜 있습니다. 그중에는 경찰이나 자위대 전파도 있고, 미군 전파도 날아다니고 있습니다. 마이크로웨이브 전파를 사용할 경우 이들 공공 전파를 차단해 혼선을 빚을 수 있고, 이것은 국가적으로 엄청난 혼란을 일으킬 수 있습니다."

"그 전파 사이를 통과할 수는 없습니까?"

모리야마 사장의 질문에 후카다는 고개를 저었다.

"그 전파는 군사기밀이기 때문에 공개되지 않습니다. 그렇기 때문에 그 사이를 통과할 수도 없습니다."

"조사해보았나요?"

"방위청에 문의했는데, 군사기밀이어서 공개할 수 없답니다. 그들이 사용하는 주파수대가 공개되면 방해 전파와 만나게 되고, 그 경우 국가의 안전보장을 위협받는다며, 절대 그럴 수 없답니다."

"하지만 전전공사는 도쿄-오사카에 마이크로웨이브 루트를 갖고 있지 않은가요? 그들이라면 전파 상황을 잘 알고 있을 게 분명합니다."

"사장님께서 말씀하신 대로입니다. 그래서 전전공사의 시설 관리 담당자에게 물어보았더니, 전전공사는 도쿄-나고야-오사카에 여섯 개의 루트를 갖고 있다고 알려주었습니다. 그리고 그중 한 루트는 아직 사용하지 않고 있다고 합니다."

"그렇다면 그걸 우리가 사용하는 방법은……."

후카다가 사장의 말을 중간에서 끊었다.

"소용없었습니다. 전전공사 관계자들에게 루트를 사용하고 싶다고 강력하게 요청했습니다. 하지만 돌아온 것은, 사용하지 않는 루트는 앞으로 전파를 확장할 때 쓰기 위해 예비로 남겨둔 것이어서 다른 회사에 줄 수 없다는 대답뿐이었습니다."

"혹시 그들이 둘러댄 것은 아닐까요? 전전공사가 정말 예비용 루트가 필요한 걸까요?"

"그들이 그걸 우리에게 내놓을 리가 없겠죠."

센모토 전무가 중얼거렸다.

"현재 상황은 그렇습니다."

후카다가 자리에 앉자 모두 침묵 속으로 빠져들었다.

"정말 쓸 방법이 없을까?"

누군가 조용히 내뱉은 말이 회의실 안을 휘감았다.

이나모리 가즈오는 한 사람 한 사람을 둘러보았다. 저마다 얼굴에 초조함이 드러났다.

"고생했습니다."

이나모리 가즈오는 온화한 목소리로 말했다.

"모두 잘 조사했습니다. 그 덕분에 광통신, 통신위성, 마이크로웨이브의 장점과 단점을 잘 알게 되었습니다. 결론부터 말하면, 앞길은 아무도 예단할 수 없습니다. 그리고 우리는 지금 도전의 첫발을 내디뎠을 뿐입니다. 포기하지 말고, 좌절하지도 말고, 용기를 갖고 여러 가지 가능성을 좀 더 면밀하게 찾아봅시다."

제2전전기획이 통신 수단 문제로 고심하고 있을 무렵, 건설성–도로공단과 국철이 마침내 회사를 설립하기 위해 움직이기 시작했다는 소식이 전해졌다.

모리야마 사장은 교세라 도쿄 영업소에서 업무를 보고 있는 이나모리 가즈오에게 메모 한 장을 건넸다. 거기에는 건설성–도로공단, 국철의 향후 스케줄이 기록되어 있었다. 모리야마는 통산성에서 활동했던 때 쌓은 인맥을 활용해 우정성과 건설성 관계자들로부터 경쟁사들의 정보를 입수했고, 이를 이나모리 가즈오 회장에게 건넨 것이다.

모리야마가 말했다.

"국철은 직영 대신 민간기업들과 공동 출자해 새로운 회사를 만들 것 같습니다. 9월 말까지 출자금을 모집해서 우리처럼 사업화 조사 회사를 설립하고, 그 후에 전기통신사업법 시행에 맞춰 사업 회사로 개편할 예정입니다. 그리고 도쿄-오사카에 광통신을 부설해 내년 중에라도 장거리전화 서비스와 데이터통신 서비스를 시작할 것 같습니다."

"역시 광통신입니까?"

"전국에 철도 용지를 갖고 있으니 우리보다는 여유로울 테죠. 그리고 새 회사 이름은 '일본텔레콤'과 '일본전기통신서비스' 중 하나가 유력합니다."

이나모리 가즈오는 고개를 끄덕였다.

"건설성-도로공단의 사업화 조사 회사에 출자하는 민간기업들도 알아냈습니다. 모두 29개 사로, 도시바·NEC·히타치제작소·후지쓰 등 전기업체와 미쓰비시은행·미쓰이은행을 비롯한 대형은행이 중심입니다. 미쓰비시지쇼 등 부동산 회사와 오다큐 전철은 예상한 바인데, 대주주로 출자할 예정인 한 회사가 복병입니다."

"복병?"

"도요타자동차입니다."

"정말입니까?"

"우정성의 핵심 관계자로부터 얻은 정보이기 때문에 틀림없습니다. 도요타자동차의 도요타 쇼이치로 사장은 이전부터 전화사업에 관심을 기울여왔다고 합니다. 전화사업으로 자동차사업까지 더 키울 수 있다고 본듯합니다."

이나모리 가즈오는 그럴 수도 있겠다고 생각했다.

여하튼 매출 5조 5,000억 엔의 거대 기업 도요타자동차의 참가로 건설성-도로공단의 프로젝트는 한층 확실해졌다.

모리야마로부터 보고를 받은 며칠 후, 신문들은 일제히 건설성-도로공단과 국철의 사업화 조사 회사 설립 사실을 보도했다. 기사에 따르면 국철의 조사 회사 설립은 10월 1일, 회사 이름은 일본텔레콤, 약칭은 JT였다. 자본금은 20억 엔으로, 철도공제회와 역 주변의 빌딩들을 비롯한 국철 관련 그룹, 거대 은행과 대형 민간 철도회사, 종합상사 등 약 50개의 민간기업이 출자한다. 사업 회사로 전환하는 시기는 내년 4월로, 이미 국철의 전기통신 부문 기술자와 전문가들을 다수 파견했다고 한다.

건설성-도로공단의 조사 회사는 그보다 한 달 뒤인 11월 14일 설립하며, 회사 이름은 일본고속통신, 영문으로는 텔레웨이재팬으로, 약칭 TWJ였다. 모리야마 사장이 말한 대로 자본금 49억 엔 가운데 도요타자동차가 5억 엔을 출자해 최대주주 중 하나가 되고, 도요타자동차의 상담역인 하나이 쇼하치가 설립 발기인 대표로 선출될 예정이었다.

이렇게 되자 언론은 국철을 중심으로 하는 일본텔레콤, 건설성-도로공단과 도요타자동차의 일본고속통신, 제2전전을 비교하는 기사를 자주 보도했다.

그런데 기사들은 담합이라도 한 듯 일본텔레콤과 일본고속통신은 가능하지만 제2전전은 어렵다는 내용 일색이었다.

국철은 신칸센 연변에, 건설성-도로공단-도요타자동차는 고속도로의 측면 배수구와 중앙분리대에 광통신을 부설하면 도쿄-나고야-오사카를 잇는 통신 네트워크를 간단하게 구축할 수 있다. 이에 비해 제2전전은 통신회선을 부설할 수단조차 아직 결정하지 못한 상황이었다. 광통신을 사용하자는 의견도 일부 있었지만, 용지를 확보할 여건도 안 되었고, 용지를 사들일 자금조차 턱없이 부족했다.

인력 면에서도 제2전전은 일본텔레콤, 일본고속통신과 비교할 수 없었다. 국철은 역 직원들을 연결하는 자체 통신망을 통해 이미 기술자와 보수 관리 전문가들을 다수 확보했다. 건설성-도로공단 역시 통신 노하우를 가진 도로교통 정보 담당 직원들이 많았다. 이에 비해 제2전전의 전기통신 전문가는 전전공사에서 옮겨 온 기술자 몇 명뿐이었다.

인력과 자금 면에서 우위에 선 일본텔레콤, 일본고속통신과는 반대로 몰아치는 바람 앞에 선 제2전전. 사업 회사로의 전환은 1년 후지만 승부는 이미 결정 났다고 해도 과언이 아니다.

"기사를 이렇게밖에 쓸 수 없는가?"

이나모리 가즈오는 혀를 찼지만, 제2전전이 아직까지 통신회선을 부설할 수단을 확보하지 못한 것은 분명한 사실이었다.

9월 초순, 이나모리 가즈오는 혼자 국철 본사를 방문했다. 국철 총재인 니스기 이와오를 만나기 위해서였다.

접수창구에 찾아온 목적을 알리고, 6층 총재실로 올라갔다. 엘리베이터에서 내리자 오른쪽에 유리로 가려진 벽이 보이고, 그 건너편에 총재실 안내 표시가 보였다. 총재 비서실에서 기다리기를 몇 분, 니스기 총재가 문을 열고 들어왔다.

니스기는 신칸센을 건설한 공적을 인정받아 국철 총재까지 올랐다. 1915년생으로 68세, 활력 넘쳐 보이는 풍모는 그의 능력을 한껏 뽐내고 있었다.

이나모리 가즈오는 면담에 응해준 것에 대해 예를 갖추어 감사인사를 했다.

"무슨 일로 오셨습니까?"

이나모리 가즈오는 그에게 명함을 건넸다.

"저는 교토에서 교세라라는 전자부품 회사를 경영하고 있는 이나모리 가즈오입니다. 전기통신사업에 참여할 것을 고려하고 있습니다. 그래서 올 6월에 제2전전기획을 설립했습니다."

"그 일은 나도 알고 있습니다."

"오늘 찾아뵌 것은, 일본텔레콤이 신칸센 연변에 광통신을 부설할 때 저희 것도 함께 깔아주실 수 없을까 해서입니다."

"뭐라고요?"

니스기 총재는 황당해했다.

"지금 한 말이 어떤 의미인지 알고 있습니까?"

"물론입니다. 설비 사용료와 용지 사용료는 지불하겠습니다."

"이나모리 씨!"

니스기 총재는 어이없다는 표정으로 이나모리 가즈오의 얼굴을 뚫어지게 쳐다보았다.

"국철 용지는 국철 것입니다. 우리 땅에 우리가 광통신을 까는데, 왜 당신네 편의까지 봐주어야 합니까?"

"한 가닥 부설할 계획이라면 한 가닥 더 부설하는 것은 일도 아니지 않습니까?"

"아무리 얘기해도 안 되는 일이오."

니스기 총재는 화를 내며 벌떡 일어섰다.

"다른 용건이 없다면 이것으로 끝냅시다. 더 이상 얘기하는 건 서로 시간만 낭비하는 거요."

"그러시다면 한 가지만 더 말씀드려도……."

이나모리 가즈오는 앉은 채로 니스기 총재를 올려보았다.

"국철 용지는 국가가 소유한 재산 아닙니까? 국가 재산은 국민을 위해 쓰여야 합니다. 그 재산을 국민이 사용하는 건 당연한 일이라고 생각합니다."

니스기 총재는 기가 막히다는 표정이었다. 이나모리 가즈오는 그에 굴하지 않았다.

"그럼에도 불구하고 총재님은 국가의 공적인 재산을 일본텔레콤이라는 민간기업 하나가 독점적으로 사용하겠다고 말씀하십니다. 국가가 소유한 토지를 점유해 광통신을 부설하겠다고 말씀하십니다. 그것은 불공정하지 않습니까? 그런 불공정한 일은 있어서는 안 되는 것 아닙니까? 미국이라면 틀림없이 독점금지법에 저촉되는 일입니다."

"그것은……."

니스기 총재가 겨우 말문을 열었다.

"여기는 일본이고, 그런 일은 있을 수도 있습니다. 당신 요구는 현실적으로 불가능합니다. 이나모리 씨, 당신 기분이 어떨지는 충분히 이해합니다. 하지만 통신회선을 부설할 수단이 없다면 지금이라도 사업을 접는 게 낫지 않습니까? 더구나 아직 기획 단계인 회사라면……."

국철 본사를 나온 이나모리 가즈오는 교세라 도쿄 영업소로 빠르게 걸어갔다. 양해해줄지도 모른다는 한 가닥 희망을 안고 그를 만났지만 역시 무리였다.

'국영기업인 국철은 자유경쟁이라는 공정함, 평등의 중요성을 받아들이지 않았다. 미국이라면 공공시설을 개인이 무단 사용하는 것은 독점금지법에 저촉된다. 미국이라면 복수의 민간기업이 공평하게 활용하도록 할 것이 분명하다. 그러나 일본은 일본텔레콤 한 곳이 공공 토지를 독점해 광통신망을 부설하려고 한다. 일본은 아직 멀었다.'

이나모리 가즈오는 아무리 생각해도 이해할 수 없었다.

니스기 총재와 면담한 며칠 후, 이나모리 가즈오는 건설성 장관인 미즈노 기요시의 전화를 받았다. 미즈노 장관은 그와 일면식도 없었지만, 모리야마 사장과는 가깝게 지내는 사이였다.

미즈노 장관은 갑자기 전화한 것을 사과한 다음 이렇게 말했다.

"이미 알고 있겠지만, 건설성-도로공단도 통신사업에 뛰어들기로 했습니다. 이 건 때문에 이나모리 회장과 할 얘기가 있습니다.

만날 수 있을까요?"

이나모리 가즈오에게 호의를 가지고 있는 듯 미즈노 장관의 목소리는 쾌활했다. 미즈노 장관은 행정개혁에 앞장섰고, 국영기업의 민영화에도 적극적이었다. 그러면 유일한 민간기업으로 전전공사에 도전한 제2전전을 도와줄 것이다.

다음 날 이나모리 가즈오는 아침 일찍 건설성 장관실을 방문했고, 미즈노 장관은 환한 얼굴로 이나모리 가즈오를 반겼다.

"통신회선 때문에 고생하고 있다고 들었습니다."

"아시는 것처럼 매우 어려운 처지입니다. 오늘 이렇게 결례를 무릅쓰고 일찍 찾아온 것도 그 문제로 부탁드릴 게 있어서입니다. 일본고속통신이 고속도로 연변에 광통신을 부설할 때 우리 것도 함께 부설했으면 합니다."

"이나모리 회장, 그 일과 관련해 내가 할 얘기가 있습니다. 일본고속통신에 출자하는 것은 어떻습니까?"

"주주가 되어달라는 겁니까?"

장관은 고개를 끄덕였다.

"출자를 하면 주주 권리가 생기기 때문에 나로서도 편의를 봐드릴 수 있지 않을까 싶습니다."

이나모리 가즈오는 미즈노 장관의 제안을 받아들여 교세라도 일본고속통신에 출자하기로 결정했다. 금액은 1억 엔으로, 출자 비율은 2퍼센트 후반이었다.

하지만 상황은 미즈노 장관이 말한 대로 진행되지 않았다. 이나모리 가즈오는 주주 기업의 총수로서 몇 번이나 건설성을 방문해 광통신을 부설할 용지를 빌려달라고 부탁했지만, 건설성 담당 공무원들은 묵묵부답이었다.

'미즈노 장관이 내게 거짓말을 했을 리는 없다. 분명 담당 실무자들에게 내 얘기를 해두었을 것이다.'

그러나 담당 공무원들이 어떻게 행동했을지는 보지 않아도 눈에 선했다. 그들은 장관 앞에서는 "알겠습니다"라고 대답하지만, 제자리에 돌아오면 그런 지시는 전혀 없었다는 투로 행동한다. 복지부동, 그리고 면종복배. 눈앞에서는 복종하지만 뒤에서는 배반하는 그들의 행동은 역시 관료답다며 이나모리 가즈오는 쓴웃음을 지었다.

제2전전이 통신회선을 확보하지 못해 힘겨운 싸움을 벌이고 있는 와중에 이나모리 가즈오 팀은 또 다른 역풍을 맞아야 했다. 우정성과 경제계 일각에서 제2전전, 일본텔레콤, 일본고속통신 3사를 하나로 묶자는 단일화 의견이 나온 것이다.

계기는 7월, 오쿠다 게이와 우정성 장관의 기자회견에서였다. "일본텔레콤, 일본고속통신, 제2전전 3사가 함께 사업하는 것은 어떻습니까?"라는 기자의 질문에 오쿠다 장관은 이렇게 답했다.

"향후 각 구상을 통합해보자는 움직임이 나오지 않겠습니까?"

그는 이렇게 덧붙였다.

"전전공사와 3사의 대결은 어른과 아이들의 싸움입니다. 아이들이라도 단결하면 맞서 싸울 수 있을 것입니다."

이 발언에 일본 경제단체연합회 회장인 이나야마 요시히루가 호응했다. 그는 정례 기자회견에서 "3사가 단일화하는 것이 좋겠다"고 말했다. 그 후 3사가 단일화해야 한다는 의견이 거세졌고, 매스컴에서도 이를 자주 언급했다.

하지만 이나모리 가즈오는 이 의견을 결코 받아들일 수 없었다. 단일화는 통신회선을 부설할 수단을 갖고 있지 않은 제2전전을 일본텔레콤이나 일본고속통신에 흡수해서 경쟁에서 낙오시키려는 의도가 분명했다. 물러나느냐 계속 이어가느냐는 경쟁의 결과로, 그 열쇠는 소비자들이 쥐고 있다.

"올 것이 왔습니다."

모리야마 사장이 단일화 조정을 보도한 신문을 손에 들고 이나모리 가즈오를 찾아와 말했다.

"포기하는 것은 너무 이릅니다. 이제 막 시작했는데……."

이나모리 가즈오는 그렇게 답했지만, 현재로서는 이 상황을 돌파할 방법이 전혀 보이지 않았다.

이 상황에 변화의 조짐이 보인 것은 9월 중순의 일이었다. 한 통의 전화가 그 계기가 되었다.

도쿄에서 교토의 교세라 본사로 돌아온 이나모리 가즈오에게 비서가 메모를 전달했다. 전전공사의 신토 총재에게서 전화가 왔다는 내용이었다.

"다른 말은 없었나요?"

"내일자 신문을 보라고 하셨습니다."

"내일자 신문?"

다음 날, 조간신문을 편 이나모리 가즈오는 신토 총재의 진의를 깨달았다.

신문 1면의 헤드라인은 이랬다.

전전공사 총재, 도쿄-오사카 마이크로웨이브에 회선 한 가닥 더 남아 있다고

기사는 이렇게 전하고 있었다.

신토 총재는 9월 19일 기자회견에서 도쿄-오사카의 마이크로웨이브 루트가 한 가닥 남을 수 있을지 모른다고 말했다. 이에 대해 전전공사 시설국장은 "중앙고속도로 연변에 한 가닥 있다"고 보충 설명했다. 우정성에 따르면 마이크로웨이브를 활용한 통신은 무선 중계기지를 일정 간격으로 지상에 건설하면 되므로 비용 부담도 상대적으로 적다.

통신회선을 확보할 방법으로는 광통신 케이블 부설, 통신위성 활용, 마이크로웨이브 사용 등이 있다. 일본텔레콤이나 일본고속통신은 이미 광통신 부설을 발표했지만, 도쿄-오사카의 마이크로웨이브 루트에 빈 회선이 한 가닥 더 있다는 신토 총재의 발언으로 마이크로웨이브를 사용할 길이 열렸다.

이나모리 가즈오는 그 기사를 되풀이해 읽었다. 읽으면 읽을수록 신토 총재의 발언은 그와 제2전전에 대한 메시지라고 생각할 수밖에 없었다.

신토는 "한 가닥이 더 있다"고 발언했다. 이 발언은 제2전전에게 중대한 의미를 지녔다. 통신 수단 선정 회의에서 후카다가 지적했듯이 전전공사가 도쿄-오사카 사이에 갖고 있는, 사용하지 않은 루트는 장래를 대비한 예비 루트로, 양도받을 여지가 없었다. 하지만 루트가 한 가닥 더 남아 있다고 말했다는 것은 전혀 다른 이야기였다. 교섭 여하에 따라 그것을 제공받을 수 있을지도 모르는 일이었다.

그렇다면 신토는 왜 이나모리 가즈오에게 신문을 보라고 했고, 기자회견에서 그렇게 발언한 진의는 무엇일까? 한 가지는 전전공사 분할론을 억눌러보려는 목적일 수 있었다. 순수한 민간기업은 제2전전 단 한 곳뿐이었다. 제2전전이 사업화 조사 단계에서 무너진다면 전전공사의 민영화도 힘들지 모른다.

게다가 제2전전에 마이크로웨이브 루트를 제공한다고 해도 제2전전이 전전공사의 아성을 위협하는 일은 없으리라는 의견도 많았다. 국철이 진행하는 일본텔레콤이나 건설성-도로공단, 도요타자동차가 대주주인 일본고속통신과 달리 제2전전은 인력과 자본, 기술 면에서 모두 부족한 상황이었다. 전전공사가 거인이라면 제2전전은 단숨에 튕겨 나가버리는 어린아이에 불과했다. 일본텔레콤과 일본고속통신이 이 이상 강해지는 것은 곤란하지만, 제2전전이라면 전전공사가 어느 정도 응원해주어도 손해 볼 일이 없을 것이다.

이나모리 가즈오는 즉시 신토 총재에게 전화를 걸었다. 전화를 받은 신토는 "급히 만나고 싶습니다"라는 말부터 건넸다.

신토는 싱글벙글 웃으면서 이나모리 가즈오를 맞이했다. 눈빛은 예리하고, 건장한 체구에 활동적인 외모였다.

"이나모리 가즈오 회장과는 언젠가 진지하게 얘기를 나눠보고 싶었습니다. 이렇게 와주어서 감사합니다."

"과분한 말씀입니다."

"젊은 시절 조선소에서 정을 두드리는 일을 해서 귀가 잘 안 들립니다. 이쪽으로 가까이 오시죠."

신토 총재는 그와 가장 가까운 자리를 이나모리 가즈오에게 권했다.

"신문 보셨습니까?"

이나모리 가즈오는 고개를 끄덕였다.

"그렇다면 얘기가 빨라지겠군요. 도쿄-오사카에는 루트가 한 가닥 더 있습니다. 그걸 사용해도 좋을듯합니다."

"정말입니까?"

"물론입니다."

"감사합니다!"

이나모리 가즈오는 머리를 숙였다.

"이렇게까지 황송해할 필요는 없습니다. 전에 전화로 말했듯이 나서주어서 감사합니다. 그러지 않았다면 우리 전전공사의 민영화는 진행되지 않고, 민영화가 진척되지 않으면 우리 직원들 역시 우월의식에서 벗어나지 못합니다. 이나모리 가즈오 회장이 전전공사에 도전하겠다고 했을 때 나 역시 무모하다고 생각하면서도 한편으로는 기뻤습니다."

신토는 담배에 불을 붙인 후 말을 이었다.

"전전공사 직원들은 세상을 위해 전전공사가 있는 게 아니라 전전공사를 위해 세상이 있다는 착각에 빠져 있습니다. 고객을 가입자, 전화요금을 과징금이라고 부를 정도입니다. 독점의 폐해가 직원들의 의식까지 좀먹고 있는 것입니다. 그래서 그들을 심하게 나무랐습니다. '전전공사 말이 아니라 일본어를 사용하라'고 말입니다. 요즘 나는 이런 생각을 자주 합니다."

신토는 담배 연기를 내뿜으며 잠시 뜸을 들였다.

"독점은 나쁘다. 독점은 고객인 국민과 사회에 악영향만 미친다. 독점 때문에 우리 직원들이 우월의식에 젖어 경쟁력과 서비스 정신을 잃고 말았다."

전전공사 본사를 나온 이나모리 가즈오는 마이크로웨이브 루트를 사용하게 되었다는 소식을 회사에 서둘러 알리고 싶었지만, 마음을 가까스로 억눌렀다.

눈앞을 가득 메운 안개가 말끔하게 걷히고, 가야 할 길이 시야에 선명하게 들어왔다. 이것으로 마이크로웨이브 루트를 건설할 수 있다. 장거리전화 서비스를 착수할 출발선에 서게 된 것이다.

제2전전 본사에 돌아온 이나모리 가즈오는 즉시 임원들을 회장실에 모이게 했다.

모리야마, 나카야마, 가네다, 센모토, 다네노, 가타오카, 시모사
카……. 다들 이나모리 가즈오의 이야기에 얼굴이 매우 밝아졌다.

"해내셨군요!"

모리야마 사장이 감격에 겨워 말했다.

"이제부터 할 일이 더 많아지겠군요."

이나모리 가즈오가 환한 얼굴로 말했다.

3

'이거 좀 이상한데……. 점점 멀어져 가는 것 같아.'

가슴 높이까지 자란 조릿대 숲을 헤치면서 산을 내려가던 야마
모리 세이지는 주위를 살펴보았다. 제대로 왔는지 다시 한 번 확인
해보고 싶어서였다.

하지만 손목시계를 보고는 마음을 고쳐먹었다. 시간은 오후 네
시 30분을 지나고 있었다. 일몰까지는 얼마 남지 않았다. 시간을
지체할 여유가 없었다. 야마모리가 지금 있는 곳은 아이치 현의 산
간 지역으로, 가장 가까운 마을에서도 몇 킬로미터 떨어져 있었다.
해가 지면 주위는 칠흑 같은 어둠에 휩싸여 한 걸음도 내딛지 못할
것이다.

'빨리 내려가자. 산 아래로 내려가면 뭔가 보일 거야.'

야마모리는 그렇게 스스로를 다그치면서 다시 걸어갔다.

야마모리는 제2전전기획의 젊은 직원이다. 작년에 교세라에 입

사해 제2전전 프로젝트에 참가했다. 그가 민가에서 멀리 떨어진 이곳에 오게 된 것은 도쿄-나고야-오사카에 마이크로웨이브 네트워크를 구축할 중계기지 용지를 확보하기 위해서였다.

신토 총재의 약속대로 전전공사는 작년 12월, 제2전전에 전전공사의 도쿄-나고야-오사카를 연결하는 마이크로웨이브 설계도를 보내주었다.

야마모리를 비롯한 제2전전기획 직원들은 설계도에 기초해 시뮬레이션을 만들고, 독자적인 루트를 계획했다. 그것을 지휘한 사람은 전전공사의 업무를 마무리하고 입사한 오노데라였다.

그들의 계획은 도쿄, 나고야, 오사카 세 곳에 통신 설비 거점이 될 네트워크센터를 건설하고, 이들 사이에 여덟 개의 중계기지를 설치하는 것이었다. 도쿄-오사카의 거리는 약 500킬로미터로, 50킬로미터 간격으로 구획을 나누기로 했다.

하지만 중계기지는 아무 데나 세울 수 없었다. 앞을 가로막고 있는 물체가 있으면 마이크로웨이브가 전달되지 않기 때문에 높은 산 정상이어야만 했다.

야마모리 팀은 오노데라의 지휘하에 1/50,000 지도의 등고선을 조사해 중계기지를 세울 장소를 찾아냈다. 도쿄-나고야에는 요시자와·가타후타·후지에타·아키바·데키야마·미타케 등 여섯 곳, 나고야-오사카에는 구니미·아보시 등 두 곳이었다. 야마모리 등 젊은 직원 네 명은 그곳이 지도에서처럼 중계기지를 세우는 데 최적의 장소인지 확인하기 위해 현지를 찾아갔다.

이번에 산에 오른 것은 '거울 테스트' 때문이었다. 두 사람이 서로 멀리 떨어진 정상에 올라서서, 한가운데 구멍을 뚫고 그 주변에 석면을 붙인 특수거울을 높이 들고 햇빛을 상대방 특수거울에 반사시킨다. 햇빛이 이 특수거울을 통해 상대방에게 반사되면 상대방이 들고 있는 특수거울이 밝게 빛난다. 상대방 특수거울에 햇빛이 반사되었다는 것은 무선 전파가 이 두 지점을 통과한다는 증거였다. 나행히 결과는 성공적이었다. 멀리 산 정상에서 보낸 반사광이 야마모리의 특수거울 석면을 밝게 비추었다.

이 일이 마무리되면 공사를 담당하는 건설회사 직원과 함께 토지 소유자를 찾아가 교섭해야 한다. 젊은 직원 네 명에게 할당된 몫은 1인당 두 곳이었다. 야마모리는 "용지를 확보할 때까지 돌아오지 말라"는 오노데라의 지시를 떠올렸다.

야마모리는 제2전전에 입사해 통신 관계 업무를 담당하리라고는 짐작조차 하지 못했다. 대학에서 화학을 전공한 그는 전공을 살리고 싶어 교세라를 지망했고, 지난해 봄 설레는 마음으로 입사했다.

입사한 그를 기다리고 있던 것은 2주간의 신입사원 연수였다. 야마모리 등 160명의 신입사원은 이나모리 가즈오의 경영이념이기도 한 교세라 철학과 관리회계 방식을 반복해서 교육받았다. 그리고 연수 마지막 날이 가까워지자 각 사업 부문 책임자들의 부서별 설명회가 열렸다. 파인세라믹본부장과 상품사업본부장 등이 각자 맡은 부문의 사업과 업무 내용을 설명했다. 그들의 이야기는 나름대로 흥미로웠다. 하지만 그들에 앞서 나온 센모토 정보기획본부장의 설명은 야마모리를 들뜨게 했다.

센모토 본부장의 이야기는 부서 설명이라기보다 자극적인 선동이라고 해야 옳았다.

"일본의 전기통신은 전전공사 독점에서 경쟁 체제로 바뀌고 있습니다. 우리는 전전공사의 대항 세력이라는 기치로, 가까운 시일 내에 사업화 조사 회사를 설립할 계획입니다. 이것은 일본 전기통신 역사에 혁명과도 같습니다."

센모토의 이야기에 빨려든 야마모리는 정보기획본부를 1지망 부서로, 전공과 연관된 파인세라믹사업본부를 2지망 부서로 적었다.

그렇다 해도 전기통신 분야는 문외한이어서 정보기획본부에 들어가리라고는 전혀 생각하지 못했다. 얼마 후 인사 책임자로부터 들은 바에 따르면, 센모토의 이야기에 매료된 많은 신입사원이 정보기획본부를 1지망으로 선택했다고 한다.

'그런데 왜 하필 나일까? 160명 가운데 정보기획본부에 배정된 사람은 아홉 명에 지나지 않는데……'

신입사원 연수 마지막 날, 인사 책임자로부터 정보기획본부에 배정되었다고 통보받은 야마모리는 꿈이 현실로 이루어진듯했다. 설마 했는데 이루어지다니……. 얼떨떨하고 들떠 있기는 아메미야 도시다케도 마찬가지였다.

"같이 정보기획본부네요."

아메미야의 얼굴이 빨갛게 상기되어 있었다.

"정보기획본부를 지원했다가 떨어지면 어쩌나 싶어 전공 쪽인 상품사업본부를 2지망으로 적었는데, 이루어질 줄은 전혀 몰랐습니다."

"야마모리 씨, 아메미야 씨!"

다카하시가 흥분한 표정으로 두 사람 사이를 비집고 들어왔다.

"저도 정보기획본부입니다!"

다카하시는 얼굴이 긴 편이고 차가운 인상이었다. 그는 공학부 출신으로, 여러 기업에서 오라고 했지만 딱히 무엇을 하고 싶다는 생각을 갖고 있지는 않았다. 그런 그가 지금 볼에 홍조를 띠고 있었다.

"잘 부탁합니다. 저는 화학을 전공해 전기통신에는 완전 초보입니다."

야마모리는 불안해하면서 말했다.

"저도 초보인걸요."

다카하시는 그렇게 말하고는 생긋 웃었다.

"그렇지만 재미있지 않나요? 적어도 교세라에서는 어느 누구도 하지 않은 분야니까요."

"그건 그렇군요. 그런데 왜 전공도 아닌 내가 선발되었을까요?"

얼마 후, 이나모리 가즈오 회장이 정보기획본부 신입사원 아홉 명 전원을 직접 선발했다는 소문이 돌기 시작했다.

"회장님께서 저희 아홉 명을 직접 선발하셨다고 하는데, 정말입니까?"

이나모리 가즈오에게 업무 인사를 하는 첫자리에서 한 신입사원이 용기를 내어 질문했다. 이나모리 가즈오는 대답 대신 부처님 같은 표정을 지어 보였다. 야마모리는 그의 얼굴을 보면서 어쩌면 소문이 사실일지도 모른다고 생각했다. 그렇다고는 해도 왜 나를?

야마모리는 서둘러 산을 내려왔다. 하지만 쓰러진 나무들이 길을 막고, 조릿대가 여기저기 무성하게 자라 있어 발걸음은 더디기만 했다.

해는 기울어 산 능선에 접해 있었다. 잠시 뒤면 일몰이었다. 해가 지면 여기서 야영할 수밖에 없다. 하지만 3월에도 산속은 기온이 영하로 내려간다. 재킷을 걸쳐도 한기가 뼛속까지 몰려온다.

'서두르지 않으면 위험해.'

그렇게 생각한 순간 발을 헛디뎌 엉덩방아를 찧으면서 비탈 아래로 미끄러지고 말았다. 겨우 정신을 차리고 조릿대를 헤치고 나오자 눈앞에 길이 보였다. 찻길이었다. 더구나 차가 지나간 지 얼마 되지 않은 듯 차 바퀴자국이 선명했다. 야마모리는 너무나 기뻐 저도 모르게 소리를 질렀다.

오노데라는 도쿄–나고야 구간 중 한 곳인 데키야마에 간 야마모리로부터 중계기지를 건설할 적당한 봉우리를 찾았다는 연락을 받았다. 그 즉시 그는 야마모리에게 그곳에 머물면서 땅 주인을 찾으라고 지시했다.

루트 개발은 일진일퇴의 상황이었다. 중계기지 용지 확보는 신입사원들이 저돌적으로 추진해 의외의 성과를 거두었고, 순조롭게 진행되었다. 데키야마에서는 땅 소유주를 만나면 즉시 교섭을 시작할 수 있고, 나고야–오사카의 예상 부지 중 한 곳인 구니미에서는 땅 주인이 용지를 팔기로 약속했다.

구니미에 간 것은 전전공사에서 루트 설계도가 도착한 직후인 12월 중순으로, 눈이 내리고 있었다. 눈 때문에 일정을 미루면 현지 조사와 용지 교섭도 미뤄져 내년 봄을 기약할 수밖에 없었다. 그래서 서둘러 일을 진행한 것이 의외로 성공을 거두었다.

하지만 이후 네트워크센터의 용지 취득은 난항을 거듭했다. 나고야 네트워크센터는 작년 말, 토지 소유주와 용지 임차 계약을 체결했고, 오사카 네트워크센터도 올해 3월에야 용지를 취득할 길이 보였다. 가장 중요한 거점인 도쿄 네트워크센터 장소는 아직까지 정해지지 않았다.

지금까지 다섯 곳의 후보지를 검토했지만, 토지 소유주가 여러 명이거나, 면적이 좁거나, 용도 지정 문제가 난항을 거듭해 포기해야 할 처지였다.

오노데라는 머리를 쥐어뜯었다. 시간이 너무 촉박했다. 신문 보도에 따르면 자체 용지를 갖고 있는 일본텔레콤과 일본고속통신은 광통신 부설 준비를 무리 없이 진행하고 있었다. 도쿄-나고야-오사카에 광통신망을 부설하면 그들은 즉시라도 서비스를 시작할 것이다. 제2전전으로서는 그들의 진행 속도와 맞추지 않으면 안 된다. 늦어지면 그들에게 고객을 빼앗기고 만다.

같은 업무를 전전공사가 한다면 8년은 걸릴 것이다. 용지 선정부터 매수 교섭에 이르기까지 각 파트를 각기 다른 부서에서 처리할 것이다. 이 때문에 업무 속도는 늦고, 부서 간 조정에 애를 먹을 것이다. 이에 반해 몸집이 작은 제2전전은 3년 안에 마무리할 수 있다. 하지만 3년도 너무 늦다. 일본텔레콤과 일본고속통신의 움직임을 고려하면, 2년 반 안에 모든 루트를 마무리해야 한다.

'가능할까?'

초조한 마음을 진정시키면서 책상 앞에 앉은 그의 눈에 우연히 손목에 찬 시계가 들어왔다. 시곗바늘은 새벽 한 시를 향하고 있었다. 막차 시간은 이미 지난 지 오래였다.

'오늘도 여기서 밤을 지새우는군.'

오노데라는 쓴웃음을 지으면서 스스로에게 물었다.

'왜 매일 이렇게 힘들게 일해야 할까?'

무선 기술자가 마음 놓고 일할 영역이 점점 더 좁아지는 전전공사와는 달리 제2전전에서는 백지에 그림을 그리듯 모든 일을 스스로 만들어가야 했다. 막막했다. 하루하루가 힘겨운 싸움의 연속이었다. 하지만 가슴은 뿌듯했다. 자부심도 여전했다. 전전공사의 무선기술자들 중 최고라고 자부했던 그는 경쟁자에게 뒤처지는 것을 결코 용납할 수 없었다.

"아직도 업무가 끝나지 않았습니까?"

사원인 아메미야였다.

"다들 한잔하자는데, 같이 하시죠. 마침 일요일이어서……."

"그럼, 모처럼 어울려볼까?"

아메미야가 환하게 웃었다. 오노데라는 아메미야의 환한 얼굴을 보면서, 자신이 여기까지 포기하지 않고 올 수 있었던 또 한 가지 이유를 생각해냈다.

부하직원들 때문이었다. 가르쳐야 할 일은 산더미였지만, 순수하고 저돌적이며 긍정적인 부하직원들을 보면서, 그들을 위해서라도 이 일을 반드시 성공해야 한다는 의지가 용솟음쳤다.

"수고하시는군요."

엘리베이터에 탄 오노데라와 아메미야 일행에게 낯익은 목소리가 들려왔다.

기노시타 류이치였다. 그는 우정성을 퇴직하고 작년 제2전전기획에 입사했다. 나이는 41세였다. 그는 자체 회선을 보유해 서비스하는 제1종 전기통신사업자 허가를 따내기 위해 매일 우정성 실무자들과 교섭하고 있었다.

"지금 우정성에 가려는 건가요?"

오노데라가 묻자 기노시타는 고개를 끄덕였다.

"대단하군요."

오노데라가 그렇게 말하자 기노시타가 고개를 저었다.

"여러분에 비하면 별것 아니죠. 요가에 있을 때와 달리 우정성이 아주 가까이 있거든요."

기노시타의 말처럼 제2전전기획은 작년 11월, 요가 역의 교세라 도쿄중앙연구소에서 중앙 부처가 밀집한 토라노몬으로 옮겨 왔다. 사무실이 비좁았고, 본격적으로 전화사업에 뛰어든 후 우정성을 드나드는 일이 빈번해졌기 때문이었다. 요가에 있는 교세라 도쿄중앙연구소에서 우정성까지 한 시간 가까이 걸렸는데, 이곳으로 옮겨 오면서 택시로 5분도 걸리지 않았다.

기노시타는 오노데라에게 가볍게 인사를 하고 건물 밖으로 빠져나왔다.

기노시타는 몇 주 동안 업무에 매달리느라 운동이 부족했다고 생각해 우정성까지 걸어가기로 했다. 협상은 아침까지 이어질 것이다. 적어도 지금 이 순간만큼은 신선한 공기를 한껏 들이마시고 싶었다.

오랫동안 근무한 우정성에서 나와 민간기업에 들어가고, 그 기업의 책임자로 우정성을 찾는 것이 어색할 때도 있었다. 하지만 후회하지는 않았다. 오히려 제2전전 프로젝트에 참가하게 된 것이 자신에게 큰 행운이라고 생각했다. 공무원 때는 지금처럼 새로운 사업을 추진하는 보람을 만끽하지 못했다.

'우정성으로부터 제1종 전기통신사업자 허가를 따내지 않으면 안 된다. 이런 기회를 만들어준 이나모리 가즈오 회장과 모리야마 사장을 위해서라도……'

기노시타는 새삼스럽게 운명이란 알 수 없는 것이라고 생각했다. 제2전전기획에 들어온 지 1년, 처음에는 이런 일을 하게 되리라고는 짐작도 하지 못했다.

기노시타는 우정성 전기통신정책국에서 전기통신사업의 자유화 관련 업무를 맡았다. 하지만 교세라 같은 민간기업의 움직임에는 관심조차 없어 남 일로 치부했다. 교세라가 제2전전을 설립하려고 하고, 도쿄-오사카에 광통신망을 설치한다는 신문기사를 접했을 때도 '초보자가 해봐야 얼마나 하겠어' 하며 의미를 두지 않았다.

민간기업에는 도로 점용 허가를 내주지 않는다. 아무런 기반도 없는 제2전전은 사업을 더 이상 진행하기 힘들 것이다. 어쩌면 제2

전전 스스로 물러나리라 예상했다.

그는 작년 5월, 제2전전기획 창립 축하연에 참석하는 상사의 부탁으로 축사 원고를 대신 써주었다. 그때 그가 쓴 축사에는 이런 구절이 있었다.

"전기통신사업법은 민간의 활력으로 전기통신사업을 활성화하고 서비스 질을 향상시키려는 취지로 만들어졌습니다. 따라서 순수 민간기업이 참여한 것은 칭찬할 일이며, 우정성으로서는 열심히 하기를 기원하고 있습니다."

상투적인 인사치레에 불과했다. 그런데 며칠 뒤 기노시타는 축사를 한 상사로부터 뜻밖의 말을 들었다.

"제2전전기획의 모리야마 사장이 자네와 나를 만나고 싶어 하더군. 같이 일해보지 않겠느냐면서 말이네. 자네 의향은 어떤가?"

기노시타는 한참 동안 생각한 뒤 대답했다.

"만나죠."

정부가 적극 추진하고 있는 전기통신사업의 자유화 물결을 현장에서 직접 맛본다는 것은 흥미로운 일이었다. 성공하면 더없이 좋겠지만, 실패하더라도 귀중한 경험이 되리라 보았다.

그가 너무나 쉽게 대답하자 상사가 오히려 당황하는듯했다.

"대답은 가족과 상의한 뒤에 해도 되네. 사흘 말미를 줄 테니, 곰곰이 생각해보게."

우정성에 들어선 기노시타는 회의실 문을 열었다. 회의실에는 통신사업자 허가를 맡고 있는 전기통신정책국 국원들이 모여 있었다.

어느 누구 할 것 없이 얼굴에 피로감이 가득했다. 전기통신사업법을 축으로 하는 전기통신 개혁 법안 시행이 다가오자, 우정성 담당자들은 대응책 마련과 협상으로 밤낮을 잊고 있었다.

기노시타는 그들에게 서류를 나누어주고, 설명을 시작했다. 서비스 개시 첫해의 가입자 수 예측, 3년 후의 증가율 추이, 설비투자액, 전화요금 예상 수익 시뮬레이션……. 담당 실무자들은 그의 말에 귀를 기울이면서 틈틈이 메모를 했다. 기노시타의 설명이 끝나면 우정성 관료들이 사업 계획의 미비점을 지적한다. 회의가 끝나면 기노시타는 다시 회사로 돌아와 그들의 의견을 토대로 미비점을 수정하거나 사업 계획을 보완한다.

이런 과정이 몇 주 동안 계속되었다. 전기통신사업법 시행까지 앞으로 1개월, 일본의 전기통신 역사를 바꾸는 역사적인 전환점이 코앞으로 다가왔다.

1985년 4월 1일, 전전공사의 민영화와 통신사업 자유화를 규정한 전기통신사업법, 일본전신전화주식회사법, 관련정비법 등 세 가지 전기통신개혁 법안이 마침내 시행되었다. 이와 동시에 제2전전기획은 사업화 조사 회사에서 사업 회사로 전환, 제2전전으로 사명을 변경했다.

'누구도 하지 않는다면 내가 해야 하는 것 아닌가?'

이나모리 가즈오가 이 사명감을 품은 지 2년, 전전공사에 대한 도전은 사업 회사라는 커다란 전환점을 맞이했다.

네트워크센터 건설도 진전되어 갔다. 아주 좋은 유휴지가 있다는 정보가 들어왔다. 6월 20일, 잡초가 무성한 유휴지 안으로 들어간 오노데라는 이곳이 네트워크센터 건설 예정지로 제일 적합하다고 확신했다. 북쪽으로는 도쿄의 일본 최대 신흥 주택지인 다마 뉴타운이 위치해 있었다. 아래로는 간선도로가 뻗어 있고, 도로 건너편에는 주택들이 줄지어 있었다. 주위에는 높은 산과 건물도 없고, 도심에서 45분 거리여서 교통 편의성도 나쁘지 않았다. 그동안 여기저기 찾아다녔지만 헛수고만 했던 도쿄 네트워크센터 용지가 이곳으로 결정난다면 사업도 탄력을 받을 것이다.

"나쁘지 않은 거죠?"

미쓰비시상사에서 파견 나온 노무라가 웃음을 지었다. 노무라는 41세로, 미쓰비시상사에서 오랫동안 점포 개발 등 부동산 관련 일을 했고, 제2전전에서는 시설부장으로서 네트워크센터 용지 취득 교섭 업무를 담당하고 있다. 중계기지 용지 교섭이 난항을 거듭할 때 조언을 아끼지 않은 사람도 노무라였다.

햇볕에 그을린 강인한 얼굴과 뚱뚱한 체구, 거기에 화려한 양복을 걸쳐 입은 외모는 그가 미쓰비시상사의 중견사원을 지낸 사람이 맞는지 의심스러울 정도였다.

"다행히 이런 좋은 장소가 발견되었군요."

"소유주는 다마 뉴타운 개발을 진행한 주택·도시정비공단으로, 얼마 전에 주택 전용 지역에서 제외되었습니다."

회사로 돌아오는 전철 안에서 오노데라가 말했다.

"용지 확보 건은 신입사원들이 애써주고 있는데, 공사 쪽은 힘들군요."

"종합건설사와의 교섭은 내가 합니다. 힘든 일이 있다면 언제든
내게 말해주세요."

"고맙습니다. 문제는 공사기간입니다. 전전공사라면 8년 걸리는
공기를 우리는 2년 반으로 단축해야 하는데……."

"2년 반이라고요?"

노무라는 눈을 번쩍 떴다.

"그것 참 어려운 일이군요. 이런저런 공정을 생략하고 공사하는
것은 아닐 테고……."

노무라의 말을 듣고 있던 오노데라가 갑자기 노무라의 얼굴을
뚫어지게 바라보았다.

"지금 공정을 생략한다고 말했나요?"

"공정을 생략하는 것은 안 된다는 취지로 말한 겁니다."

"바로 그거예요! 너무나 간단한 일이라고요!"

오노데라의 흥분에 노무라는 무슨 일인가 싶었다.

"산 위에 중계기지를 세울 때 자재를 헬기로 운반할 수 있나요?"

"그건 할 수 있지만, 무슨 영문인지?"

"회사에 돌아가서 말씀드릴게요."

오노데라가 환하게 웃었다.

오노데라는 노무라의 한마디에서 공기를 대폭 단축할 수 있는
힌트를 찾아냈다. 그것이라면 전전공사가 하던 방법을 따라 하거
나 참고할 필요도 없었다.

전전공사는 네트워크센터나 중계기지를 건설할 때 통신 설비나

기기를 일괄 구입한다. 당시에는 불필요하더라도 장래에 쓸모가 있을지 모른다는 이유에서였다.

공사를 하기 위해 먼저 건설 예정지인 산 정상까지 도로를 내고, 이어 공사에 필요한 자재를 트럭으로 운반한다. 도로에 배수로까지 내는 경우도 적지 않았다. 그러다 보니 공사기간도 길어질 수밖에 없었다.

그런데 전전공사와 달리 제2선진은 일을 키울 필요가 없었다. 이용자가 늘거나 네트워크를 확장해 통신설비나 기기가 부족해지면 그때 증설해도 되지 않는가? 그러면 최소 필요 설비만으로 시작해도 무방하고, 그렇게 되면 공기를 대폭 단축하고 비용도 대폭 줄일 수 있었다. 게다가 헬기로 자재를 운반하고 공사 요원들은 걸어서 산 정상까지 오르게 하면 도로가 완성되는 데 몇 년이나 걸릴 필요가 없기 때문에 공기도 단축할 수 있다. 불필요한 것은 철저하게 줄이는 것이다.

회사에 돌아온 오노데라와 노무라는 현지 상태를 모리야마 사장에게 보고했다. 보고를 들은 모리야마 사장은 주택·도시정비공단과 용지 매매 건을 진행하는 것이 좋겠다고 지시했다.

"잘됐어요. 오노데라, 이것으로 일보전진이군요."

노무라가 말하려는 순간 노크 소리가 들리더니 기노시타가 들어왔다.

"지금 우정성의 전 동료로부터 연락이 왔는데, 우리 회사가 제1종 전기통신사업자 허가를 받았답니다. 내일 6월 21일을 기준으로 정식 면허가 나옵니다."

"정말요?"

모리야마 사장이 벌떡 일어섰다.

"드디어 시작이군요!"

"일본텔레콤과 일본고속통신은?"

오노데라의 질문에 기노시타는 고개를 끄덕였다.

"그들에게도 허가가 났습니다."

오노데라는 입술을 깨물었다. 하루라도 빨리 마이크로웨이브 루트를 완성해야 한다.

4

6월 하순, 제2전전은 드디어 도쿄 네트워크센터 건설 준비를 시작했다. 하지만 계획은 생각대로 진행되지 않았다. 시 당국, 주택·도시정비공단과 교섭하는 데 많은 시간을 허비했고, 매끄럽게 진행될 것이라고 예상했던 용지 취득이 난관에 봉착했다. 용지를 결정한 지 4개월이 지난 10월 17일에야 주택·도시정비공단으로부터 도쿄 네크워크센터 용지를 사들일 수 있었다.

하지만 이것으로 끝이 아니었다. 더 큰 문제가 제2전전을 가로막고 있었다.

"도대체 여기서 무슨 짓을 하고 있는 겁니까?"

수화기를 든 아메미야 귀에 깨질듯한 소리가 들려왔다.

"오늘 당신네 직원이 와서, 공사 전단지를 놓고 갔더군요. 팸플

릿을 보니까 그 건물 100미터 주변에 기지를 세운다고 적혀 있군
요. 아닌 밤중에 홍두깨라고, 이게 무슨 짓입니까?"

"100미터가 아니라 80미터입니다."

"그게 그거 아닙니까? 아무튼 사장 바꿔요!"

"지금은 자리에 안 계십니다. 돌아오시면 선생님께 전화드리겠
습니다."

아메미야는 상대의 이름과 전화번호를 받아 적고는 수화기를 놓
았다. 한숨이 터졌다. 오늘 밤 한 시간 동안 그가 세 번째로 받은
전화였다. 다른 직원들도 빗발치는 전화 때문에 업무를 볼 수 없었
다. 네트워크센터 건설 예정지의 지역 주민들이 반대하고 나선 것
이다.

건설 용지를 사들인 10월 17일 이후, 제2전전 직원 모두가 지역
주민들을 만나 협조를 구했다. 하지만 주민들의 반발은 가라앉지
않았다. 오히려 갈수록 더했다. 항의전화를 하는 것은 보통이었고,
그 지역에서 제2전전 직원을 보기만 해도 내쫓기 일쑤였다.

'이런 상황에서 마이크로웨이브 네트워크를 2년 반 안에 완성할
수 있을까?'

아메미야는 불안감을 떨쳐버리지 못했다.

"사장님께서 다들 회의실로 모이랍니다."

야마모리가 아메미야를 비롯해 사무실 안에 있는 이들 모두에게
큰 소리로 말했다. 야마모리는 중계기지를 건설하기 위해 여름 내
내 산을 헤매고 다녔다. 새까맣게 타고 수염이 덥수룩한 얼굴은 새
하얀 피부의 아메미야와 대조를 이루었다.

"무슨 말씀을 하시려는 걸까?"

"당연히 도쿄 네트워크센터 건이겠지. 이대로 진행할지, 다른 용지를 찾아볼지 결정하시겠지."

주민들의 반발에 어떻게 대처할지 논의하기 위한 자리였다. 하지만 어느 누구도 입을 열지 않았다. 모두를 모아놓고 활발하게 논의하는 스타일인 모리야마 사장도 마찬가지였다. 한참 후 사장이 말문을 열었다.

"다들 상당히 곤혹스러운 상황이죠?"

"주민들이 제2전전 반대 운동까지 펼치고 있습니다. 시 의회에 공사 중지 요청서를 낸 주민도 있습니다. 한적한 마을에 볼썽사나운 건물이 들어선다고 항의가 이만저만이 아닙니다."

"여기서 깨끗하게 물러나는 것도 하나의 결단인가? 수렁에 빠지지 않기 위해서라도……."

센모토 전무가 중얼거렸다.

"하지만 지금 물러서면 죽도 밥도 안 됩니다."

오노데라는 반대했다.

"주거 지역에서 용도를 변경한 직후부터 주민들이 항의하기 시작했다는 게 마음에 걸립니다. 주택·도시정비공단도 그걸 신경 써 왔습니다. 누군가는 맞아야 할 매를 우리가 대신 맞는 꼴입니다."

노무라가 말했다.

"그게 무슨 얘깁니까?"

가타오카가 물었다.

"도쿄 네트워크센터 용지는 작년까지 주거 전용 지역이었습니다. 그래서 주변이 모두 주택지인 걸로 알고 집을 산 주민들이 많습니다. 그런데 용도가 변경되면서 우리가 그 자리에 네트워크센터를 건설하게 된 것입니다. 그들 입장에서 보면 들어올 때와 얘기가 다르니까 흥분할 만도 하죠."

"그린가? 그렇다면……."

사장은 팔짱을 낀 채 천장을 올려다보았다.

"지금 철수하는 것이 용기 있는 행동일까?"

"여기서 철수하면 마이크로웨이브 루트는 힘들어집니다."

오노데라가 아메미야를 지원했다.

"마이크로웨이브 루트를 처음부터 다시 만들면 일본텔레콤과 일본고속통신에 완전히 뒤처집니다."

모리야마 사장이 물었다.

"주변의 다른 땅은 없습니까?"

"지금 상황에서는 그와 같은 땅을 찾기 어렵지만, 그래도 다시 한 번 면밀하게 찾아보겠습니다."

"어떻게 해서든 찾아봐주세요. 마이크로웨이브 루트 변경은 최소한으로 줄여야 합니다."

"지금 용지를 포기하겠다는 말씀이신가요?"

아메미야가 사장에게 물었다.

"주민들 감정을 무시할 수는 없군요."

"하지만……."

"공사는 강행하지 않습니다! 동의하겠죠?"

아메미야는 어쩔 수 없다는 듯 고개를 끄덕였다.

그날 밤 아메미야는 잠을 이룰 수 없었다.
 '정말 포기하는 건가? 주민들 반발은 격렬하지만, 할 것은 해봐
야 하지 않는가?'
아메미야는 한숨도 자지 못한 채 뒤척이다가 평소보다 이른 시
각에 사원 숙소를 나왔다.
토라노몬 사무실에는 벌써 야마모리가 출근해 있었다. 들어보니
전날 회의 후 여럿이 새벽까지 술을 마시고, 사무실 소파에서 눈을
붙였다고 한다.
"오노데라 실장님과 가타오카가 사장님께 갔어요."
다카하시가 사무실로 뛰어들었다.
"포기하지 않으려는 거겠죠."
아메미야는 사무실을 뛰쳐나갔다.
사장실에서는 오노데라, 가타오카, 기노시타, 다네노 등이 모리
야마 사장과 담판을 짓고 있었다.
"이것이 전 직원의 의견입니까?"
"네."
오노데라가 고개를 끄덕였다.
"여기서 포기하면 안 됩니다."
"법률상 하자는 없습니다. 끈기 있게 주민들을 만나 대화로 풀
어나간다면 반드시 동의를 얻을 수 있을 겁니다."
기노시타가 힘주어 말했다.

"어려운 교섭이 될 텐데……."

"이미 각오하고 있습니다."

"흐음."

모리야마 사장은 팔짱을 끼고 생각에 잠겼다. 모두가 사장의 결정만 기다렸다.

한참 후 모리야미 사장은 팔짱을 풀고 결연한 표정으로 말했다.

"다들 이렇게까지 각오하고 있다면 해봅시다!"

"정말이십니까?"

가타오카가 큰 소리로 말했다.

사장이 고개를 끄덕이자 모두가 놀란 표정으로 환호성을 질렀다. 사장실 문 앞에서 대화를 듣고 있던 아메미야는 안도의 숨을 내쉬었다.

시청 회의실에서 열린 설명회에서 주민들의 주장은 강경했다.

"당신들이 건설하려는 네트워크센터는 건축 면적만 8,000제곱미터에 달하는 3층 건물이고, 마이크로웨이브를 전송할 탑은 높이가 80미터나 됩니다. 그것이 도로 하나를 사이에 두고 건설되면 이 마을의 경관을 해치고, TV와 라디오 수신까지 방해받습니다!"

"그것만이 아닙니다!"

다른 주민이 이어받았다.

"공사 중에는 트럭들이 쉴 새 없이 오가고, 소음이 발생합니다. 지금까지 조용하던 마을을 왜 쑥대밭으로 만드는 겁니까?"

오노데라가 마이크를 잡았다.

"여러분께서 무엇을 걱정하고 계시는지 잘 알고 있습니다. 수신 장애가 발생하면 공동안테나를 설치해드리는 등 보상조치를 해드리겠습니다. 아울러 최대한 마을의 경관을 해치지 않도록 설계하고, 생활에 지장에 없도록 공사하겠습니다."

"최대한이라니, 그게 무슨 뜻이죠? 마을의 경관을 해치는 건 어쩔 수 없다는 말입니까?"

누군가가 큰 소리로 항의했다.

"그 뜻이 아니라⋯⋯."

"일조권 문제는 어떻게 됩니까? 그것도 큰 문제입니다."

또 다른 주민이 나섰다.

"일조권 문제는 저희도 여러 번 실험해보았습니다. 그 결과 문제가 되는 것은 겨울철 저녁때 한 시간 정도뿐입니다."

"믿을 수 없소! 실험한 데이터를 공개하시오!"

여기저기에서 불만과 항의가 터져 나왔다.

"저희는 여러분을 비롯해 국민 모두의 통신 서비스를 향상시키고 싶습니다. 그러기 위해서는 이 센터를 반드시 착공해야 합니다. 제발 이해해주시길 바랍니다."

오노데라와 노무라가 머리 숙여 양해를 구했지만, 돌아오는 것은 소란뿐이었다.

11월 15일, 도쿄 네트워크센터 기공식이 열렸다. 주민들의 분노는 설명회 때보다 한층 격해졌다.

"공사를 중지하라!"

"여기서 나가라!"

지역 주민들의 항의 집회로 기공식조차 제대로 하지 못했다.

경관이나 난시청 문제에 이어, 마이크로웨이브가 몸에 해롭지 않느냐는 이야기까지 지역 주민들 사이에 오가기 시작했다. 제2전전 측은 전혀 해롭지 않다고 설명했지만, 지역 주민들의 불안감을 불식시키기는 어려웠다. 도쿄 네트워크센터 기공식은 그런 소란한 분위기에서 진행되었다.

"당장 그만둬라!"

"물러나라!"

공사장 바깥에서는 고함소리가 울려 퍼지고, 공사장 안에서는 기공식 행사가 열렸다.

기공식에 앞서 공사 안전을 기원하는 고사를 지냈다. 모리야마 사장이 고사상에 절을 하려는 순간 시커먼 것이 그의 등에 떨어졌다. 진흙이었다. 공사장 바깥에서 항의 집회를 하던 지역 주민들이 던진 진흙 중 하나가 모리야마 사장의 등에 떨어진 것이다.

"한바탕 전쟁을 치른 것 같습니다."

모리야마 사장 등으로부터 기공식에서의 충돌을 보고받은 이나모리 가즈오는 수심에 가득 찼다.

"깜짝 놀랐습니다. 처음에는 제가 무슨 일을 당했는지조차 몰랐으니까요."

모리야마 사장이 쓴웃음을 지었다.

"아무리 화가 나도 그래서야……."

"주민 대다수는 신사적이어서 대화를 통한 해결을 바라고 있습니다. 하지만 반대하는 일부 주민들의 항의가 거세다 보니 나머지 주민들도 거기에 호응하는 상황입니다."

노무라의 한숨 섞인 토로를 들은 이나모리 가즈오는 말했다.

"우리 역시 이제 뒤로 물러설 수는 없습니다. 주민들의 이해를 구하고, 끝까지 최선을 다해야 합니다. 인간적으로 호소하는 수밖에 없습니다. 더구나 우리가 하려는 전화 서비스는 국민들을 상대로 하는 일입니다. 이 상황을 뛰어넘지 않으면 안 될 시련이라고 생각하고 절대 포기하지 맙시다."

"회장님 말씀대로입니다. 포기하지 말고 계속합시다!"

모리야마 사장이 단호하게 말했다.

오노데라와 노무라, 기노시타, 시모사카 등은 더 열심히 호별 방문에 임했고, 주말에 열리는 지역 주민과의 대화에도 출석했다. 주민들 대부분이 직장인이기 때문에, 주말에 만나는 주민이 평일보다 더 많았다. 휴일도 없는 일정에 피로감도 심해져 갔다. 특히 기노시타는 요산 수치가 올라 통풍 증세를 일으켰고, 상태가 악화되었다. 그런 중에도 주민의 항의는 수그러들지 않았다. 100명이 넘는 주민이 매일 공사장에 모여 공사 중지를 외치는 집회를 열었다. 그들 중에는 제2전전 직원이라면 무조건 덤벼드는 주민도 있었다.

그렇게 2개월의 시간이 흐르면서 주민들이 변하기 시작했다. 주민 측 대표로부터 협상 테이블에 나와줄 수 없느냐는 요청을 받았고, 3월이 지나 4월에 접어들자 공사 중지를 요구하던 주민 측 주장이 보상 문제로 옮겨졌다. 끈기 있게 진행한 호별 방문과 지속적인 대화가 주민들의 얼어붙은 마음을 녹인 것이다.

1986년 5월 하순, 수십 차례에 이르는 토론 끝에 제2전전과 주민 측은 보상 조건을 절충하기로 최종 합의했다. 그날 최종적인 보상 조건을 들고 주민 대표들과 만난 사람은 총무부장인 히오키 아키라와 노무라였다.
제2전전이 주민들에게 제시할 조건은 다음과 같았다.

제2전전은 공동안테나를 설치하는 등의 방법으로 수신 장애에 보상하며, 도로 쪽 제방 전체에 벚나무를 심는다. 아울러 지역 주민들의 애로사항을 처리하기 위해 마을회관을 세우고, 이를 주민 자치단체에 기부한다.

지루한 호별 방문 끝에 주민들의 공통된 요구사항을 찾아냈고, 이를 토대로 완성한 내용이기 때문에 주민들도 받아들이리라 자신했다. 물론 여전히 강경한 주민들도 있어 섣불리 예단할 수는 없지만, 사방이 꽉 막혀 막막하던 때보다 훨씬 나아진 것만은 분명했다. 이제 협정서 체결만 남았다.
"목표가 거의 완성되었습니다."
"그렇습니다."
히오키와 노무라, 두 사람은 가벼운 걸음으로 교섭 장소로 향했다.

매미가 울기 시작한 8월 초, 야마모리는 도쿄-나고야 구간 중 한 곳인 데키야마의 산 정상에 서서 한창 마무리 작업 중인 중계기지를 올려다보았다.

도쿄-나고야-오사카에 건설하는 중계기지 여덟 개는 이달 중 모두 완공될 예정이다. 나고야-오사카 네트워크센터도 곧 공사를 끝내고, 가장 늦게 진행한 도쿄 네트워크센터도 준공 날짜가 정해졌다.

주민들의 불만이 완전히 해소된 것은 아니지만, 제2전전과 지역 주민들은 보상 문제를 협의했다. 이대로 공사를 순조롭게 진행하면 독자 루트를 계획하고 용지 매수에 나선 지 2년 4개월 만에 마이크로웨이브 루트를 완성하게 된다. '아무리 늦어도 2년 반'이라는 목표를 달성하는 것이다.

게다가 10월 중에는 도쿄-나고야-오사카의 직통전화 서비스를 시작할 예정이다. 신문 보도에 따르면 일본텔레콤은 9월에 전용 서비스를 시작한다. 제2전전은 그보다 조금 늦게 사업을 시작하지만, 11월부터 서비스를 개시하는 일본고속통신보다는 약 1개월 앞선다.

'통신 업무에는 문외한이던 내가 이런 성과를 거두다니……'

평생 처음 느껴보는 충만감이었다. 땀범벅인 채 산속을 헤매다니고, 토지 소유주를 찾아다니고, 그들과 밀고 당기는 협상을 벌인 날들……. 그는 이 중계기지로 그 나날들을 보상받았다고 생각했다.

그는 재작년 여름에 열린 직원결의대회 때의 일을 떠올렸다.

1984년 7월, 제2전전 전 직원은 교세라 도쿄중앙연구소 지하 1층에 모여 회식을 하면서 자신의 결의와 포부를 이야기했다. 신입사원인 야마모리도 자신이 하고 있는 일에 대한 각오를 피력했다.

이나모리 가즈오는 눈을 감은 채 그의 이야기를 경청하면서 때때로 고개를 끄덕였다. 야마모리는 그런 그를 보면서, 이나모리 가즈오 회장의 인간에 대한 애정이 얼마나 깊은지 새삼 확인했다. 일본을 대표하는 경영자 중 한 사람인 이나모리 가즈오 회장이 애송이인 자신의 이야기를 하나하나 빠트리지 않고 들어주고 호응해준 것이다.

직원들의 이야기가 끝나고 이나모리 가즈오가 말했다.

"100년에 걸쳐 축적된 방대한 기술과 막대한 자금력을 가진 전전공사에 비교하면 우리는 보잘것없는 존재입니다. 하지만 일본의 전기동신사업에 정당한 경쟁을 일으켜 전기요금을 낮추겠다는 목표와 열정만은 그 어느 기업과도 비교할 수 없습니다. 여러분 모두가 가슴에 품고 있는 열정 그대로 생각하고, 궁리하고, 노력해서 새로운 기적을 이루기를 바랍니다. 어떤 일이든 그것을 이루는 가장 중요한 힘은 마음입니다."

야마모리는 이나모리 가즈오 회장의 말을 한마디 한마디 떠올리면서, 자신이 왜 일하는지, 일해서 무엇을 얻고자 하는지를 다시 한 번 되새겼다.

'나는 조직을 위해 움직이는 단순한 톱니바퀴가 아니다. 먹고 살기 위해 일하는 것이 아니다. 창조적인 생각과 열정을 다해 이 나라와 이 회사에 공헌하는 것, 그것이 내가 일하는 이유다.'

야마모리는 중계기지를 올려다보면서 크게 심호흡했다. 숲의 향
기가 가슴속까지 스며들었다.

3

남는 자와 떠나는 자

1

    1986년 9월 초, 아침 회의를 끝낸 이시카와 유조는 제2전전 오사카 영업소를 나와 빠르게 걸어갔다. 오사카는 늦여름인데도 무더위가 기승을 부렸다.

    그는 도료를 생산하는 한 중견회사에 전용 서비스 영업을 하러 가기 위해 전철에 올라탔다. 1년 전 이맘때 중소 섬유회사를 퇴직하고 제2전전에 입사한 이시카와는 한 달 뒤 오픈한 제2전전 오사카 영업소로 옮겨 왔고, 이곳에서 법인기업들을 상대로 전용 서비스 영업을 하고 있다.

    "전화 영업이라고 해서 처음에는 깜짝 놀랐습니다. 전화 가설 때문에 그런가 싶었는데, 영업 때문에 온다고는 생각조차 못 했습니다."

도료회사의 총무과장은 그렇게 말하면서 이시카와가 내민 명함을 들여다보았다.

"게다가 제2전전이라고 해서 전전공사의 자회사인 줄 알았습니다. 그런데 전용 서비스가 뭐죠?"

"1개월 뒤인 10월 24일에 시작하는 전화 서비스로, 기업 전용 통신회선을 제공하는 서비스입니다."

이시카와는 가방에서 팸플릿을 꺼내 그에게 보여주었다.

"정액요금이기 때문에 귀사와 같이 오사카-도쿄 간 통화량이 많은 회사는 일반 공중전화 회선을 이용하는 것보다 전화요금을 많이 줄일 수 있습니다."

"NTT(전전공사가 민영화되면서 바뀐 이름)와 비교해 얼마나 싸죠?"

"아날로그 회선의 경우 오사카-도쿄는 한 개 회선이 월 27만 엔으로, NTT보다 7만 엔 싸 기존 전화요금에서 23퍼센트를 줄일 수 있습니다. 고속 디지털 회선은 오사카-도쿄가 월 335만 엔으로, NTT보다 약 85만 엔, 즉 24퍼센트 정도 저렴합니다. 아날로그 회선이 열 개일 경우 월 70만 엔, 한 해 840만 엔을 절감할 수 있습니다."

총무과장은 흥미로운 표정으로 팸플릿을 들여다보았다.

상담을 마치고 나온 이시카와는 깊은 숨을 내쉬었다. 느낌이 좋았다. 그렇다고 이것으로 끝은 아니었다. 상대방이 아무리 긍정적인 반응을 보였다고 해도 계약서에 서명하기 전까지는 몇 번의 장애물을 넘어야 했다.

오전 열한 시, 도료회사에서 영업을 끝내고 돌아온 그의 책상에 메모가 한 장 놓여 있었다. 아침에 만난 총무과장으로부터 급히 전화해달라는 내용이었다.

이시카와는 서둘러 전화기를 들었다.

"오늘 장점만 말해주었는데……."

총무과장이 쉬지 않고 말을 이어갔다.

"당신들이 영업하는 전화는 무선 아닌가요? 무선은 신뢰성에 문제가 많다더군요. 어제도 오키나와에서 무선 전화가 끊겨 이용자들이 큰 곤란을 겪었다고 들었습니다."

"저희가 사용하는 마이크로웨이브는 NTT에서 이미 20년간 운용해 우수성을 인정받은 기술입니다. 호우나 농무 때문에 통신이 두절된 경우는 지금까지 단 한 건도 없었습니다. 과장님이 지적하신 사고는 26기가헤르츠의 마이크로웨이브로, 저희가 가지고 있는 것은 안전성이 높은 5기가헤르츠의 마이크로웨이브입니다. 미국의 MCI도 사용하고 있는 가장 우수한 기술입니다."

"전문적인 말이라 이해하기 어렵군요. 그러면 지금 한 이야기를 우리 부장님께 설명해줄 수 있습니까? 팸플릿을 읽고 괜찮다 싶어 부장님께 말씀드렸더니, 부장님도 무선은 끊기는 것이 문제 아니냐며 걱정하시더군요. 그러니 한 번 더 와서 설명해줄 수 없나요? 되도록 빨리 와주시면 좋겠습니다."

"내일 찾아뵙겠습니다."

다음 날, 이시카와는 전날 방문한 도료회사의 부장을 만났다. 부장은 그의 설명을 귀 기울여 들었고, 필요한 내용은 메모까지 했다.

"같은 기술인데도 요금이 저렴한 것이 아주 매력적이군요. 전화 요금은 기업 활동의 기초 비용이기 때문에 같은 기술이면 싸면 쌀수록 좋죠."

이시카와의 설명을 꼼꼼하게 들은 부장은 만족스러운 듯 말했다.

그날 저녁 이시카와는 또다시 총무과장의 전화를 받았다.

"오늘 임원들께 말씀드렸더니 호응이 높았습니다. 전용 서비스 사용 여부를 다음 주 경영회의에서 논의하기로 했습니다. 그런데 그 전에 수고스럽더라도 한 번 더 와주시겠습니까? 윗분들이 회의 전에 자세하게 듣고 싶다고 하셔서 말입니다."

"알겠습니다."

전화를 끊은 이시카와는 상사에게 좋은 소식을 보고하려고 일어서다가 생각을 바꾸었다. 아직까지 확정된 것은 아니었다. 계약서에 서명하기 전까지는 조심하고 신중해야 한다. 그는 계약 직전까지 성사시켰다가 최종 결재 단계에서 파기되는 경우를 여러 번 겪었다. 그것은 그의 실수 때문이 아니었다. 영업사원인 그가 관여하기 힘든 일도 있었다. 그는 그것을 하늘의 뜻이라고 생각했다.

실패한 일들을 떠올린 때문일까, 일이 꼬였다.

성의를 다해 설명한 며칠 후 총무과장의 전화를 받았다. 전과 달리 말투가 사무적이었고, 냉랭한 목소리였다. 안 좋은 일이 일어난 게 분명했다.

"긴히 알려드리고 싶은 일이 있습니다. 죄송하지만 이쪽으로 와

주시겠습니까?"

"무슨 일이라도?"

총무과장은 말이 없었다.

"말씀해주시면 제가 미리 준비할 수 있을 텐데요."

"아시다시피 저나 부장님은 당신들과 계약할 예정이었습니다. 임원 분들도 긍정적이셨습니다. 그런데 저희 사장님이 하나이 씨를 만난 후로……."

'하나이라면 도요타자동차 상담역인 하나이 쇼하치 아닌가?'

하나이 상담역은 일본고속통신의 회장을 맡고 있고, 도요타자동차의 구매력을 이용해 많은 고객을 확보하고 있었다. 그는 경제계의 거물로 인맥이 넓어 일본고속통신의 기업 영업은 그의 영향력이 절대적이었다.

"제가 사장님께 직접 말씀드릴 수 없을까요?"

"하나이 씨가 오셨기 때문에 더 이상 소용없습니다. 우리 회사는 도요타자동차로부터 차체용 도료를 대량 주문받아 생산하고 있거든요. 하나이 씨가 우리 사장님께 여유를 갖고 생각해보라고 말했기 때문에, 아마 이 건은 성사되기 힘들 것 같습니다."

수화기를 내려놓은 이시카와는 무거운 걸음으로 상사 자리로 향했다. 보고를 듣고 낙담할 상사의 얼굴이 떠올랐다.

같은 날 제2전전 본사. 오사카 영업소 소장으로부터 "도료회사도 일본고속통신에 빼앗겨버렸습니다"라는 전화를 받은 영업본부장 다루바라는 수화기를 내려놓자마자 한숨부터 내쉬었다.

또 한 번 라이벌에 고객을 빼앗기고 말았다. 그것도 최종 결재 직전까지 이른 상황에서 말이다. 고객 획득 경쟁에서 제2전전의 패색은 날이 갈수록 짙어져 갔다. 제2전전은 계약자 수에서 일본고속통신과 일본텔레콤에 일방적으로 밀리고 있었다.

가장 큰 이유는 거래 관계의 벽이었다. 일본텔레콤의 모체인 국철과 일본고속통신의 모체인 건설성-도로공단, 그리고 건설성-도로공단의 대주주인 도요타자동차는 일본에서 가장 큰 부품, 자재, 서비스 수요처였다. 철강·건설·전기를 비롯해 수많은 회사들이 그들과 연계되어 있고, 그 회사들 중에는 그 분야를 대표하는 대기업도 적지 않았다.

일본텔레콤과 일본고속통신은 모회사와 대주주의 힘이 막강해, 애쓰지 않고도 고객을 끌어모았다. "이곳에서 만드는 부품을 많이 사줄 테니 전용 서비스에 가입하시죠?"라는 말 한마디면 그 즉시 계약이 성사되었다.

그에 반해 제2전전은 거래 관계가 없다시피 했다. 인력이 부족하고, 인맥이 든든한 것도 아니었으며, 자본도 많지 않았다. 더구나 기득권 혜택도 없었다. 그래서 제2전전과 계약 상담을 하다가 일본텔레콤이나 일본고속통신으로 옮겨 가는 기업이 허다했다.

물론 제2전전은 팔짱만 끼고 있지는 않았다. 영업 체제를 강화하기 위해 직원을 모집했고, 천 명이 넘는 응모자 가운데 열 명을 채용했다. 기존 영업사원들은 휴일도 반납한 채 기업 관계자를 찾아다녔고, 통신 관련 법률도 공부했다.

그들은 국철이나 도요타자동차의 영향력이 미치지 않는 고객을 찾아다녔고, 일본텔레콤이나 일본고속통신과 거래 관계에 묶여 있지 않은 기업을 찾아내기 위해 애썼다. 하지만 헛수고였다. 도쿄와 오사카에 본사나 지사를 두고 있는 기업들 대부분이 국철이나 도요타자동차에 부품이나 자재, 서비스를 납품하고 있었고, 그렇지 않으면 이미 NTT, 일본텔레콤, 일본고속통신에 가입한 상황이었다.

다루바라는 그래도 포기하지 않겠다고 다짐했다. 그것은 제2전전을 성공적으로 출범시키기 위해 소니에 근무하고 있던 그를 이곳에 파견한 모리타 회장과의 약속이기도 했다.

모리타 회장은 다루바라를 지목해 제2전전에 합류시켰다. 대학원에서 광물의 물리화학적 특성을 연구한 다루바라는 1969년 소니에 입사했다. 이후 그는 소니에서 연구 개발뿐 아니라 많은 해외 프로젝트를 성공적으로 진행했고, 디지털 기술과 통신을 묶은 뉴미디어 사업도 담당했다. 모리타 회장은 그에게 그간의 경험을 살려 제2전전을 성공시키라고 지시했다.

"제2전전기획이 설립되었고, 내가 적극적으로 밀고 있다는 사실을 알고 있겠죠? 소니를 대표해서 제2전전 일을 해볼 의향은 없나요?"

그 요청에 다루바라는 한마디로 답했다.

"하겠습니다!"

100년에 한 번 있을까 말까 한 도전에 참여하는 것이었다. 그것은 그에게 최고의 경험이 될 것이었다. 소니에서 몸에 익힌 벤처 정신이 꿈틀거렸다.

'이 상황을 타개할 좋은 방법이 없을까?'

다루바라는 스스로에게 물었지만, 길은 어디에도 보이지 않았다.

이나모리 가즈오는 정례회의에 참석하기 위해 회의실로 들어갔다. 회의 의제는 전용 서비스 영업에 관한 것으로, 진행 상황은 이미 다루바라와 다네노로부터 보고받았다.

"현장에서는 한 건이라도 주문을 더 많이 받으려고 필사적으로 뛰고 있지만, 고전을 면치 못하고 있습니다. 현재 가입자 수는 일본텔레콤과 일본고속통신에 크게 뒤지고 있는 실정이고, 그 격차는 갈수록 더 크게 벌어지고 있습니다."

설명하는 다루바라의 얼굴에서 위기감이 새어 나왔다. 이나모리 가즈오는 전용 서비스 영업에 대해 오랫동안 심사숙고했고, 개선할 방법을 강구했다. 숙고를 거듭한 이나모리 가즈오는 한 가지 결론을 이끌어냈다.

이나모리 가즈오는 회의를 시작하며 이렇게 말했다.

"다들 알고 있듯이 우리는 전용 서비스 영업 부문에서 고전하고 있습니다. 이렇게 말하면 여러분이 실망할지 모르겠지만, 나는 이 상황을 어느 정도 예측해왔습니다."

모두가 놀란 표정으로 이나모리 가즈오를 쳐다보았다.

"교세라를 경영해오면서, 일본 기업들이 인맥과 거래 관계에 묶여 있다는 것을 지겨울 정도로 경험했습니다. 교세라가 신제품을 만들어 영업할 때마다 '아무리 제품이 좋아도 예전부터 하청을 주고 있는 곳이 있어 곤란하다'고 거절당한 일이 한두 번이 아니었습니다. 하물며 국철이나 도요타자동차의 구매력은 절대적입니다. 그걸 고려하면 이 상황을 하루아침에 개선한다는 건 어불성설이겠죠. 그렇다면 어떻게 하면 좋을까 고민해보았는데, 돌파구는 한 가지뿐이었습니다. 문제의 본질을 보고 대응하는 것입니다."

'본질?'

의아하다는 표정을 지은 다루바라에게 이나모리 가즈오는 이렇게 질문했다.

"왜 제2전전을 설립했습니까?"

"전기통신에 정당한 경쟁을 일으켜 전화요금을 낮추기 위해서입니다."

"맞습니다. 그렇다면 그 목적을 달성하기 위해 우리가 할 일은 무엇일까요? 영업 실적을 개선하기 위해 무엇을 근본적으로 해결하지 않으면 안 될까요? 그것을 찾아보면 답이 보일 것입니다."

이나모리 가즈오는 모두를 둘러보면서 말했다.

"영업 진용을 근본적으로 변화시켜야 합니다. 지금까지 우리는 전용 서비스를 팔기 위해 법인기업을 대상으로 영업해왔습니다. 하지만 내년, 1987년 9월에는 개인이나 가정, 자영업자들을 상대로 시외전화 서비스를 시작합니다. 그들을 타깃으로 시외전화 서비스를 전담하는 영업팀을 만들고 그곳에 집중해야 합니다."

"전용 서비스 영업은 축소하는 겁니까?"

"그렇습니다. 즉시 철수하고, 새로운 전장으로 가는 것입니다."

"좋은 방안이라고 생각합니다."

다네노가 호응했다.

"시외전화 서비스라면 인맥이나 거래 관계에 얽매이지 않아 경쟁이 가능합니다. 게다가 시장 규모도 연간 8,000억 엔에 달해, 연간 400억 엔대인 전용 서비스와는 비교도 되지 않습니다."

"그것도 그렇지만 무엇보다……."

이나모리 가즈오가 말했다.

"제2전전은 국민을 위해 전화요금을 낮추겠다는 목표로 출발했습니다. 때문에 국민에게 싼 시외전화 서비스를 제공하는 것이 핵심입니다. 덧붙이면 일본텔레콤과 일본고속통신은 전용 서비스만 계약하고 있고, 그쪽에 전력을 기울이고 있습니다. 지금 우리 진용을 정비해 시외전화 서비스에 먼저 진출한다면 지금까지의 고전을 틀림없이 만회할 수 있을 것입니다. 그곳이 우리가 싸워야 할 진정한 승부처입니다."

"전용 서비스에서 진 빚을 시외전화 서비스에서 만회하는 것입니다."

다네노가 강조했고, 다루바라가 이어받았다.

"즉시 행동에 옮기겠습니다. 시외전화 서비스 개시까지는 아직 1년이 남았습니다. 그 정도면 일본텔레콤과 일본고속통신을 훨씬 앞지를 수 있습니다."

"그런 패기가 중요합니다. 하지만 혼자 힘으로는 안 됩니다. 여기 있는 모두가 지혜를 짜내고 궁리해서 시작하기 바랍니다. 한 지역에 대리점을 낼 때 그 지역의 중소기업이나 자영업자들, 일반 가정에 전화를 설치해주고 상담해주는 사람을 활용하는 것도 좋을듯합니다."

회의를 끝내고 나가려는데 모리야마 사장이 이나모리 가즈오에게 말을 걸었다.

"회장님 말씀은 감동적이었습니다. 원점으로 돌아가 처음의 목표와 다짐을 되새기고 결단하시는 모습은 늘 한결같으십니다. 오늘도 그것을 실감했습니다."

"과찬입니다. 나는 영세한 회사에서 시작했고, 직접 부대끼면서 회사를 키워왔습니다. 그러면서 인맥과 연줄, 격식을 유별나게 중시하는 일본 기업 문화의 폐해를 호되게 경험했습니다. 그래서 결코 이런 것들에 물들지 않으리라 결심했고, 그런 마음가짐으로 경영하려고 애쓰고 있습니다."

이나모리 가즈오는 모리야마 사장의 얼굴을 뚫어지게 보았다.

"몸은 괜찮습니까? 얼굴색이 안 좋아 보입니다."

"어젯밤 과음을 해서 그런 것 같습니다."

"나도 술을 마시기는 하지만 과음은 금물입니다."

모리야마는 쓴웃음을 지었다.

"공무원 시절에도 일 때문에 술 마시는 일이 많았지만, 이 일을 하면서 처리해야 할 일이 많아 술자리가 잦았습니다. 말씀대로 조심하겠습니다. 그런데 저보다 회장님께서 조심하셔야겠습니다. 매일 회의와 협상, 면담을 직접 소화하시니 옆에서 보는 제가 걱정될 정도입니다."

시외전화 서비스로 영업 방향을 전환하기로 결정하고 한 달이 지난 후, 다루바라는 한 전화설비업자를 찾아갔다. 그와 인사를 나눈 다루바라는 본론을 꺼냈다.

"저희 회사의 판매 대리점이 되어주지 않으시겠습니까?"

"제2전전의 대리점을 맡으라고요?"

그는 어리둥절한 표정으로 다루바라를 보았다. 다루바라는 고개를 끄덕이며, 내년 9월에 영업을 시작할 예정인 시외전화 서비스 소개 팸플릿을 건넸다.

"여기에 적혀 있는 대로 저희는 전화요금을 NTT보다 20~30퍼센트 싸게 할 예정입니다. 물론 요금은 우정성의 결정에 따라 변동될 수도 있습니다."

"요금 문제는 제쳐두더라도 놀랐습니다. 영업본부장님이 직접 와서 제게 대리점을 맡아달라고 하다니……. 하지만 저희는 전화설비 회사여서 고객을 직접 상대하는 영업은 경험이 없습니다."

"직접 상대하실 필요는 없습니다. 역 주변의 상점이나 회사의 전화설비 공사를 하시다 보면 전화 증설이나 설비를 문의하는 분들을 많이 만나고 상담도 하지 않습니까? 그때마다 그분들께 저희 시외전화 서비스를 소개해주시기만 하면 됩니다."

전화설비업자는 팸플릿에 시선을 돌렸다.

전화설비업자는 중소기업이나 자영업자가 전화기를 설치할 때 전화선이나 구내교환기(PBX) 설치 공사를 도맡아 한다. 전화 설치 관련 수속을 대행하는 경우도 많다. 그들은 자영업자나 중소기업에게 없어서는 안 될 존재였다.

다루바라를 비롯한 제2전전 영업사원들은 거기에 착안했다. 전화설비업자의 전국 조직인 전국전화설비협회에 협조를 의뢰해, 협회가 소개해준 전화설비업자를 한 명 한 명 빠짐없이 찾아갔고, 제2전전의 시외전화 서비스 대리점을 맡아달라고 설득했다. 오늘처럼 영업본부장인 다루바라가 직접 찾아가는 경우도 있었다.

팸플릿을 흥미롭게 읽어본 전화설비업자는 다시 다루바라를 보았다.

"이용자들은 제2전전용 전화기를 새로 사서 바꾸지 않아도 되겠군요."

"그렇습니다. 가입 신청서만 제출해주시면 저희가 NTT에 연락해 NTT 교환기를 일부 고쳐 저희 회선을 사용할 수 있게 해드리겠습니다. 고객은 저희 회사의 접속번호를 돌리고 나서 원하는 전화번호를 돌리는 것만으로 시외전화 서비스를 이용할 수 있습니다. NTT와의 연락과 수속은 전부 저희가 처리해드립니다."

"그런 일이라면 어렵지 않겠군요. 저희는 덕분에 고객으로부터 더 많은 의뢰를 받을 수 있고, 더 싼 서비스를 소개해주니 고객들도 흥미를 갖게 되겠군요."

"고맙습니다. 그럼 요금 체계와 마진에 대해 설명해드리겠습니다."

다루바라는 가방에서 자료를 꺼냈다.

도쿄 토라노몬에 위치한 제2전전 영업본부는 활기가 넘쳤다. 전화 문의가 쇄도했고, 외근 나가는 영업사원들과 일을 마치고 돌아온 영업사원들로 사무실이 북새통을 이루었다.

"일본텔레콤과 일본고속통신이 전용 서비스에 매달리고 있는 동안 우리는 시외전화 서비스로 승부한다!"

이나모리 가즈오의 결단은 영업사원들의 업무 의욕을 끌어올려, 전용 서비스에서 고배를 마셨던 설움을 일시에 역전시켰다.

사무실로 돌아온 다루바라가 자리에 앉자마자 부하직원이 달려왔다.

"OA 기기 판매점이 승낙했습니다!"

"해주겠다고?"

"시외전화 서비스라면 해보겠다고 합니다!"

"잘됐군! 수고했어!"

다루바라는 요즘 웃음이 가시지 않았다.

판매 대리점을 하겠다고 나선 것은 전화설비업자들만이 아니었다. 영업본부의 모든 영업사원은 개인용 컴퓨터 등 사무기기 판매업자들과도 대리점 계약을 맺기 위해 한 사람 한 사람 직접 찾아다녔다.

게다가 제2전전의 시외전화 서비스를 널리 홍보하기 위한 계획도 무리 없이 진행 중이었다. 백화점이나 슈퍼마켓 안에 서비스카운터를 설치해, 일반인들을 대상으로 시외전화 서비스 가입 신청을 받고, 제2전전의 시외전화 서비스가 얼마나 저렴하고 안전한지 알리는 PR 코너도 마련했다. 미쓰코시백화점이 협력해주기로 해서, 니혼바시 역에 위치한 본점에 서비스카운터를 설치할 예정이기도 했다.

당시 일본에서는 시외전화 서비스처럼 넓은 지역에 서비스 대리점망을 구축하려면 전국적인 판매 루트를 갖고 있는 종합상사에 영업 업무를 맡기는 것이 상식이었다. 일본텔레콤과 일본고속통신이라면 틀림없이 그렇게 했을 것이다. 하지만 이나모리 가즈오 회장의 지시는 달랐다.

"우리는 아무것도 없이 시작했습니다. 따라서 종합상사들이 하듯이 고객이 오기만을 기다려서는 안 됩니다. 지혜를 짜내 땀을 흘리지 않으면 안 됩니다."

처음 그 말을 들었을 때는 그 말의 의미를 이해할 수 없었다. 그러나 지금, 모든 영업사원은 그 의미를 잘 알고 있다. 종합상사에 영업을 맡겨버리면 지금과 같은 촘촘한 대리점망을 구축할 수 없었을 테고, 백화점이나 슈퍼마켓과 협력하자는 아이디어도 생각할 수 없었을 것이다.

시외전화 서비스 개시까지는 앞으로 1년. 제2전전은 결전의 테이프를 끊을 날을 향해 한 발 한 발 앞으로 나아가고 있었다.

2

시외전화 서비스 개시에 맞춰 본격적인 영업 체제를 구축한 이나모리 가즈오에게는 뛰어넘어야 할 다음 과제가 기다리고 있었다. 전화기를 설치한 고객이 가장 불편해하는 것은 전화번호를 누르기 전에 제2전전의 접속번호를 눌러야 한다는 점이었다. 접속번호를 누르지 않아도 자동적으로 NTT보다 싼 제2전전 회선에 연결해주는 어댑터를 개발해야만 했다.

제2전전, 일본고속통신, 일본텔레콤 3사의 핵심 담당자들이 우정성에 모였다. 회사별 접속번호를 할당받기 위한 추첨회 자리였다. 3사에 제공되는 접속번호는 0077, 0088, 0070 세 개였다.

"어떻게 해서든 0077을 할당받으세요."

이나모리 가즈오는 추첨회장에 간 가네다와 가타오카에게 전화로 지시했다. 0077은 다른 접속번호에 비해 기억하기 쉬웠다. 무엇보다 0077은 행운의 숫자인 7이 두 개나 연달아 있는 번호였다.

이나모리 가즈오의 바람대로 제2전전은 0077을 할당받았다. 가네다와 가타오카는 너무나 기쁜 나머지 추첨 결과가 나온 순간 "해냈다!"라고 외쳐 우정성 직원으로부터 조용히 하라는 주의를 받았지만, 기쁨을 억누를 수 없었다.

이나모리 가즈오는 흐뭇한 표정을 지으면서도 여전히 불안감을 떨쳐내지 못했다. 0077은 확실히 기억하기 쉽다. 하지만 고객이 전화번호를 누르기 전에 0077까지 누르려고 할까? 바쁜 회사원들은 접속번호까지 누르는 것을 귀찮아하지 않을까?

아무리 가입자 수가 많아도 고객이 0077을 누르지 않으면 제2전전의 시외전화 서비스 통화량은 늘지 않는다. 고객이 전화번호를 누르기 전에 0077을 눌러야만 제2전전의 시외전화 서비스를 이용하게 되는 구조이기 때문이었다. 0077을 누르지 않고 전화번호만 누르면 아무리 제2전전에 가입했더라도 NTT 회선을 이용한 것이 되고 만다.

이 문제를 해결하기 위해 이나모리 가즈오는 곧바로 미국에 연락했다. 그는 중견 통신기 생산회사인 디지털 스위치 사에 디지털 교환기를 납품하러 간 교세라 직원에게 전화해, 미국의 전화 이용 상황을 조사해보라고 지시했다.

"제2전전 시외전화 서비스를 이용하려면 네 자리 접속번호를 눌러야 하는데, 미국은 어떤가요? 미국 사람들도 그런 수고를 감내하고 있는지 알아보세요."

미국에 출장 간 직원이 알아본 결과, 미국에는 가장 싼 회선을 자동적으로 찾아서 전화를 연결해주는 어댑터가 보급되어 있었다. 그 어댑터를 스마트박스, 오토다이얼, 어드밴티지박스라고 부르는데, 미국에서는 접속번호가 열 자리에 달하는 전화회사도 있어, 어댑터가 없으면 이용할 수 없는 상황이라고 했다.

역시 제2전전의 시외전화 서비스를 이용하려면 0077을 누르지 않고도 자동적으로 제2전전 전화 회선으로 연결해주는 어댑터가 필요했다. 더구나 시외전화 서비스를 주력상품으로 정한 제2전전에게 접속번호를 연결해주는 어댑터는 없어서는 안 될 부품이었다.

1986년 가을이 깊어갈 무렵, 교세라 본사에서 집무를 보고 있던 이나모리 가즈오에게 비서가 말했다.

"손정의라는 분으로부터 전화가 왔습니다."

'손정의?'

처음 듣는 이름이었다.

"퍼스널컴퓨터와 게임소프트웨어를 유통하는 일본소프트뱅크의 창업자라고 합니다. 용건은……."

비서는 메모를 읽어 내려갔다.

"전화기에 부착하면 고객이 접속번호를 누르지 않아도 자동적으로 NTT보다 싼 제2전전 회선에 연결해주는 어댑터를 개발했는데, 사용하지 않겠느냐고 물어왔습니다. 회장님이라면 틀림없이 그 문제로 고민하실 거라면서 꼭 연결해달라고 합니다."

"분명히 개발했다고 말했습니까?"

"네."

"전화를 돌려주세요."

손정의는 이나모리 가즈오에게 열정적으로 말했다.

"가까운 시일 내에 제2전전에서 만나 이야기해봅시다."

이나모리 가즈오는 전화기를 놓으면서 막혔던 가슴이 뚫리는듯했다.

12월 24일, 샤프에서 어댑터 개발에 참여했고, 지금은 일본소프트뱅크를 창업해 경영하고 있는 29살의 손정의가 비즈니스 파트너인 신일본공판주식회사의 오쿠보 히데오 사장과 함께 교세라 본사를 방문했다. 신일본공판주식회사는 전화기와 사무기기를 판매하는 신흥기업이었다. 제2전전 측에서는 이나모리 가즈오를 필두로 제2전전과 교세라의 임원 몇 명이 동석했다.

면담 목적은 어댑터 시연과 제2전전이 어댑터를 구입할 경우에 따른 거래 조건 협상이었다. 손정의는 자신이 개발한 어댑터를 설명하고 직접 실험해 보였다. 거기까지는 모두가 화기애애했다. 하지만 거래 조건을 협상하면서부터 분위기가 급변했다.

이나모리 가즈오는 어댑터를 제2전전이 독점적으로 사들이는 조건으로 일본소프트뱅크의 연간 매출을 웃도는 금액을 제시했다. 거기에는 자기 힘으로 어댑터를 개발한 젊은 기업가를 보상해주고 싶다는 배려도 있었다. 하지만 손정의는 사용료를 요구했다.

"제2전전뿐 아니라 일본텔레콤과 일본고속통신에도 팔고 싶습니다."

"일본텔레콤과 일본고속통신에도 얘기했습니까?"

다네노가 따지듯이 물었다.

"제2전전이 처음입니다."

'제2전전을 마수걸이 손님으로 보고 있구나.'

제2전전은 일본텔레콤과 일본고속통신에 비해 규모가 작았지만 의사 결정만은 가장 빨랐다. 일본소프트뱅크는 제2전전과 거래가 체결되면 일본텔레콤과 일본고속통신에도 어댑터를 팔려 할 것이다. 일본소프트뱅크로서는 어댑터를 사용하는 한 매년 돈이 들어오는 것이 나을지도 모른다. 야심만만하고 젊은 기업가다운 생각이었다. 하지만 이나모리 가즈오는 손정의가 제2전전을 이용하려는 것을 간파했다.

오전에 시작된 면담은 저녁 일곱 시까지 이어졌다. 협상은 평행선을 달려 타결 조짐이 보이지 않았다.

"시간이 상당히 늦어졌군요. 이대로 가다가는 아무 소득도 없이 끝나고 말 것입니다. 이 자리에서 결론을 내고 싶습니다."

이나모리 가즈오는 젊은 기업가의 얼굴을 응시했다.

"우리는 독점적인 구입이 아니라면 계약할 생각이 없습니다. 이것이 마지막 기회이니 잘 생각해 결정해주시기 바랍니다."

손정의는 몹시 피곤한 기색이었고, 이나모리 가즈오의 말에 초조함마저 깃들었다.

"생각할 시간을 주시겠습니까?"

손정의는 그렇게 말한 뒤 신일본공판주식회사의 오쿠보 사장과 귓속말을 했다. 두 사람은 이야기 도중에 고개를 끄덕였다.

"회장님 말씀대로 하겠습니다. 계약하겠습니다."

손정의가 머리를 숙였고, 이나모리 가즈오는 고개를 끄덕였다.

"계약서는 여기 있는 직원들이 처리할 것입니다."

이나모리 가즈오 옆에서 면담과 교섭을 지켜보던 제2전전의 한 직원이 크게 숨을 내쉬었다.

다음 날, 이나모리 가즈오가 아침식사를 하고 있을 때 초인종이 울렸다.

현관으로 간 이나모리 가즈오의 아내가 의아한 얼굴로 식탁에 돌아왔다.

"당신 손님이에요. 손정의라는 젊은 분이에요."

"손정의?"

이나모리 가즈오는 젓가락을 놓았다. 이른 아침에 아무런 연락도 없이 갑자기 찾아온 손님은 어제 계약서에 사인한 손정의와 오쿠보였다.

거실 소파에 걸터앉은 두 사람은 매우 다소곳한 모습이었지만 얼굴에는 결의가 가득했다. 손정의가 말을 꺼냈다.

"어제 계약한 후 밤새 생각했습니다. 저희는 제2전전뿐 아니라 다른 회사에도 저희 기술을 팔고 싶습니다."

"어제 분명히 계약서에 사인하지 않았습니까? 그것을 하룻밤 사이에 파기하다니요?"

"죄송합니다……."

손정의는 머리를 숙였다.

"나는 당신 회사에 최대한 양보해주었는데, 지금 와서 다른 데도 팔고 싶다니요? 말이 됩니까?"

이나모리 가즈오가 벌떡 일어섰다.

"다른 곳에 팔고 싶다면 그렇게 하세요! 당신이 만든 기술에는 경의를 표하지만, 이것으로 우리와의 거래는 끝입니다!"

그들을 보낸 후 이나모리 가즈오는 한참 동안 소파에서 일어나지 않았다. 그리고 결단했다.

'우리 힘으로 어댑터를 개발하자. 시외전화 서비스 개시까지는 9개월 남았다. 필사적으로 노력하면 그때까지 완료할 수 있을 것이다.'

교세라 본사에 출근한 이나모리 가즈오는 제2전전의 모리야마 사장에게 전화를 걸어, 어댑터를 독자적으로 개발하려고 하니 서둘러 기술자들을 모아달라고 지시했다.

오랜만에 보는 일본 하늘에는 비구름이 낮게 깔려 있었다.

나리타공항의 로비를 나온 지카 요시오키는 코트 깃을 세우고 어깨를 움츠린 채 정류장으로 향했다. 1986년 12월 연말의 나리타공항은 여느 때보다 더 화려하게 보였다. 마음이 들떴다. 하지만 지금부터 해야 할 업무를 떠올리자 들뜬 기분도 금세 사라졌다.

지카는 몇 개월 동안 미국 텍사스의 디지털 스위치 사에 머물러 있었다. 디지털 스위치 사에서 구입한 디지털 교환기의 운용 방법을 익히기 위해 텍사스에 있던 그에게 서둘러 귀국하라고 전화가 왔다. 전화를 건 사람은 상사인 후카다 산시로였다.

"어댑터를 독자적으로 개발하기로 했네. 자네는 그 개발 기술자 중 한 사람이야."

지카는 후임자에게 업무를 인계하고, 서둘러 나리타행 비행기에 올랐다.

다음 날, 지카는 후카다로부터 어댑터 개발 계획에 대해 직접 설명을 들었다. 후카다가 지시하는 업무는 짐작했던 것보다 훨씬 어렵고 시간도 빠듯했다. 납기일은 내년 9월. 시외전화 서비스가 개시되기 전까지 어떤 일이 있어도 마무리해야만 했다. 상사는 거기에다 기존 제품에는 없는 획기적인 기능까지 담아야 한다고 말했다. 요금 개정 데이터를 자동 인식할 수 있도록 개발하라는 것이었다.

"자네도 알다시피 어댑터는 가장 싼 회선을 자동적으로 찾아 전화를 연결하는 기능을 해. 그런데 일본텔레콤, 일본고속통신, NTT도 전화요금을 다투어 내릴 게 분명하다면, 오늘 우리 것이 가장 싸더라도 내일 더 싼 회선이 있으면 어댑터는 그걸 먼저 고르지 않겠나?"

후카다가 이어 말했다.

"미국의 스마트박스나 오토다이얼은 요금 체계가 바뀔 때마다 수작업으로 고쳐야 해. 담당자가 이용자의 회사나 집을 직접 방문해 데이터를 확인해 적어야 하고, 요금이 변경될 때마다 새로운 데이터를 입력한 어댑터용 카드를 보내야 하네. 이처럼 일일이 손이 가고 시간도 많이 걸리는 방법으로는 복잡하고 자주 바뀌는 일본의 전화요금 체계에 대응할 수 없어. 그래서 요금 개정 데이터를 전화 회선을 통해 어댑터에 보내고, 어댑터가 자동적으로 고쳐 쓰는 방식이어야만 해."

"그것은 현재 기술로는 어렵지 않을까요?"

지카는 후카다를 뚫어져라 바라보았다. 후카다는 전전공사에서 데이터통신 전문가로 일했다. 그 경험을 기초로 떠올린 아이디어였지만, 지카로서는 힘든 일이겠구나 생각했다.

"당연히 어렵지. 그러니까 우리가 하려는 거지. 개발할 제품은 두 종류네. 하나는 복수 회선을 제어할 수 있는 법인기업을 대상으로 한 어댑터고, 다른 하나는 한 회선을 제어하는 일반 가정용이네. 기본적인 방법은 내가 궁리해볼 테니, 자네는 거기에 맞추어 제품을 만들어주게."

어댑터 개발은 이렇게 출발했고, 여섯 명의 기술자는 휴일도 없이 개발에 몰두했다. 하지만 개발은 시행착오의 연속으로, 좀처럼 계획대로 진척되지 않았다.

후카다의 아이디어를 구체화한 설계도가 완성된 것은 1987년 1월. 그에 맞추어 복수 회선을 제어할 수 있는 법인용 어댑터는 통신기기 생산회사인 닛츠코에, 한 회선을 제어하는 일반 가정용 어댑터는 교세라에 발주했다. 교세라는 1979년, 통신기기를 생산하는 사이버넷공업을 산하에 흡수해 통신기기 기술자들을 다수 보유하고 있었다.

하지만 일본고속통신, 일본텔레콤과 NTT의 전화요금 체계는 예상보다 복잡해서, 요금 개정을 자동적으로 파악하기가 어려웠다. 거기다 NTT의 전화 회선에 사용하는 교환기는 종류가 제각각이고, 각각 통신 수순이 다르다는 점도 개발하는 데 걸림돌이었다.

무엇보다 지금 사용하고 있는 구식 아날로그 교환기는 0077에 열두 자리의 식별번호를 입력하지 않으면 제2전전 이용자라고 인식하지 않았다. 복수의 교환기에 대응할 기능을 어댑터에 탑재하지 않으면 안 되었다.

그러나 지카는 아무리 어려운 일이라도 '이런 일은 정말 싫다'고 생각한 적이 없었다. 어려워도 그 일에 뛰어든 이상 반드시 해내고 싶었다. 그는 목표를 향해 한 발 한 발 나아간다는 흥분에 젖어 있었다.

상사, 동료들은 물론 후배 직원들도 마찬가지였다. 제2전전과 교세라의 모든 직원들은 흥분과 기대로 가득 차 있었다. 그래서 다들 더 열심히 일했다. 영업사원들은 만나는 사람마다 제2전전의 시외전화 서비스 광고를 인쇄한 휴대용 티슈를 나누어주면서 영업과 홍보에 열중했다.

'모든 직원이 일심동체가 되어 움직이는 비결은 뭘까?'

지카는 의아할 때도 있었다. 하지만 지금 그는 전 직원이 왜 한

몸처럼 움직이는지, 왜 다들 누가 보지 않아도 최선을 다하는지 알고 있다.

'모두가 한 가지 목표를 공유하고 있기 때문이다.'

지카는 이나모리 가즈오 회장으로부터 "전기통신에 정당한 경쟁을 일으켜 전화요금을 싸게 한다"는 말을 직접 들었을 때 '반드시 달성하겠다' 는 뜨거운 결의가 용솟음쳤다.

"어제도 밤을 새웠나?"

후카다였다. 싱글벙글한 표정이었다.

"되었다네!"

후카다는 입가에 웃음을 지었다.

"뭐가 되었다는 건가요?"

"닛츠코의 담당 기술자로부터 연락이 왔네! 소프트웨어를 완성해서 어댑터가 확실하게 작동했다고 말이야! 시제품은 곧 만들어진다네! 벌써 완성했다고 해도 과언이 아니야!"

"해냈군요!"

지카는 만세라도 부르고 싶었다. 그런데 의자에서 몸을 일으키는 순간 온몸에서 힘이 빠지더니 그 자리에 주저앉고 말았다.

3

시외전화 서비스 영업과 어댑터 개발에 필사적으로 매달리고 있던 제2전전에게 또다시 풀기 힘든 문제가 생겼다. 그것은 제2전전

전화망을 NTT의 시내전화 회선망에 접속할 때 NTT에 지불해야
하는 부가요금이었다.

제2전전, 일본텔레콤, 일본고속통신 3사가 자체적으로 구축한
것은 도쿄-나고야-오사카를 연결하는 장거리 회선뿐이었다. 그래
서 3사는 NTT의 시내 회선망과 접속하기를 희망했고, NTT와 합의
를 이끌어냈다. 1985년 4월 시행된 전기통신사업법에 따르면, 3사
가 NTT의 회선망과 접속하고자 할 때 NTT는 반드시 그에 응해야
만 했다.

그때 NTT는 "새로 설립하는 전화회사의 요금이 우리보다
20~30퍼센트 저렴한 수준이라면 부가요금은 책정하지 않는다"고
약속했다. 그런데 작년인 1986년 말, NTT는 "소비세 도입 시기를
확실히 규정하지 않아서 요금 개정이 어긋나버렸으므로 부가요금
을 받지 않을 수 없다"면서 부가요금을 낼 것을 요구했다.

NTT가 아무리 민간기업으로 새로 태어났다고 해도 NTT의 시내
회선망 독점은 계속되고 있었다. 전기통신사업법의 정신을 부정하
는 NTT의 이런 입장은 독점기업의 횡포라고 해도 지나치지 않았
다. NTT의 요구는 부가요금에 그치지 않았다. 제2전전 등이 NTT
의 시내 회선에 접속하려면 NTT의 교환기 시스템을 활용해야만
했다. NTT는 그 공사비도 요구하고 나섰다.

그것만이 아니었다. 제2전전은 NTT로부터 누가 회선을 사용했
는지 특정할 수 있는 인증정보를 받아야만 했다. 이용자로부터 통
화료를 받으려면 반드시 그 인증정보가 있어야 했다. 그런데 NTT
는 그 정보 제공 명목으로 1회선당 최대 월 300엔, 한 통화당 10엔

을 지불하라고 주장했다.

"이상이 부가요금을 둘러싼 개괄적인 상황입니다. 올해 초부터 본격적으로 협상했고, 일본텔레콤, 일본고속통신 담당자들과 함께 NTT를 몇 차례 방문했지만, 그들은 기존 입장에서 한 발짝도 물러서지 않고 있습니다."

가타오카는 그렇게 말하면서 설명을 마쳤고, 고개를 끄덕이던 이나모리 가즈오는 이렇게 지시했다.

"끈질기게 교섭해 NTT의 주장을 뒤엎도록 합시다."

제2전전으로서는 부가요금을 없애고, 공사비나 인증번호 송출비도 적정한 수준까지 내려야만 했다. NTT가 주장하는 대로 다 들어주려면 제2전전은 그들보다 전화요금을 비싸게 매겨야만 했다. 그것은 전화요금을 낮추겠다는 당초 목표에 어긋나는 일이었다. 그렇다고 그런 상황에서도 전화요금을 싸게 유지하는 것은 경영에 치명타가 될 수 있었다.

"NTT와 시급히 교섭하도록 하겠습니다."

가타오카가 말했다.

며칠 후, 가타오카와 기노시타는 NTT와의 교섭 장소에 갔다. NTT는 여전히 강경했다.

"당신들은 이유를 모르겠다고 말하지만, 우리가 부가요금을 추징하려는 것은 요금 개정 시기 때문만이 아닙니다."

NTT의 담당자는 가타오카와 기노시타를 번갈아 보면서 공격적인 말투로 말했다.

"우리는 시외전화에서 생기는 이익으로 시내전화에서 발생하는 적자를 메우고 있습니다. 그렇다면 제2전전도 그 적자분을 부담하는 게 당연하지 않습니까?"

가타오카와 기노시타는 어이가 없다는 표정이었다.

"NTT의 적자를 왜 우리가 메워야 하는 거죠?"

"그러니까……."

담당자는 화난 표정이었다.

"당신들은 우리 회사의 핵심 수익원인 도쿄-나고야-오사카 간 시외전화 서비스에 참여하고 있지 않습니까? 수익성 좋은 곳에 있다면 당연히 그만큼 임대료를 많이 내야 하는 게 당연한 이치 아닙니까? 더구나 당신들도 전화사업을 하는 이상, 지방에서 적자가 나는 것을 공동 부담해야 할 책임이 있지 않나요? 그러니까 그만큼의 부담을 지라는 겁니다."

"왜 지방의 시내전화가 적자입니까?"

기노시타가 따지듯 물었다.

"당신들이 경영을 잘못한 탓 아닌가요?"

"경영을 잘못하다니, 말이 지나치지 않습니까?"

담당자가 눈을 부라렸다.

"어찌됐든 부가요금은 받을 겁니다! 이 결정은 뒤집을 수 없습니다!"

담당자는 더 이상 할 말이 없다며 서둘러 자리를 박차고 나갔다.

회사로 향하는 가타오카와 기노시타의 발걸음은 무거웠다.

"이 일을 회장님과 사장님께 어떻게 보고드리지?"

가타오카가 예민해진 얼굴로 기노시타에게 물었다.

"있는 그대로 보고드릴 수밖에 없지."

"……."

"여하튼 포기하지 말고 몇 번이든 교섭해봐야지. 끝이라고 한 순간부터가 진짜 시작이라고 하잖아."

그러면서도 두 사람은 동시에 한숨을 지었다.

무거운 걸음으로 회사에 돌아온 가타오카의 책상에 메모가 한 장 놓여 있었다. 교토에 있는 이나모리 가즈오 회장이 전화해달라고 한다는 내용이었다. 가타오카는 마른침을 삼키며 전화기 버튼을 눌렀다.

'도대체 무슨 일일까? 불호령이 떨어지지 않을까?'

하지만 전화기 너머 들리는 이나모리 가즈오의 목소리는 들떠 있었다.

"신문 읽었습니까? 신토 사장이 또 도와주었습니다."

"무슨 말씀이신지요?"

그는 부가요금 문제로 울적해 신문을 뒤적일 기력도 없었다.

"힘들더라도 신문은 늘 읽어보세요. 신토 사장의 응원을 쓸모없게 만들면 안 되지 않습니까?"

가타오카는 대체 무슨 일인가 싶어 오늘자 조간신문을 서둘러 펼쳐 보았다.

신토 사장, 3사 요금이 적정하면 부가요금은 불필요하다고 기사 내용은 다음과 같았다.

NTT의 신토 사장은 기자회견에서 "3사의 전화요금이 NTT보다 20퍼센트 정도 싼 것이 적정 수준이라면 당분간 부가요금은 받지 않겠다"는 뜻을 분명히 했다.

회견에서 신토 사장은 "3사의 전화요금이 NTT보다 40~50퍼센트 정도 싸다면 비상식적인 가격이어서 부가요금을 책정해야 한다"면서도, "현재는 20퍼센트 정도여서 소비자에게 폐가 되지 않는다"고 말했다. 아울러 그는 "당분간은 부가요금을 징수하지 않아도 괜찮다"고 밝혔다.

NTT는 지금까지 시내전화의 적자를 시외전화의 흑자로 메우고 있기 때문에 3사도 시내전화의 적자분을 부담해야 한다고 주장해왔다. 이에 대해서도 신토 사장은 "요금 체계를 개정하는 것이 옳은 방도"라고 자신의 의지를 분명히 했다.

신문 기사를 읽어 내려가던 가타오카는 자신도 모르게 벌떡 일어섰다.

"이제 전화요금을 낮출 수 있게 되었다!"

부가요금 문제가 해결되자, 이나모리 가즈오와 제2전전 임원들은 시외전화 서비스 요금을 최종적으로 검토하기 시작했다.

요금 정책은 사업의 성패를 결정하는 가장 중요한 요소 중 하나였다. 회의에는 모리야마 사장을 비롯해 나카야마, 가네다, 센모토,

다루바라, 다네노, 가타오카, 오노데라, 기노시타 등이 출석했다.

먼저 다네노가 시외전화 서비스의 구체적인 요금 계획을 설명했다.

"340킬로미터를 초과하는 최장거리의 경우 NTT는 3분에 400엔인 데 반해 우리는 300엔으로 설정할 예정입니다. 따라서 도쿄-오사카 구간은 NTT보다 25퍼센트 정도 저렴합니다. 그뿐만이 아닙니다. 중점을 둔 구간이 있는데……."

다네노는 서류를 훑어보았다.

"나고야-고베입니다. NTT가 이 구간에서 3분간 260엔을 받는 데 반해 우리는 3분간 139엔으로 절반 가격을 책정하려고 합니다. 물론 채산상 아무 문제 없습니다."

"NTT와 비교할 때 전체적으로는 얼마나 낮은 가격입니까?"

이나모리 가즈오가 물었다.

"NTT보다 20퍼센트 낮은 가격에 책정하려고 합니다."

"도쿄-오사카에서 25퍼센트, 전체적으로는 20퍼센트 저렴하게 한다면 큰 문제는 없겠군요."

이나모리 가즈오가 이렇게 말하자 다네노와 출석자 모두가 안도하는 표정이었다.

"부가요금은 받지 않겠다고 한 NTT 신토 사장의 발언이 큰 힘이 되었습니다. 공사비와 인증번호 송출비를 대폭 낮춘 것도 간과할 수 없습니다. 인증번호 송출비는 당초 월 300엔, 한 통화당 10엔이라는 터무니없는 요금을 요구받았습니다. 그것을 한 통화당 2엔 50전까지 끌어내린 것은 대단한 성과였습니다. 회장님, 기억하십니까? 1년 전에 회장님께서 '도쿄-오사카 사이는 25퍼센트, 전체적으로 20퍼센트 싸게 하자'고 말씀하신 그대로입니다. 기억하십니까?"

"물론입니다."

"회장님께서 그 수치를 언급하신 근거라도 있었습니까?"

"확고한 근거는 없었습니다. 근거가 되는 수치를 축적하고 싶어도 통신은 장치산업이라서 원가를 따지기도 어려웠습니다. 그래서 NTT가 지금 3분간 얼마라면 사용자 입장에서는 이 정도 금액을 원하겠다 싶은 가격을 생각해본 것뿐입니다. 하긴 내가 다네노에게 도쿄-오사카를 3분에 100엔으로 하자고 했을 때 그렇게 하면 채산이 맞지 않는다고 질책당한 일이 있었지요."

"회장님은 그때 가격 설정은 경영이라고 말씀하셨죠?"

"그렇게 말하자 다네노가 아무 대꾸도 하지 않더군요."

회의실 안에 웃음이 가득했다.

"일본텔레콤과 일본고속통신의 요금은 어떻습니까?"

모리야마 사장이 물었다.

"도쿄-오사카는 3분에 300엔으로 우리와 같습니다. 하지만 통화시간에 따라 요금을 변경하거나 각자의 중점 구간을 설정하는 등의 독자성을 내세우고 있습니다. 예를 들면, 일본텔레콤은 오타와라-오사카 구간의 경우 3분에 220엔으로, NTT의 절반 요금입니다. 반면에 일본고속통신은 고후-고베를 NTT의 반액인 3분에 220엔으로 설정해 승부를 걸고 있습니다."

"가장 긴 구간이 같은 요금인 건 좋은 일이군요. 당분간은 3사가 힘을 합치지 않아도 NTT에 대항할 수 있겠군요."

이나모리 가즈오의 말에 기노시타가 덧붙였다.

"회장님도 아시는 것처럼, 우리는 당초 3사가 같은 요금으로 출발하는 게 좋겠다고 주장했습니다. 그런데 같은 요금을 책정하자 공정거래위원회에서 클레임을 걸었고, 그 결과 각자 차별화된 구간별 요금 체계를 이루게 되었습니다."

그 말에 고개를 끄덕이던 이나모리 가즈오가 시선을 먼 곳으로 향했다.

"제2전전기획을 설립한 지 3년, 다행히 여기까지 잘 왔습니다. 모두 여러분의 열정과 노력 덕분입니다. 여기까지 왔으니 앞으로는 결전만 남아 있을 뿐입니다."

이나모리 가즈오의 말에 전원이 감개무량한 표정이었다.

1987년 9월 3일, 시외전화 서비스를 개시하기 전날, 도쿄의 한 호텔에서 제2전전, 일본텔레콤, 일본고속통신 3사의 대표자 기자 회견이 열렸다.

그 자리에서 모리야마 사장이 지금까지 제2전전이 확보한 가입자 신청 건수를 발표하자 회견장을 메운 기자들은 결코 그럴 리 없다는 표정이었다. 신청 건수는 45만 회선으로, 일본텔레콤의 27만 회선, 일본고속통신의 15만 회선을 압도적인 차이로 앞섰다. 더구나 그것은 불리한 조건을 딛고 이룬 성과였다.

"모리야마 사장님, 이런 결과는 의외입니다. 제2전전이 이긴 이유가 무엇이라고 생각하십니까?"

한 기자가 물었고, 모리야마 사장은 그 기자에게 되물었다.

"제2전전이 1위를 한 게 의외인가요?"

"아뇨, 의외로 큰 차이가 났다는 뜻입니다."

그 기자는 당황스러워했고, 모리야마는 진지한 표정으로 대답했다.

"그것은 이나모리 가즈오 회장님의 결단에 따라, 시외전화 서비스를 시작하기 1년 전부터 본격적인 영업 체제를 구축해 대리점을 조직하고, 고객을 확보한 결과입니다. 고객 한 사람 한 사람을 직접 만나고, 그들에게 진심으로 다가선 것이 큰 힘이 되었습니다. 이나모리 가즈오 회장님은 '종합상사에 모두 맡겨버리는 것은 옳지 않다. 고객들이 믿을 수 있는 사람을 알아보라'고 지시했고, 전화설비업자나 사무기기 판매점은 물론 일반인들이 자주 드나드는 백화점, 슈퍼마켓과도 대리점 계약을 맺었습니다."

회견장 한켠에서 모리야마 사장의 기자회견을 지켜보던 다네노는 가슴이 뿌듯했다. 작년 10월에 개시한 전용 서비스는 인맥과 거래 관계의 벽에 막혀 고배를 마셨지만, 결전 무대인 시외전화 서비스에서 멋지게 역전시켰다. 오늘 기자회견을 계기로 매스컴, 경쟁사, 거래처들은 제2전전을 새롭게 볼 것이다.

지금까지 제2전전은 일본텔레콤, 일본고속통신보다 한 수 아래로 여겨졌다. 국철이나 도로공단, 도요타자동차 같은 강대한 조직이 뒤에서 지원해주지도 않았고, 자금과 인력 면에서도 절대 열세였다. 다들 제2전전은 중도에 포기할 것이라고 짐작했다. 그러나 지금 그런 예상을 완전히 뒤집었다.

'앞으로 무엇이 기다리고 있다고 해도 일본의 전화요금을 낮추겠다는 목표를 향해서만 나아가자!'

다네노는 그렇게 스스로에게 다짐했다.

4

기자회견 종료 뒤인 9월 3일 밤, 도쿄의 제2전전 본사 회의실에서 시외전화 서비스 개시를 기념하는 축하연이 열렸다. 참석자는 이나모리 가즈오, 모리야마 사장을 비롯해 센모토, 다루바라, 히오키, 다네노 등의 임원들, 그리고 눈코 뜰 새 없이 시외전화 서비스 가입 신청을 받고 문의전화에 대응한 직원 60명이었다.

열두 시, 날짜가 바뀌면서 드디어 시외전화 서비스가 시작되는 9월 4일을 맞았다. 이나모리 가즈오는 직원들의 시선을 한 몸에 받으며 교토로 전화기 버튼을 눌렀다. 시외전화 서비스의 개시를 기념하는 최초의 전화였다. 통화는 성공적으로 이루어졌고, 그 순간 마른침을 삼키며 지켜보고 있던 직원들이 환호성을 질렀다. 그중에는 눈물을 흘리는 이들도 있었다.

이나모리 가즈오는 모두에게 말했다.

"사업화 조사 회사인 제2전전기획을 설립한 지 3년, 사업 회사인 제2전전으로 전환한 지 2년 만에 우리는 시외전화 서비스 영업을 시작하게 되었습니다. 때로는 초보자들이라며 야유와 멸시를 받았습니다. 하지만 우리가 '일본의 전화요금을 싸게 하고 싶다'는 한 가지 목표를 가슴에 품고 여기까지 올 수 있었던 것은 많은 분들의 도움 덕택입니다. 그리고 여러분의 열정적인 집념 덕택입니다. 여러분, 고맙습니다!"

이나모리 가즈오의 감사 인사에 여기저기에서 박수가 터져 나왔다. 누군가가 "만세!"를 외치자 만세 소리는 파도처럼 회의실 안에 울려 퍼졌다. 한밤의 회의실에서 만세 소리가 연달아 메아리쳤다.

그 회의실 한쪽 구석에 자리 잡은 가타오카도 이나모리 가즈오 회장이 말한 '열정적인 집념' 을 곱씹어보았다. 이나모리 가즈오 회장의 지적처럼 단기간에 기적 같은 성과를 거두었다.

하지만 그러면서도 그는 불안감을 씻어내지 못했다. 줄곧 신경 쓴 문제 두 가지가 예상외로 심각해졌기 때문이었다.

"걱정스러운 얼굴이네요."

부하직원인 아메미야가 다가왔다. 입사 후 그와 함께 업무를 해온 아메미야는 그에게 없어서는 안 될 존재였다.

"무슨 일이 있습니까? 축하하는 자리에 표정이……."

가타오카는 아메미야에게 조용히 말했다.

"옆방으로 가지."

"이렇게 좋은 날에 이런 말을 하는 것이 폐가 아닐까 해서 망설이고 있었네. 내가 말하는 것은 내일까지는 어느 누구에게도 말하지 말게."

가타오카의 말에 아메미야는 고개를 끄덕였다.

"염려했던 문제가 예상보다 심각해졌네. 이대로라면 우리에게 신청한 고객들 다수에게 성가신 일이 생기게 돼."

"그게 무슨 일이죠?"

아메미야가 눈을 부릅떴다.

"우리는 물론이고 일본고속통신과 일본텔레콤이 시외전화 서비스를 시작하려면 도쿄-나고야-오사카를 연결하는 기간 회선을 NTT의 시내전화 회선망에 접속하지 않으면 안 되네. 그런데 NTT 교환기가 우리 식별번호인 0077을 포함한 이용자의 인증번호를 정확하게 파악해 그 정보를 우리에게 보내주지 않으면 누가 전화를 걸었는지 모르게 되지. 그러면 우리는 이용자에게 요금을 청구할 수 없고, 이용자도 저렴한 전화요금 혜택을 받지 못해. 여기까지는 이해할 수 있겠지."

"네."

"인증번호를 파악해 정보를 송출하려면 발신자 통지 기능을 지닌 교환기가 필요하지. 그런데 NTT 측 조사로는 현재 사용하고 있는 교환기 중에는 그런 기능이 없는 구식 제품이 의외로 많다고 하네. 그러면 결국 누가 전화를 걸었는지 모르게 되지. 문제는 그것만이 아니네. NTT가 3사에 빌려주기 위해 가지고 있는 회선 용량도 충분하지 않네. NTT에 따르면 3사가 1년 전에 제출했던 수요 예측에 기초해 회선을 준비했지만 신청이 예상을 뛰어넘었기 때문에 회선이 부족해졌다더군."

"우리가 잘못한 것처럼 말하네요."

"우리가 확보한 45만 회선 중 NTT와 접속 공사를 마쳐 시외전화 서비스를 이용할 수 있는 것은 절반이 조금 넘는 25만 회선뿐이네. 남은 20만 회선은 아직 공사가 끝나지 않았어. 회선 용량이 부족한데도 불구하고 어댑터는 요금이 가장 저렴한 제2전전 회선을 자동적으로 선택하기 때문에, 이대로라면 연결되지 않는 사고가 속출할 거야."

"접속 공사를 전부 끝내지 못한 것은 사무 처리가 늦어진 때문이 아닌가요?"

"그것도 원인 중 하나이긴 해. 절차가 예상외로 복잡해졌으니까. 하지만 문제는 좀 더 근본적인 데 있네. 사무 처리 문제라면 사람 수를 늘리면 되지만, 교환기나 회선 문제는 NTT라는 상대가 있어서 여간 성가신 게 아니네."

구식 교환기와 회선 용량 부족 문제는 제2전전에 심각한 영향을 초래했다. 제2전전의 시외전화 서비스를 이용할 수 없게 된 고객으로부터 "전화가 연결되지 않아요", "언제부터 이용할 수 있는 건가요?"라며 항의전화가 밀려왔다.

"대체 언제까지 기다리라는 겁니까? 대리점에서는 시외전화 서비스가 시작되는 9월 4일부터 이용할 수 있다고 했는데, 벌써 2개월 이상 지나지 않았습니까?"

"당장 이용할 수 없다면 곤란합니다. 우리 회사는 통신 예산을 당신들의 요금대로 짜놓았습니다. 서비스 개시 시기가 늦어질수록 실제 전화요금이 예산보다 많아집니다. 이걸 당신들이 대신 물어줄 겁니까?"

항의전화는 클레임으로 이어져, 계약 자체를 파기하는 경우도 늘어갔다. 다루바라가 이끌고 있는 영업본부는 모든 업무를 중단한 채 고객의 항의와 클레임 전화만 받기에도 너무나 벅찼다. 그것만으로도 모자라, 영업본부에 연결되지 않는 전화가 다른 부서에 걸리기도 해, 모든 직원이 고객의 항의와 클레임에 대응하느라 몹시 바빴다.

게다가 "언제까지 기다리면 되죠?"라는 고객의 질문에 바로 답할 수 없어 불신감을 초래하는 일이 적지 않았다. 구식 교환기나 회선 용량 때문에 발생한 클레임 해결은 NTT가 접속 공사를 언제하느냐에 달려 있어 확실하게 대답해줄 수 없었다.

"죄송합니다. 서비스를 언제부터 이용하실 수 있을지 바로 답을 드릴 수 없는 상황입니다. 원인을 파악하고 수리하는 대로 바로 연락드릴 테니……."

영업본부 안에서는 이런 말이 일상이 되다시피 했다. 제2전전은 신청자와 NTT 사이에 끼어 있는 상황이었다.

'언제까지 이런 일이 계속될까?'

다루바라는 NTT 측에 욕이라도 퍼붓고 싶은 심정이었다. 이대로라면 제2전전은 고객으로부터 신용을 잃을 수밖에 없었다.

다만 한 가지 불행 중 다행이라면 직원들의 의지가 여전하다는 점이었다. 고객의 전화에 나 몰라라 하는 직원 한 명 없이 모두가 적극적으로 수화기를 들어주었다.

가타오카는 코트 깃을 세우고, NTT 나고야 지사로 향했다. 발신자 통지 기능이 없는 구식 교환기를 인증번호를 인식해 통지할 수 있도록 개량해줄 것인지, 아니면 새 교환기로 교체해줄 것인지 교섭하기 위해서였다.

약속 시간에 정확하게 도착한 가타오카는 담당자들을 상대로 그 간의 상황을 설명했다. 교섭 창구는 NTT 본사가 아닌 전국의 각 지사에서 분산해 맡고 있었다. 이 때문에 그는 도쿄-나고야-오사 카 지사를 개별적으로 방문해 같은 말을 반복해야만 했다.

"우리도 하고 싶은 마음이 굴뚝같지만……."

가타오카의 이야기를 들은 담당자는 난처한 표정을 지었다.

"교환기를 고치거나 새것으로 교환하려고 해도 적지 않은 예산 이 들어가기 때문에……."

"예산을 앞당겨 집행해야 하지 않습니까? 신토 사장님은 우리에 게 협력을 약속해주셨고, 우정성도 같은 방침입니다."

가타오카는 허세를 부린 것이 아니었다. 몇 달 전, 3사 사장들과 NTT 사장이 회담을 가졌고, NTT는 3사에 협력하겠다고 분명히 약 속했다.

제2전전, 일본텔레콤, 일본고속통신 3사가 시외전화 서비스를 갓 개시한 상황에서 사업이 순조롭지 않으면 NTT가 민간 사업자 를 압박하고 있다는 소문이 퍼질 게 분명했다. 그것은 NTT의 분할 을 자초할지도 모른다. 신토 사장은 그것을 고려해 당초 "우리가 왜 그들을 도와주어야 하는가?"라며 강 건너 불 구경하듯 하던 태 도에서 한 발 물러섰다.

하지만 NTT의 대응은 여전히 더디기만 했다.

"그렇다고는 해도……."

NTT 나고야 지사 담당자는 교환기 개량이나 교환을 될 수 있는 한 미루었으면 하는 속마음을 숨기지 않았다.

"여하튼 잘 부탁드립니다."

같은 시간, 기노시타는 도쿄에 위치한 NTT 본사를 방문했다. 회선과 교환기 용량을 늘려 받기 위해서였다.

NTT의 담당자가 말했다.

"할 수 있는 것부터 해나가죠. 그것은 제가 약속합니다."

"언제부터 시작할 수 있습니까?"

기노시타가 물었다.

"그건 지금으로서는 확실하게 말씀드릴 수가 없습니다. 착수하게 되면 그때 연락해드리겠습니다. 물론 1년, 2년 기다려달라고 말씀드리는 게 아닙니다. 한두 달이면 시작할 수 있을 것입니다."

"정말입니까?"

"이런 일로 거짓말은 안 합니다."

"고맙습니다!"

기노시타는 머리를 숙였다.

NTT 측은 처음에는 짧아도 2년은 걸릴 것이라고 주장했다. 3사에 빌려주기 위해 준비한 교환기는 새로운 기종으로, 소프트웨어도 새롭게 개발했고, 증설하려면 소프트웨어를 고쳐 써야 하기 때문에 순차적으로 계획을 세워 실행해야 한다고 했다. 그런데 3사가 우정성을 설득하자 NTT의 태도가 급변했다.

1985년에 시행된 전기통신사업법은 "민간 전화사업자가 회선 접속을 요구할 경우, NTT는 거기에 반드시 응해야 한다"고 규정했다. 이것은 전기통신사업의 경쟁을 촉진하기 위한 기본 방침이었다. 제2전전, 일본텔레콤, 일본고속통신 3사로부터 상황이 심각하다는 말을 들은 우정성은 NTT에 전기통신사업법의 정신을 존중하라고 경고했다.

"어찌 됐든 될 수 있는 한 하루라도 빨리 착수해주십시오."

완강했던 NTT와의 교섭이 조금씩 진척되면서 고객의 항의전화도 많이 줄어든 1987년 11월, 교세라 본사에서 집무를 보고 있던 이나모리 가즈오는 도쿄의 제2전전 본사에 있는 모리야마 사장으로부터 전화를 받았다.

모리야마 사장은 밝고 활기찬 목소리로 말했다.

"회장님, '제2전전'이 '올해의 신조어·유행어' 중 신조어 부문 대상을 받았습니다."

"정말인가요?"

"그런데 회장님……."

모리야마의 말투가 갑자기 바뀌었다.

"회장님 덕분에 제가 교세라에 입사해 제2전전 업무를 맡게 되었고, 그래서 늘 회장님께 감사드리고 있습니다. 정말 감사합니다. 힘든 나날들이었지만 이 대상 수상을 포함해 평생 잊을 수 없는 경험을 많이 했습니다. 무엇보다 기쁜 것은 직원들이 한마음 한뜻으로 일해주고 있다는 점입니다. 4, 5개월씩 파묻혀 해야 하는 일을 대꾸 한 번 없이 하고, 항의전화에도 다들 성실하게 임해주고 있습니다. 회장님, 정당한 동기와 순수한 마음은 정말 위력이 대단하더군요. 이 일을 돈벌이나 사업 확장 목적으로 시작했다면 지금과 같은 성과는 거두지 못했을 것입니다."

다음 날, 이나모리 가즈오는 유럽으로 향했다. 유럽에서는 독일 뒤셀도르프에 있는 교세라유럽의 경영진 미팅, 현지 거점 시찰, 유럽 판매 대리점들과의 협상 스케줄이 쉴 틈 없이 잡혀 있었다. 이나모리 가즈오는 모든 스케줄을 정력적으로 소화했다. 그러는 동안에도 모리야마 사장의 이야기가 자꾸 머릿속에 맴돌았다.

"회장님, 정말 감사합니다."

침대 옆에 놓여 있는 전화기가 요란하게 울려댔고, 이나모리 가즈오는 신경이 곤두섰다.

'이런 시간에 누가 전화를 한 거지?'

그런 생각을 하면서 눈을 뜬 그는 자신이 지금 독일 뒤셀도르프의 한 호텔에 있다는 것을 깨달았다.

손목시계를 들여다보니 시곗바늘은 오전 여섯 시를 지나고 있었다. 이 시각이면 일본에서 온 전화일 것이다.

그는 피곤한 몸을 일으켜 수화기를 들었다.

"회장님, 쉬고 계시는데 죄송합니다."

제2전전 직원이었다. 전화기 너머 들려오는 다급한 목소리에 이나모리 가즈오는 불길한 예감이 엄습했다.

상대는 떨리는 목소리를 억누르며 말했다.

"모리야마 사장님이 쓰러져 의식이 없습니다. 어제 사장단 모임에서 연설하신 직후에 속이 안 좋다고 호소하셔서 구급차로 병원에 이송했습니다. 병원에 도착했을 때는 의식도 확실하고 의사의 질문에도 잘 답하셨습니다. 그런데 정밀검사를 진행하던 도중에 갑자기 의식을 잃으시더니……."

"전부터 몸이 안 좋았나?"

"아닙니다. 그런 조짐은 전혀 없었고, 많은 일정을 소화하느라 몸이 나쁜 것도 눈치 채지 못하신 것 같습니다. 주말에는 골프, 어제는 신조어 대상 수상 파티에 참석해 평소처럼 활동하셨는데……."

"곧바로 일본으로 돌아가겠네. 무슨 일이 있으면 즉시 전화로 알려주게! 언제라도 괜찮으니까!"

이나모리 가즈오는 수화기를 내려놓았다.

이나모리 가즈오는 서둘러 귀국길에 올랐고, 제2전전 본사로 직행했다. 본사에서는 직원들 모두가 그가 오기만을 기다리고 있었다. 모두의 얼굴에 불안감이 깃들어 있었다.

"상태는?"

이나모리 가즈오가 히오키에게 물었고, 히오키의 표정은 몹시 어두웠다.

"뇌일혈인 것 같습니다. 병원에서는 어렵다고……."

"병실은 어딘가요? 바로 갑시다."

이나모리 가즈오가 병실에 들어가자 모리야마 사장의 부인이 그에게 상황을 설명했다.

침대에 누워 있는 모리야마 사장은 인공호흡기를 쓰고 있었고, 호흡기 너머로 새어나오는 숨소리만 병실 안을 에워싸고 있었다.

며칠 전 신조어 대상을 받는다며 좋아하던 모습이 이나모리 가즈오의 눈앞을 가렸다.

"제발 훌훌 털고 일어나세요."

이나모리 가즈오는 마음속으로 몇 번이나 빌고 기도했다. 하지만 그 기도는 이루어지지 않았다.

12월 9일 열두 시 5분, 제2전전 회장실에 있던 이나모리 가즈오는 짧은 보고를 받았다.

"지금 막 모리야마 사장께서 숨을 거두셨습니다."

병원 영안실에 안치된 모리야마의 유해 앞에서 이나모리 가즈오는 정신 나간 사람처럼 한참 동안 말없이 서 있기만 했다. 당시 모리야마 사장은 61세로, 아직 한창인 나이였다. 새롭게 시외전화 서비스를 시작하고, 회사를 키워가야 하는 시점에서 그의 죽음은 믿기지 않았다. 더구나 자신과 뜻을 함께한 동지의 죽음이었다.

12월 11일 오후, 한 교회에서 조촐하게 가족 장례식을 치렀다. 다음 날인 12일에는 회사장을 거행했다.

이나모리 가즈오는 조사를 낭독했다.

생자필멸, 회자정리는 인간 세상에 항상 있는 일이라지만, 지금 나는 운명의 덧없음에 망연해지고, 터지는 슬픔을 억누를 길이 없습니다. 모리야마 사장, 당신은 제2전전, 교세라에서 다하지 못한 일로 아쉬워할 것입니다. 마음이 너무 아파서 말하기조차 힘듭니다.

모리야마 사장, 당신은 내가 갖지 못한 훌륭한 능력을 너무나 많이 갖고 있었습니다. 제2전전 사업을 성공으로 이끈 당신은 내가 믿고 의지할 사람이라고 생각했는데, 오늘 이렇게 당신과 영영 헤어지자니 가슴이 찢어질 듯이 아파옵니다.

　　모리야마 사장, 당신은 내가 새로운 정보통신사업에 진출하겠다고 말했을 때 가장 먼저 찬성해주었고, 내게 힘을 불어넣어주었습니다. 모리타 회장과 우시오 회장, 이다 회장의 도움을 받아 제2전전을 설립할 때도, 출자회사 관리, 감독관청 조율 등 난관이 너무나 많았습니다. 내게는 벅찬 이 일들을 훌륭하게 처리해준 사람은 모리야마 사장, 당신이었습니다.

　　회사장이 끝나고 닷새 후인 16일, 이나모리 가즈오는 모리야마 사장의 후임으로 자신이 직접 사장에 취임해 회장 겸 사장이 되었다. 직원들의 동요를 진정시키고, 자신이 선두에 서서 회사 분위기를 다잡기 위해서였다.

　　다음 해인 1988년 1월, 새해 첫 경영회의에서 이나모리 가즈오는 대담한 결단을 밝혔다.

　　"어댑터를 이용자들에게 무료로 나누어줍시다!"

　　임원들의 안색이 노랗게 변했다. 어댑터는 지금까지 유상으로 제공해왔다. 복수 회선을 제어하는 법인기업용 어댑터는 한 회선당 월 300엔에 임대했고, 살 경우에는 한 회선에 1만 엔이었다. 일반 가정용은 빌려 사용할 때 월 300엔, 살 경우에는 1만 3,000엔이었다. 이것을 무료로 제공하다니……. 임원들이 놀란 것은 당연했다.

"지난해 9월에 시외전화 서비스를 시작했을 때 우리는 신청 건수에서 최고를 기록했습니다. 하지만 신청 건수에 비해 통화량은 기대만큼 증가하지 않았습니다. 그에 따라 통화 수입도 지지부진합니다. 직원들의 노력으로 NTT 측이 교환기를 교체해주거나 회선 용량을 늘려 시외전화 서비스를 이용할 회선이 서서히 늘어나고 있습니다. 그럼에도 불구하고 왜 통화량은 늘지 않는 걸까요?"

"어댑터가 생각했던 만큼 보급되지 않았기 때문입니다."

다네노가 대답했다.

"맞습니다. 어댑터는 0077을 누르는 수고를 줄여줘 통화량을 증가시키기 위해 개발했습니다. 하지만 유료라서 널리 보급되지 못하고 있습니다."

"하지만 어댑터를 무료로 제공하면, 어댑터를 개발하고 만드는 비용은 어떻게 회수하실 생각이십니까?"

후카다가 물었다.

"통화료 수입을 늘리면 됩니다. 통신사업이란 결국 장치산업이기 때문에 이용자가 사용해주면 매출도 늘어납니다."

"통화량을 늘려 어댑터의 원금을 회수하는 구조입니다."

기노시타가 말했다.

"우리가 개발한 어댑터는 요금 개정 데이터를 온라인에서 자동으로 수정해 기록할 수 있는, 다른 회사에는 없는 획기적인 제품입니다. 이것을 활용하지 않을 이용자는 없습니다. 모리야마 사장의 조의 기간 동안 통화량을 획기적으로 늘려 모리야마 사장에게 축복을 안겨줍시다."

이나모리 가즈오의 말에 모두가 동의했다.

1989년 9월, 교토 외곽에서 위령제가 열렸다. 모리야마의 유골을 안치한 묘 앞에서 이나모리 가즈오는 모리야마에게 자신의 새로운 각오를 바쳤다.

"모리야마 사장, 안심하세요. 당신의 유지를 반드시 달성하기 위해 다들 필사적으로 노력하고 있습니다."

제2전전은 출발 때 몹시 힘겨웠지만, 지금은 본격적으로 성장 궤도에 들어섰다. 1988년 2월, 어댑터를 무료로 제공하기 시작하면서부터 통화량은 기하급수적으로 늘었다. 그 결과 1988년 3월 결산 때 80억 엔이었던 매출은 1989년 3월 회계연도 말 결산에서는 406억 엔으로 다섯 배 이상 증가했고, 44억 엔의 경상흑자를 달성했다. 처음으로 단위연도 흑자를 실현한 것이다.

게다가 1988년 10월에는 오카야마, 히로시마, 야마구치, 후쿠오카, 사가, 가가와 등 여섯 개 현에서 시외전화 서비스를 개시했다. 서비스 지역을 도쿄-나고야-오사카에서 전국으로 확대한 것이다. NTT보다 열세인 후발주자들이 통신 수요가 가장 많은 도쿄-나고야-오사카에 집중하는 것은 필연적인 전략이었다. 일본고속통신과 일본텔레콤이 도쿄-나고야-오사카에만 사업을 집중한 것도 그 때문이었다.

하지만 이나모리 가즈오는 반대였다.

"도쿄-나고야-오사카에서 지방으로 전화를 거는 이용자보다 지방에서 도쿄-나고야-오사카로 거는 이용자가 더 많습니다. 서비스 지역을 도쿄-나고야-오사카에 한정할 경우에는 이용 편의성이 떨어집니다. 반대로 서비스 지역을 전국으로 확대한다면 수익성이 있는 도쿄-나고야-오사카의 매출도 증가할 것이 틀림없습니다."

다네노나 가타오카, 오노데라 등으로부터 이런 보고를 받은 그는 곧바로 승낙했고, 그 결과 제2전전의 매출은 더더욱 증가했다. 이런 추세라면 1990년 3월 결산 때의 매출은 900억 엔을 돌파할 것으로 보였다. 더욱이 영업을 전국으로 확대하는 것은 의외의 추가이득을 가져다주었다. 도쿄-나고야-오사카의 전화요금을 싸게 하는 것이 아니라 일본 전역의 전화요금을 싸게 한다는 생각이 제2전전 직원들의 의욕을 더욱 뜨겁게 한 것이었다.

어느 날, 히오키가 감개무량한 표정으로 이렇게 말했다.

"제2전전은 급성장하고 있고, 매년 수많은 젊은이들이 입사를 희망하고 있습니다. 입사 2년차 직원 한 명이 다섯 명에서 열 명의 신입사원을 거느리고 있을 정도입니다. 이렇게 많은 직원을 모집해 회사를 유지할 수 있을까 염려하는 분들도 있습니다. 하지만 신입사원들은 입사한 지 1년도 지나지 않은 사이에 '전화요금을 싸게 한다'는 한 가지 목표를 향해 제 할 일을 솔선수범하고, 아무리 힘들고 어려운 일도 스스로 해결해가고 있습니다."

이나모리 가즈오는 문득 예전 일을 떠올렸다.

"신입사원들이 내게 몰려와, 자신들을 직접 선발했느냐고 물은 일이 있었습니다."

야마모리와 아메미야가 겸연쩍어했다.

"그때도 말했듯이 내가 직접 선발한 것이 맞습니다. 모리야마 사장과 여러 임원의 의견을 참고하기는 했지만, 최종 결정은 내가 내렸습니다."

"회장님, 그러면 저희들을 선발한 이유는 무엇이었습니까?"

야마모리의 질문에 이나모리 가즈오는 이렇게 대답했다.

"여러분은 자연성이기 때문입니다. 인간은 세 종류로 나눌 수 있습니다. 스스로 불타는 자연성(自燃性) 인간, 불을 가져가면 타오르는 가연성(可燃性) 인간, 불을 지펴도 타지 않는 불연성(不燃性) 인간이 그것입니다. 타오르게 하려고 아무리 애써도 결코 타지 않는 부류는 늘 불평과 불만만 앞세웁니다. 내게 필요한 사람은 자연성이라면 더없이 좋겠지만, 그렇지 않더라도 최소한 가연성은 되어야 합니다."

"자연성인지, 가연성인지, 아니면 불연성인지는 바로 알 수 있습니까?"

누군가가 물었다.

"바로 알게 되는 경우도 있고, 30분이나 한 시간 정도 대화를 나누어보면 그 사람의 됨됨이를 알게 되는 경우도 있습니다. 결국 스스로 타오르거나 도움을 받아 타오를 수 있는 것은 자질이 있기 때문입니다. 그런 사람은 아무리 힘들고 어려운 일도 끈기 있게 견뎌냅니다. 연애를 해본 사람이라면 알 것입니다. 상대방을 사랑하는 사람은 상대방을 위해서라면 어떤 어려운 일이라도 해내는 법입니다. 하지만 자질이 없는 사람, 사랑하는 마음이 없는 사람에게 억

지로 불을 지피는 것은 무리입니다. 상대방을 위하는 것이 귀찮고 고생이라고 생각하는 사람은 사랑하거나 사랑받을 자격이 없습니다."

이나모리 가즈오는 하늘을 올려다보았다. 구름 한 점 없었고, 솔개가 하늘 높이 날고 있었다. 이나모리 가즈오는 하늘 끝에서 모리야마 사장이 이곳을 보고 있는듯한 착각에 빠졌다. 그 환한 웃음을 내보이면서……

4

변방에서 울리는 메아리

1

통신 자유화와 전전공사의 민영화를 규정한 전기통신사업법이 시행되어, 제2전전기획이 사업 회사인 제2전전으로 사명을 변경한 1985년 봄, 이나모리 가즈오는 일본 통신업계를 뿌리부터 뒤흔드는 격변의 전조를 감지하고 있었다.

'자동차전화로 대표되는 일본의 이동통신시장은 폐쇄적이기 때문에 미국이 문호를 개방하라고 거세게 압박할 것이다.'

그는 이런 예감을 마음속에 품었다. 발단은 미국 대사관에서 발표한 미국 정부의 메시지였다.

미국 상무성 심의관은 미국 대사관에서 가진 정례 기자회견에서 이렇게 말했다.

"올 4월 1일에 전기통신사업법이 시행되었는데도 불구하고 자동차전화 같은 이동통신은 전파법의 제약 때문에 NTT만 독점하고 있고, 단말기 판매도 묶여 있습니다. 미국 정부는 이것을 보호주의 무역장벽과 다름없다고 인식해 문제시하고 있습니다. 향후 미·일 통신 교섭에서는 이동통신에 NTT 외 통신사업자가 신규 참여할 수 있도록 요구하는 것과 함께 단말기 시장 자유화도 요구할 예정입니다."

미국은 전해인 1984년 1월, AT&T 산하에 있는 22개 지역 전화회사를 분할했다. 그 결과 22개 회사는 어디에서든 통신 기기를 구입할 수 있어, 일본에서 만든 자동차전화 단말기가 미국 시장에 대량 유입되고 있었다. 그에 반해 일본 이동통신시장에서는 변함없이 NTT만 독점하고 있다. 공정 경쟁은 미국 자본주의를 지탱해주는 기본적인 이념이다. 미국 정부와 미국의 업계 관계자들에게 일본 통신시장은 공정한 이념을 거스르는 곳으로 비치고 있었다.

이나모리 가즈오의 예감은 얼마 뒤에 적중했다.

1985년 4월 26일, 우정성에서 미국 상무차관과 우정성 사무차관의 전기통신 관련 차관회의가 열렸다. 이 자리에서 미국 상무차관은 일본의 자동차전화 시장을 조속히 개방하라고 강력하게 요구했고, 우정성 사무차관은 이렇게 회답했다.

"자동차전화 시장에 신규 참여를 인정하기 위해 가까운 시일 내에 이 문제를 전기통신기술심의회에 자문하겠습니다."

이에 앞서 4월 23일에는 우정성 장관이 기자회견을 열어 이렇게 발언했다.

"NTT가 지금까지 독점해온 자동차전화와 무선호출기 분야에

NTT 외의 제1종 전기통신사업자가 신규 참여할 수 있도록 하는 것은 물론 단말기 판매도 NTT 외의 기업이 취급할 수 있도록 하겠습니다."

이나모리 가즈오는 확신했다.

'유선전화에 이어 이동통신 자유화가 머지않아 실현된다. 일본의 이동통신시장이 뿌리부터 변하는 역사적인 개혁이 마침내 제2막을 맞이한다.'

1985년 5월, 임원들이 모인 정례 경영회의에서 이나모리 가즈오는 앞으로 일어날 것이 확실한 격변을 주시하면서 휴대전화사업에 진출하자고 제안했다.

"몇 달 동안 일본 전기통신의 미래와 제2전전이 해야 할 일을 생각해보았습니다. 그 결과 어떻게 해서든 제2전전이 휴대전화사업에 진출해야만 한다는 결론에 도달했습니다."

회의에 참석한 모두가 이나모리 가즈오를 뚫어지게 쳐다보았다. 누군가가 마른침을 삼키는 소리가 들려왔다.

"우리가 NTT와 경쟁하려면 휴대전화사업에 관한 구상을 반드시 실현해야만 합니다. 그 구상은 '포도송이 구상'이라고 부를 수 있습니다."

"포도란 과일을 말씀하시는 건가요?"

센모토가 물었다.

"맞습니다. 과일인 포도를 말합니다. 지금 건설 중인 마이크로웨이브에 의한 장거리 기간회선을 뼈대로 지역망이 되는 휴대전화 네트워크를 전국에 여러 개 세우는 것입니다. '포도송이' 처럼 말입니다."

모두가 머리를 끄덕였다.

"왜 하필 포도송이인지 말씀드리면, 자체적으로 운용하는 시내를 연결하는 지역망을 갖고 있지 않으면 NTT와 경쟁할 수 없기 때문입니다. NTT를 장거리전화회사와 지역전화회사로 분리하는 개혁안이 아직도 요원한 상황인 지금, 우리는 각 가정의 마당까지 이어지는 루트를 잡아야 합니다. 그것을 어떻게 실현할 수 있을까 곰곰이 생각하던 중, 문득 그 아이디어가 떠올랐습니다. '우정성은 가까운 장래에 이동통신 자유화를 단행할 것이니, 휴대전화에 의한 지역망을 만들면 좋을 것이다.' 그렇게 하면 장거리전화에서 지역망까지 NTT에 의존하지 않는, 아니 전국을 일거에 관통하는 통신 네트워크가 만들어지는 것입니다."

참석자들은 미동도 하지 않은 채 입을 다물고 있었다.

잠시 후 부사장인 나카야마가 말문을 열었다.

"지금 이동통신 주류는 자동차전화지만, 회장님이 생각하고 계시는 것은 휴대전화죠?"

나카야마는 우정성 출신으로, 전기통신정책국 총무과장과 감찰국장을 거쳐 1984년 7월 제2전전에 입사해 총무 부문을 담당하고 있었다.

"맞습니다. 모두가 하려는 것은 자동차전화입니다. 하지만 그것은 출발점일 뿐 목표는 아닙니다. 내가 생각하고 있는 것은 손에 쥐고 밖에 나가서도 자유롭게 통화할 수 있는 작은 크기의 휴대전화입니다."

이나모리 가즈오는 한숨을 돌린 뒤 말을 이어갔다.

"현재 이동통신시장은 유선전화에 비하면 너무나 미미한 상황입니다. NTT가 1979년부터 취급하고 있는 자동차전화 이용자 수는 약 6만 명에 지나지 않고, NTT가 올해 발매한, 차 밖에서도 사용할 수 있는 자동차전화도 아직은 판매량이 저조한 형편입니다. 약 20만 엔의 신규 설치비, 2만 엔 이상의 월 회선 사용료가 큰 부담이고, 송수화기나 무선 장치, 전지를 포함해 3킬로그램에 이르는 전화기 무게도 문제입니다. 지금과 같은 상황에서는 이용자가 늘지 않는 것이 당연합니다. 하지만 이것은 어디까지나 지금의 얘기일 뿐이라고 생각하고 있습니다."

"이후에는 다르다는 말씀입니까?"

다네노가 묻자 이나모리 가즈오는 대답했다.

"나는 교세라에서 반도체 업무를 하고 있기 때문에 집적도의 개발 스피드를 매일매일 실감하고 있습니다. 하루가 다르게 발전해 이대로 가면 몇 년 안에 모든 송수신 기능이 작은 휴대전화에 들어갈 수 있을 것입니다. 물론 나는 이동통신 전문가가 아닙니다. 휴대전화라는 말을 들었을 때 미국 영화의 한 장면이 떠올랐습니다. 주인이 집 마당 한가운데에 있는 수영장에서 일광욕하고 있을 때 전화가 걸려오자 집사가 은쟁반에 올려놓은 무선 전화를 갖고 오는 장면 말입니다. 반도체 기술의 발전에 대한 예측은 결코 틀림없습니다. 그리고 이동통신 자유화가 더 가속화된다면 반도체 기술의 발전이 휴대전화에 사용될 기회는 그만큼 늘어날 것입니다. 그 결과 휴대전화가 소형화되는 한편 가격이 계속 하락해 임계점에 달하는 순간, 시장은 폭발적으로 확대될 것이 틀림없습니다. 그렇다면 우리가 NTT나 일본고속통신, 일본텔레콤에 앞서 휴대전화사업을 선점해야 한다고 생각합니다.”

“그런데 회장님, 우리 회사는 아직 전용 서비스밖에 시행하고 있지 않은데요?”

센모토가 입을 열었다.

“도쿄–나고야–오사카의 네트워크센터와 중계기지도 아직 완성되지 않았습니다. 이런 상황에서 이동통신에 진출하는 것은 위험이 크지 않을까요? 현재 NTT의 자동차전화는 적자고, 미국에서도 아직 채산성이 낮은 것으로 알고 있습니다.”

“내가 생각하고 있는 것은 휴대전화입니다.”

“말씀하신 것은 이해합니다. 이동통신에는 확실히 장래성이 있습니다. 하지만 지금은 모든 사업이 고전하고 있기 때문에……”

부사장인 가네다 히데오가 끼어들었다.

“그 의견에 동의합니다. 말씀하신 내용은 이해하지만, 제2전전은 지금 수익을 내지 못하고 있습니다. 그런데 지금 유선전화와 이동통신 두 사업을 동시에 하는 것은 위험하지 않겠습니까?”

가네다는 나카야마 부사장과 같은 우정성 출신으로, 통신·방송위성기구시스템 기획부장과 전파연구소 차장을 역임한 기술 관료였다.

“다른 분들은 어떻게 생각하십니까?”

이나모리 가즈오는 회의실 안을 둘러보았지만 모두가 아무 말도 하지 않았다. 그 이상의 반대의견도 없었다. 다들 어떻게 판단해야 좋을지 망설이고 있었다. 모두의 얼굴에는 곤혹스러움과 망설임이 가득했다.

"이동통신 진출…… 저는 재미있는 일이라고 생각합니다."

그때까지 회의실 한구석에서 조용히 이야기를 듣고 있던 가타오카 시즈오가 일어섰다. 40대 전반인 그는 우정성에서 이직해 온 사람들 중 한 명이었다. 우정성에서 무선기술 분야를 맡았던 그는 퇴직하기 직전에는 주고쿠 전파관리국 항공해상부장을 역임했다. 그가 제2전전에 입사한 것은 1984년 8월이었다.

"언제 어디서든 누구와도 통화할 수 있는 휴대전화는 전화의 가장 진보된 형태입니다. 사실 이동통신을 자유화한다고 말하지만 유선이라는 고정된 전화와는 달리 이동통신의 전파 할당에는 한계가 있기 때문에 우정성은 참여 가능한 기업을 압축하려고 할 것입니다. 그렇다면 하루라도 빨리 참여해야 할 것입니다."

"그렇다면 가타오카는 찬성입니까?"

"네! 반드시 해야 하고, 할 수 있다고 생각합니다."

"다른 분들은 어떻습니까? 다들 하지 않겠다면 가타오카와 둘이 해야겠군요."

이나모리 가즈오는 농담처럼 말했지만 진심이었다. 그는 무슨 일이 있어도 휴대전화사업을 해야겠다는 각오에 차 있었다.

"시간을 주시겠습니까?"

센모토가 말했다.

"저희로서는 판단하고 싶어도 참고할 자료가 없습니다. 며칠 동안 검토해보겠습니다. 다른 분들은 어떠십니까?"

"저도 같은 의견입니다. 조사해보고 나서 말씀드리겠습니다."

다네노가 거들었다.

"회장님, 일주일 말미를 주시면 검토해서 말씀드리겠습니다."

센모토의 요청에 이나모리 가즈오는 "알았습니다"라고 짧게 답했다.

회의가 끝난 뒤 복도로 나온 가타오카의 어깨를 누군가가 두드렸다. 다네노였다.

"이나모리 회장님은 진심이십니다. 모두가 반대해도 당신과 둘이서라도 할 것입니다. 그런데 아까 휴대전화사업을 할 수 있다고 말했는데, 근거가 있나요?"

"저는 우정성에서 무선 업무를 진행해왔습니다. 그때 이동통신의 잠재적인 수요가 얼마나 많은지 실감했습니다. 최근 몇 년간 호출기와 개인용 무선통신 이용자가 급증하고 있습니다. 이것만으로도 잠재수요 규모를 알 수 있을 것입니다."

개인용 무선통신은 900메가헤르츠 안팎의 주파수를 이용하는 간이 무선통신으로, 음성이 선명하고 누구나 쉽게 이용할 수 있다. 1982년 12월에 운용이 허가되면서 트럭과 자동차에 개인용 무선통신을 탑재해 이용하는 사람이 갈수록 증가하고 있는 추세였다.

"덧붙여……."

가타오카는 계속했다.

"휴대전화사업에 뛰어들려면 지금이 절호의 기회라고 생각했습니다. 유선전화사업은 생각만 있으면 누구라도 할 수 있습니다. 하지만 회의에서 말한 대로 이동통신은 우정성이 전파를 할당해주지 않으면 하고 싶어도 할 수 없습니다. 이나모리 가즈오 회장님 말씀처럼 우정성이 가까운 시일 내에 이동통신을 개방해 NTT 외에도 전파를 할당할 겁니다. 이것이야말로 천재일우의 기회입니다. 그래서 과감하게 손을 든 것입니다."

"그렇군요."

"어떻게 생각합니까? 회의에서는 의견을 확실히 밝히지 않았으니 반대하는 건가요?"

"저도 실은 재미있다고 생각했습니다. 다만 너무나 갑작스러운 일이라 어떻게 답해야 할지 몰랐을 뿐입니다. 어쩌면 모두가 같은 생각일지 모릅니다. 할 수 있는 일이라면 하고 싶지만, 가능성도 리스크도 전혀 모르는 상황이어서 입을 열 수가 없었습니다."

가타오카는 다네노와 헤어져 자기 자리로 돌아왔다. 자리에 앉으면서 그는 휴대전화사업에 뛰어들자고 손을 든 이유 중 한 가지를 말하지 못한 것이 신경 쓰였다.

우정성에서 무선 업무를 해온 가타오카에게 이동통신은 자신의 능력을 충분히 발휘할 수 있는 분야였다. 이동통신의 장점과 단점도 알고 있고, 법률적인 지식도 풍부했다. 따라서 휴대전화사업에 뛰어든다면 틀림없이 모두에게 힘이 될 수 있으리라 생각했다.

가타오카가 제2전전에 참가하게 된 것은 우정성 상사의 제안 때문이었다.

"교세라가 모체가 된 전기통신사업 프로젝트가 가동했는데, 자네도 참가해보지 않겠나?"

당시 히로시마의 주고쿠 전파관리국에 근무하고 있던 그는 이대로 가면 안 된다는 초조감에 짓눌려 있었다. 관료들은 '우리는 국가를 위해 몸 바쳐 일한다'는 책임감과 자부심이 강하다. 하지만 중앙에서 벗어난 관료들에게는 창의적인 구상을 할 여지가 없었다. 주어진 일만 하면 그만이었다. 아무리 우수한 인재라도 힘을 발휘할 수 있는 것은 골프뿐이라고 해도 과언이 아닐 정도였다. 그가 일하는 주고쿠 전파관리국 상황도 마찬가지였다.

그래서 가타오카는 상사의 제안을 받아들였다. 이 기회를 잡지 못하면 이대로 주저앉아버릴 것 같았다.

물론 40대 전반의 이직이기 때문에 망설이기도 했다. 제2전전 입사가 가까워질수록 정신적인 압박감도 심해졌다. 관료생활에 익숙한 탓에 민간기업에서 실력을 발휘할 수 있을지, 인력과 자본 여유도 없는 회사가 NTT와 경쟁한다는 게 가당키나 한 것인지 걱정도 끊이지 않았다.

우정성의 한 간부는 단호하게 말했다.

"전전공사가 100년에 걸쳐 구축해놓은 전기통신 시스템을 초보자가 만들어낼 수 없다."

만약 실패해 아내와 아이들을 거리로 내모는 것은 아닌지 걱정되기도 했다.

그러나 그런 방황과 압박은 제2전전에 참가한 순간 말끔하게 사라졌다. 이나모리 가즈오가 제창한 '일본의 전화요금을 싸게 한다'는 목표는 명쾌했고, 의사결정은 한 치의 흔들림도 없었다. 직원들은 모두 활기차게 자기가 맡은 일을 하고 있었다. 다들 앞으로 나아가려는 의지로 활력이 넘쳐흘렀다. 올봄에 갓 입사한 신입사원들조차도 이나모리 가즈오가 제창한 목표를 실현해보겠다고 애를 쓰고 있었다.

그런 경영자, 동료, 부하직원들과 함께 역사에 남을 프로젝트에 도전하다니……. 그로서는 1년 전까지만 해도 상상조차 할 수 없었던 행운이었다. 은혜를 갚기 위해서라도 그 일을 성공하고 싶었다.

이나모리 가즈오가 제안한 지 일주일이 지나, 임원들은 제2전전 회의실에 모였다. 임원들은 지난 일주일 동안 이동통신의 시장성과 기술 동향 등을 조사했다. 그런 정보들을 근거로 휴대전화사업에 진출할지 여부를 검토하는 것이 오늘 회의의 목적이었다. 그런데 일주일 전과는 달리, 그들의 얼굴에는 활기가 넘쳤다. 이나모리 가즈오 역시 그것을 금방 눈치 챘다.

"우선 여러분이 조사한 것을 발표해주시겠습니까? 누구부터 할까요?"

"저부터 하겠습니다."

가타오카 시즈오가 나섰다.

"먼저 미국 상황을 보고드리겠습니다. 미국은 이동통신에서 일본을 2, 3년 앞서 가고 있습니다. 따라서 미국 상황은 일본 국내의 시장성을 예측할 때 중요한 참고가 될 것입니다."

이나모리 가즈오가 고개를 끄덕였다.

"결론부터 말씀드리면, 셀룰러 방식의 자동차전화를 필두로 하는 미국의 이동통신시장은 우리의 상상을 뛰어넘는 속도로 계속

커가고 있습니다. 1983년 11월, 미국 연방통신위원회가 시카고에 서비스를 인가한 것을 시작으로 1984년에는 로스앤젤레스와 뉴욕 등 20개 도시로 확대되었고, 지금 미국의 자동차전화 가입자 수는 약 50만 명에 이릅니다. 그중 10퍼센트 정도가 차 밖에서도 사용할 수 있는 휴대전화입니다. 크기는 NTT 것보다 훨씬 작은데, 근거리 연락용 휴대 무선통화기인 트랜시버를 떠올리면 좋을듯합니다. 이 런 자동차전화나 휴대전화를 총칭해 셀룰러폰이라고 부르고 있습 니다. 그러면 셀룰러 방식에 대해 보충 설명해드리겠습니다."

가타오카가 잠시 뜸을 들인 후 말을 이었다.

"셀룰러 방식은 1970년대 전반부터 AT&T 계열의 벨연구소가 개발한 이동통신 기술입니다. 서비스 지역을 반경 5~6킬로미터로 나누어, 한 구역에 기지국을 하나씩 설치합니다. 기존 이동통신보 다 훨씬 많은 이용자를 수용할 수 있다는 이점이 있어 미국에서는 자동차전화 이용자가 폭발적으로 증가하고 있습니다."

"미국 연방통신위원회는 각 도시당 두 개 회사에 서비스를 인가 하고 있다고 합니다."

센모토가 끼어들었다.

"맞습니다. 한 회사는 전화회사, 다른 회사는 전화 외 업종에서 참가를 받아들이고 있습니다. 그 결과 방송이나 금융, 전력 등 다 른 업종이 참가해서 비즈니스가 번성하고 있습니다. 다음으로는 향후 전망을 말씀드리겠습니다."

가타오카가 계속했다.

"업계에서는 이 흐름이 당분간 계속될 것으로 보고 있습니다.

그래서 2년 뒤인 1987년에는 100만 대, 1988년부터 1989년까지는 150만 대까지 이용자가 늘어나리라 예측하고 있습니다. 덧붙이면 셀룰러폰 시장점유율이 가장 높은 회사는 통신기기 회사인 모토로라로, 일본에서는 마쓰시타전기산업과 NEC, 후지쯔 등이 진출하고 있습니다."

"국내에서의 예측은 어떻습니까?"

"전기통신기술심의회가 발표한 수요 예측에 따르면 지금 8만 대인 휴대전화가 2000년에는 450만 대를 넘어설 것으로 전망하고 있습니……."

가타오카가 말하는 도중에 이나모리 가즈오가 이어받았다.

"그것은 어디까지나 자동차전화를 전제로 한 수치입니다. 휴대전화가 본격적으로 등장하면 훨씬 더 늘어날 것입니다."

"저도 그렇게 생각합니다. 1,000만 대는 충분히 넘으리라 예상합니다."

가타오카에 이어 오노데라가 일어섰다.

"그러면 이동통신사업에 뛰어들기 위한 설비투자비용에 대해 제가 간략하게 설명하겠습니다. 설비에서 중요한 것은 셀의 기지국이 되는 무선통신국입니다. 그 규모에 따라 차이가 있지만, 미국에서는 기지국을 하나 건설하는 데 일본 돈으로 2억 엔에서 3억 엔을 투입하고 있습니다. 말하자면 20~30개의 기지국으로 시작할 경우 수십억 엔에서 100억 엔에 달한다는 계산이 나옵니다. 이것은 물론 엄청난 금액이지만, 기지국 용지를 확보해 거기에 필요한 최소한의 설비를 건설하면 되기 때문에 광통신이나 위성으로 고정

전화 네트워크를 구축하는 것과 비교하면 투자액은 훨씬 적습니다."

이나모리 가즈오는 이야기가 마무리되자 이렇게 말했다.

"제2전전이 휴대전화사업에 진출하는 건에 대한 여러분의 생각을 듣고 싶습니다."

"저는 승산이 있다고 생각합니다."

오노데라가 말했다.

"자동차전화가 아니고 그 후의 휴대전화를 겨냥해 사업을 전개하면 가능성이 충분합니다."

"저도 해야 한다고 생각합니다."

기노시타가 말했다.

"일주일 전에 회장님께서 말씀하셨던 '포도송이 구상'을 반드시 실현하고 싶습니다."

"다른 여러분은?"

가타오카 시즈오가 입을 열었다.

"저도 찬성합니다. 리스크는 있지만 회장님께서 말씀하신 것처럼 지금 휴대전화 시장은 폭발 직전입니다. 하루라도 빨리 사업에 뛰어들어야 한다고 생각합니다."

"반대하는 분 있습니까?"

다들 이견이 없다는 표정이었다.

"가타오카와 둘이서만 하려고 했는데, 가타오카에게는 미안하게 되었습니다."

가볍게 농담을 던진 이나모리 가즈오가 진지하게 말했다.

"다음에는 휴대전화사업에 진출하기 위해 어떤 문제를 해결해야 할지에 대해 좀 더 철저하게 준비해주시기 바랍니다. 기술적인 문제, 리스크, 우정성의 행보, 거기에다 기술 방식이나 영업 지역 선택, 단말기 조달에 대해서도 자세하게 검토해주시기 바랍니다."

이나모리 가즈오의 지시에 회의실 안에 있던 모두가 힘주어 "예!"라고 답했다.

2

휴대전화사업에 진출하기로 결단한 제2전전은 이나모리 가즈오의 지휘에 따라 준비를 서둘렀다. 먼저 착수한 것은 일본과 미국의 휴대전화 기술 방식을 조사하고 검토하는 것이었다.

그 무렵인 1985년 6월 초순에 열린 미·일 정부 간 협의에서 미국 정부는 이동통신 자유화를 재차 압박하는 한편, 미국의 셀룰러전화 기술을 일본에서도 채용하라고 요구했다. TACS 방식이라고 불리는 이 기술은 모토로라가 개발한 것으로, 미국에서는 이동통신의 표준 방식이었다.

미국 정부가 TACS 방식을 채용하라고 강하게 요구한 것은 NTT의 독자적인 통신 방식과 기술 기준이 진입 장벽이 되고 있다고 보았기 때문이었다.

일본의 자동차전화 기술 방식은 NTT 방식이라고 부른다. NTT에 통신기기를 납품할 때는 반드시 NTT 방식에 따른 세세한 기술

표준을 충족시켜야만 했다. 미국 정부는 이것이 일본에 통신기기를 수출하려는 미국 기업들에게 걸림돌이 된다고 생각했다. 뒤이어 8월 하순에 열린 미·일 차관회의에서 일본 측은 다시 한 번 자유화를 약속하고, "TACS 방식 도입 여부를 12월 중에 발표해 결론을 내겠다"고 회답했다.

마침내 12월, 우정성은 "TACS 방식과 NTT 대용량 방식의 공존이 가능하다"면서 TACS 방식의 도입을 승인했다. 며칠 후에는 "내년인 1986년 여름을 목표로 전파법을 개정해 이동통신에 대한 신규 참여 신청을 받는다"고 발표했다.

이나모리 가즈오가 예견한 대로 일본의 통신시장 존재 방식을 뿌리부터 변화시키는 혁명의 제2막이 드디어 올랐다.

'내년 여름이면 NTT가 이동통신 분야에서 누려온 독점도 종지부를 찍는다!'

우정성이 TACS 방식을 승인한 것을 계기로 이나모리 가즈오와 제2전전 직원들은 TACS 방식과 NTT 방식의 개량형인 NTT 대용량 방식 중에서 어느 것이 휴대전화 기술로 좋은지 검토를 거듭했다. 그리고 12월 중순, 최종적으로 결정을 내리는 회의를 열었다.

이나모리 가즈오가 자리에 앉으면서 회의가 시작되었다. 휴대전화사업의 성패를 좌우할 회의였기 때문에 모두 긴장한 표정이 역력했다.

"TACS 방식과 NTT 대용량 방식의 특징, 그리고 그것들의 장점과 단점에 대해서는 지금까지 질릴 정도로 논의해왔습니다. 따라서 여러분의 머릿속에 이미 자리 잡고 있다고 생각하지만, 다시 한 번 간단하게 복습해보도록 하겠습니다."

이나모리 가즈오의 말이 끝나자 다네노가 일어섰다.

"NTT 대용량 방식과 TACS 방식은 서비스 지역을 여러 개의 셀로 나누는 셀룰러 전화 방식으로, 기술적인 우열은 거의 없습니다. 그렇다고 어느 것을 선택해도 상관없다는 뜻은 아닙니다. NTT 대용량 방식을 선택할 경우, 우리 휴대전화와 NTT 자동차전화와의 호환성은 100퍼센트 보증받습니다. NTT 자동차전화 이용자와의 통화가 100퍼센트 가능하다는 뜻입니다. 그렇다고 해서 TACS 방식이 NTT의 자동차전화와 호환되지 않는다는 의미는 아닙니다. 기술적인 절충과 개량을 거치면 양자의 통화는 가능합니다."

오노데라가 그 뒤를 이었다.

"한편, TACS 방식의 최대 이점은 NTT의 영향력 아래 흔들리지 않아도 된다는 점입니다. 우리가 NTT 대용량 방식을 채용할 경우를 예상해봅시다. NTT 대용량 방식을 개량한다면 NTT는 그것을 자신들이 먼저 사용할 것입니다. 그동안 우리는 낡은 기술로 NTT와 싸울 수밖에 없습니다."

"두 분의 의견에 더 보충할 분 없습니까? 없다면 잠시 생각해본 뒤 자유롭게 말해보세요."

이나모리 가즈오는 의견을 재촉했다. 발언은 드문드문 이어졌다. 다들 어느 쪽이 좋은지 아직 결정하지 못하고 있었다.

"제가 말씀드리겠습니다."

오노데라가 손을 들었다.

"이런저런 생각을 해보았지만, 저는 반드시 TACS 방식으로 가야 한다고 생각합니다. NTT 대용량 방식을 채용하게 되면 NTT에 기술을 전부 장악당해, NTT로부터 라이센스를 교부받지 않으면 무엇 하나 제대로 할 수 없습니다. 그렇다면 우리는 절대적으로 불리합니다."

"그러나 호환성을 고려하면 NTT 대용량 방식도 상당히 매력적이지 않나요? NTT 자동차전화와의 호환성을 100퍼센트 보증받는다는 장점이 있습니다."

센모토가 대꾸하자 여러 명이 고개를 끄덕였다. 이를 계기로 몇 사람이 자신의 생각을 풀어놓았지만, 좀처럼 의견이 모아지지 않았다.

모두가 침묵 속으로 빠져들었고, 이나모리 가즈오의 최종 결정만을 기다렸다.

"나올 의견은 다 나온 것 같습니다."

이나모리 가즈오는 모두를 둘러보았다.

"결론을 말하면, 저는 TACS 방식으로 가고 싶습니다. 여러분의 의견 중, NTT 대용량 방식을 채용하면 NTT의 영향력 아래에 놓이게 된다는 점은 저 역시 공감합니다. 휴대전화 단말기도 마찬가지입니다. 국내 통신기기 생산업체들에 대한 NTT의 영향력은 절대적입니다. 만약 통신기기 생산업체가 새로운 단말기를 개발할 경우 먼저 NTT에 납품할 것이 분명합니다. 그렇게 되면 우리는 낡은 단말기로 NTT와 싸워야 합니다. 낡은 기술로 싸운다면 원래부터 열세인 우리에게는 승산이 없습니다."

모두 수긍했다.

"더 나아가 일본 국내의 이동통신이 모두 NTT 방식이 되어버리는 것은 난처한 일이 아닐 수 없습니다. 여러 방식이 공존하며 경쟁해야 기술도 발전하는 법입니다. 내 의견에 이의 있습니까? 없다면 TACS 방식을 도입할 준비를 서둘러 진행해주시기 바랍니다."

임원들은 다시 한 번 고개를 끄덕였다.

다음 해인 1986년 연초, 이나모리 가즈오는 시카고의 오헤어공항에 내려섰다. 시카고 근교의 샴버그에 위치한 모토로라 본사에서 휴대전화사업 제휴를 논의하기 위해서였다. 미국의 휴대전화 시스템인 TACS 방식 도입과 모토로라가 만든 휴대전화 단말기의 공급에 대해 협의하기 위한 방문이었다.

시카고 도심부를 빠져나간 차는 상록수들이 우거진 샴버그에 도착했고, 마침내 광대한 부지 위에 자리 잡은 모토로라 본사가 시야에 들어왔다.

모토로라는 현 사장인 로버트 갤빈의 아버지 폴 갤빈이 설립했다. 설립 당시 회사 이름은 갤빈제조회사로, 직원 여섯 명의 영세 공장에 불과했다. 하지만 1930년 세계 최초로 자동차용 라디오를 개발하는 데 성공하면서 급속히 확장했다. 오늘날의 회사 이름인 '모토로라'는 자동차를 뜻하는 '모터카'와 소리를 뜻하는 '오라'의 합성어로, '이동 중의 소리'를 의미했다.

1956년 폴은 회장 겸 최고경영자가 되고, 아들인 로버트 갤빈이 사장에 취임했다. 아들은 반도체, 무선호출기, 휴대전화를 개발하면서 회사를 거대 통신기기·반도체 생산회사로 키웠다.

로버트 갤빈 사장은 현관 로비에서 이나모리 가즈오를 반갑게 맞이했다.

"샴버그에 오신 것을 환영합니다!"

갤빈 사장은 만면에 미소를 지었다. 나이는 60대 중반으로 이나모리 가즈오보다 10년 이상 위였지만, 곧게 뻗은 등이나 혈색 좋은 볼은 정력적이고 젊은 인상을 풍겼다.

이나모리 가즈오는 갤빈 사장과 구면이었다. 소니의 모리타 회장의 소개로 만나, 서로의 사업과 경영에 대한 생각을 허심탄회하게 주고받은 적이 있었다.

갤빈 사장은 일본 경제계와 언론에 일본을 두드려 패는 폭력배로 인식되고 있었다. "일본제 셀룰러폰이 미국 시장에서 덤핑판매되고 있다"면서 미국 상무성과 미국 국제무역위원회에 제소하거나, 자사의 TACS 방식을 일본도 채용하도록 미국 정부에 압력을 행사했다는 질타를 받았다.

하지만 직접 만나 이야기를 나누어본 그는 반일주의자도, 뒤에서 공작을 꾸미는 타입도 아니었다. 오히려 자유와 공정함을 존중하는, 확고한 신념을 가진 기업가일 뿐이었다.

이나모리 가즈오는 자신의 계획을 갤빈 사장에게 숨김없이 털어놓았다.

"일본의 이동통신 자유화는 초읽기에 들어간 상황으로, 자유화되는 순간 저희 회사가 참여하려고 합니다. 자동차전화는 통과의례로 생각하고 있으며, 그 다음에 있는 휴대전화를 목표로 하고 있습니다. 지금 유통되는 휴대전화를 좀 더 작고 가볍게 개량해 이용자가 들고 다니면서 사용할 수 있는 휴대전화를 보급하고 싶고, 이 일을 빠르면 3년 이내에 시작하려고 합니다. 영업 지역은 우선 일본의 가장 큰 도시인 도쿄와 오사카를 고려하고 있습니다. 그 다음에 나고야와 후쿠오카 등에도 확대할 계획입니다. 지금 NTT의 자동차전화는 사용요금이 너무 비싸고, 신규 설치비도 30만 엔이 넘습니다. 이것이 보급을 방해하는 장애물이기 때문에 기술혁신과 비용절감으로 이용가격을 크게 내려 일반인들에게까지 보급하고 싶습니다. 제2전전을 설립한 것도 미국에 비해 훨씬 비싼 일본의 전화요금을 내리기 위해서였습니다."

이나모리 가즈오의 이야기를 귀 기울여 들은 갤빈 사장은 공감을 표시했다.

"아주 훌륭한 구상이고, 매우 흥미 있는 이야기입니다. 도와드릴 일이 있다면 무엇이든 도와드리겠습니다."

갤빈 사장은 메모지에 무엇인가를 그려 이나모리 가즈오에게 보여주었다. 휴대전화 그림이었다.

"저희는 지금 손안에 들어갈 정도로 작고 가벼운 단말기를 개발하고 있습니다. 반도체나 배터리의 기술 발달을 고려하면 그다지 멀지 않은 장래에 실현할 수 있을 것입니다."

갤빈은 메모지를 둘로 접었다.

"이 정도 크기의 몸체 안에 송수신기와 배터리도 넣을 수 있습니다. 그렇게 되면 자동차전화 자체가 없어질 것입니다. 물론 자동차 안에서 전화를 거는 이용자가 없어지는 것은 아닙니다. 그런 수요는 점점 더 늘어날 것입니다. 하지만 그때는 자동차전화를 사용하는 것이 아니라 휴대전화를 들고 차에 탈 것입니다."

갤빈 사장은 득의양양한 표정을 지었다.

3

TACS 방식과 NTT 대용량 방식 중 어느 것을 채택할 것인가를 최종적으로 검토하고 있던 무렵, 이나모리 가즈오는 중요한 정보를 받았다. 우정성에서 협의를 마치고 돌아온 가네다 부사장이 회장실로 찾아와 이렇게 보고했다.

"방금 전 우정성 핵심 관계자에게 들었는데, 일본고속통신이 이동통신에 참여하겠다는 의사를 우정성에 은밀하게 전달했다고 합니다."

그 소식을 들은 이나모리 가즈오는 "하나하나 예상이 들어맞아가는군" 하고 중얼거렸다.

일본고속통신의 대주주인 도요타자동차의 쇼이치로 사장은 자동차전화사업에 관심을 기울여왔다. 따라서 조만간 휴대전화사업에 참여를 선언할 것으로 예상하고 있었다.

"계획 내용에 대해서도 들었습니까?"

"서비스 개시는 2년 뒤인 1988년 가을을 예정하고 있는듯합니다. 우선 수도권에서 출발해 오사카, 나고야로 순차적으로 확대해가는 것으로, 계획 자체는 우리와 크게 다르지 않습니다. 우리와 다른 점은 두 가지 있는데, 우선 그들이 하려는 것은……."

"자동차전화!"

"말씀하신 그대로입니다. 그것이 결정적인 차이입니다. 도요타자동차는 자동차전화를 자동차 안에 있는 보드에 조립해 넣어 보급시키려는 전략이고, 일본고속통신은 이를 실현하기 위한 첨병 역할을 할 것입니다."

이나모리 가즈오는 고개를 끄덕였다. 그것이라면 도요타자동차가 당연히 고려할 사업이었다.

"또 하나는 기술 방식입니다. 일본고속통신은 NTT 대용량 방식을 채택할 것 같습니다. 일본고속통신에는 NTT에서 파견된 직원이 여러 명 있기 때문에 그들의 의견이 작용한 것 같습니다."

이나모리 가즈오는 그 역시 있을 수 있는 일이라고 생각했다. 일본고속통신과 일본텔레콤에 파견된 NTT 기술자들은 그 회사 안에서 무시할 수 없는 결정권을 갖고 있다고 들어온 터였다. 제2전전에도 NTT의 전신인 전전공사 출신자가 센모토, 오노데라, 다네노를 비롯해 여러 명 있다. 하지만 그들은 제2전전에 파견된 것이 아니라 전전공사를 그만두고 제2전전에 입사했다. 제2전전은 전전공사를 비롯해 이전 회사를 사직하고 들어온 직원들이 대부분이다. 그 점은 NTT뿐만 아니라 출자기업에서 파견된 인력이 많은 일본고속통신이나 일본텔레콤과 분명히 다른 점 중 하나였다.

"게다가 일본텔레콤이 미쓰비시상사나 스미토모상사와 뭉쳐 무선호출기 사업에 뛰어들기로 했습니다. 무선호출기는 일본텔레콤 외에도 시미즈건설-닛쇼이와이, 도쿄전력-미쓰이물산 등이 참가

할 예정입니다. 하지만 우정성 관계자는 일본텔레콤을 중심으로 무선호출기 사업 참가 희망 회사들을 단일화할 예정이라고 말했습니다. 이는 자동차전화와 휴대전화에 참여하지 않은 일본텔레콤에 대한 보상이 아니겠느냐는 말도 나돌고 있다고 합니다."

무선호출기는 들고 다닐 수 있을 정도의 소형 액정 단말기에 데이터를 송신하는 이동통신으로, 전화를 사용해 상대 호출기의 착신음을 울리게 한다. 무선호출기 서비스는 NTT가 1968년부터 시작해 널리 보급되었다.

"무선호출기? 하지만 그것은 중심이 될만한 사업이 아닌데……."

이나모리 가즈오가 말했다.

무선호출기는 한정된 기능을 고려하면 휴대전화가 보급되기 전까지의 징검다리 서비스에 불과했다.

"무선호출기는 잠시 제쳐두고, 일본고속통신이 뛰어들면 우리로서는 우정성의 행보에 신경 써야겠군요."

가네다는 그의 말에 수긍하면서 미간을 좁혔다.

"실은 우정성 관계자가 이런 말도 덧붙였습니다. '우정성 고위 간부들은 신규 참여 기업을 한 곳으로 압축하고 싶어 하고 있는 것 같다.' 요컨대 NTT 외에는 앞으로 한 개 회사만 선정해 전체 두 회사만 유지하고 싶어 한다는 것입니다. 우리와 일본고속통신, 일본텔레콤이 참여하게 되면 신규 참여 기업을 위해 준비하고 있는 회선이 부족해지고, 여럿이 함께 사업을 할 만큼 시장 규모도 크지 않다고 판단하고 있는듯합니다. 그래서 우정성에서 우리에게 일본고속통신과 합병하는 것을 제안해올 가능성도 있습니다."

"단일화하라고 말하겠죠?"

이나모리 가즈오는 팔짱을 끼었다.

우정성의 관계자가 은밀하게 가르쳐준 정보는 얼마 후 현실이
되었다. 우정성 담당자가 이동통신 참여와 관련해 은밀하게 할 이
야기가 있다며 오노데라를 호출했다.

"우리는 제2전전과 일본고속통신이 시간을 갖고 협의해 사업 단
일화를 실현해주었으면 합니다."

"역시 그 얘기입니까? 지금 언급하는 단일화는 합병기업을 설립
하라는 의미입니까?"

오노데라가 물었다.

"아닙니다. 그것은 당신들 민간기업의 문제이기 때문에 우리로
서는 아무것도 지시할 수 없습니다. 다만, 제2전전은 1988년 봄에
서비스를 개시해 수도권에서 오사카, 나고야로 서비스 지역을 확
대해가고 싶다고 했는데, 이건 일본고속통신의 사업 전략과 일치
하는 데가 많지 않습니까?"

"통신 방식이 다릅니다!"

오노데라는 불쾌했다.

"우리는 TACS 방식을 채용합니다! 이에 비해 일본고속통신은
NTT 대용량 방식입니다!"

"그 방식도 말인데……."

담당자가 목소리를 낮추었다.

"이건 둘만의 얘긴데, 우리 윗분들은 NTT 대용량 방식을 선호

하고 있습니다. NTT 자동차전화와의 호환성을 고려하면 TACS 방식보다 훨씬 효율적이죠."

"하지만 기술적으로나……."

반론을 하는 오노데라를 담당자가 막았다.

"여기에서 사적으로 하는 얘기니까 잊어버리세요. 이런 얘기가 퍼지면 괜히 나라 싸움으로 번질 수도 있으니까요."

"언제까지 단일화하라고 하던가요?"

"기한이 정해져 있는 것은 아닙니다. 하지만 될 수 있으면 이동통신 신규 참여 신청서를 접수하기 시작하는 올 8월 1일까지는 단일화하기를 바라고 있습니다."

"새롭게 두 개 사가 참여하는 것은 부담된다는 판단 때문에 사업자를 단일화하라는 것입니까?"

오노데라의 질문에 담당자는 고개를 끄덕였다.

"말씀하신 대로입니다. NTT의 자동차전화 이용자는 지금 전국적으로 6만 명 후반으로, 요금 수입은 1985년 4월부터 9월까지 약 110억 엔입니다. NTT의 전체 수입 중 0.4퍼센트에 지나지 않습니다. 이런 시장 규모로는 NTT에 한 개 사만 더 추가되는 게 적당합니다."

"단일화가 이루어지지 않는다면 어떻게 됩니까?"

"우정성으로서는 그런 일은 없기를 기대하고 있지만, 혹시라도 그런 경우가 생긴다면 방법은 두 가지입니다. 신규 참여자를 위해 준비해둔 주파수를 반반씩 사용하거나 서비스 지역을 둘로 나누는 겁니다. 그렇게 되면 신규 참여자 입장에서는 받아들이기 힘들 겁니다. 먼저 주파수를 두 개로 나누는 방법을 설명하자면, 우리가 준비하고 있는 25메가헤르츠의 주파수 가운데 NTT가 15메가헤르츠를 사용하기 때문에 신규 참여자를 위해 준비할 수 있는 것은 10메가헤르츠입니다. 그것을 제2전전과 일본고속통신에 분할한다면 각각 5메가헤르츠밖에 이용할 수 없어 이용자 수는 각각 한 개 지역당 3만 대가 한도겠죠. 그것으로 채산이 맞겠습니까?"

"무리죠. 채산성이 가장 높은 수도권에서도 5~6만 대의 계약을 체결하지 않으면 채산이 맞지 않습니다."

"그렇죠? 서비스 지역을 분할하는 것 역시 합의점을 찾기 쉽지 않은 문제입니다. NTT의 자동차전화는 수요의 60퍼센트가 도쿄에 집중되고 있습니다. 당연히 제2전전과 일본고속통신이 도쿄라는 거대한 시장에서 서로 물고 뜯을 수밖에 없습니다."

오노데라는 입술을 지그시 깨물었다.

제2전전 본사에 돌아온 오노데라는 우정성 담당자와 주고받은 내용을 이나모리 가즈오에게 보고했다.

이야기를 들은 이나모리 가즈오는 한숨을 내쉬며 말했다.

"우정성이 말하고자 하는 바를 모르는 건 아니지만, 일본고속통신과의 단일화는 곤란합니다. 우리에게 경영권을 준다면 합병도 고려해볼 여지가 있지만, 그들이 우리에게 주식을 양도할 리가 없습니다."

"말씀하신 대로입니다. 일본고속통신은 자동차전화사업을 하고 싶어 하는데, 경영권을 가진 우리가 사업을 휴대전화로 옮겨 가면 거부반응을 보일 것입니다. 우정성 정보에 따르면 일본고속통신은 자동차전화를 시작할 자회사를 설립할 계획이라고 합니다. 회사 이름은 일본이동통신으로, 일본고속통신과 도요타자동차가 대주주가 된다고 합니다."

"처음부터 단일화를 거부하고 나서면 아무것도 이룰 수 없습니다. 모든 가능성을 열어두고 검토해봅시다."

이나모리 가즈오는 잠시 방안을 궁리해본 뒤 말을 이었다.

"한 번 이야기해보지 않겠느냐고 이쪽에서 먼저 일본고속통신에 제의해볼까요? 그들이 무슨 생각을 하고 있는지 아는 것만으로도 쓸데없는 노력은 아닐 것입니다. 먼저 우정성 담당자를 접촉해보세요. 우정성 고위 간부들이 단일화에 대해 어떻게 생각하는지, 합병기업을 설립해도 좋다고 생각하는지, 만약 그렇다면 경영권이나 사업 목적에 대해서는 어떻게 생각하는지 자세하게 들어보고 싶군요."

오노데라는 고개를 끄덕였다.

한 달 후, 우정성에서 제2전전과 일본고속통신의 단일화 회담이 열렸다.

회담에 임한 오노데라는 제2전전과 일본고속통신은 물과 기름으로, 단일화는 힘들다는 사실을 다시 한 번 실감했다. 단일화에 거부반응을 드러낸 것은 일본고속통신이었다.

일본고속통신의 담당자는 곤혹스러운 표정을 드러낸 채 이렇게 말했다.

"단일화라고는 하지만 우리와 제2전전은 경영철학이 정반대입니다. 이렇게 말하긴 조금 뭣하지만, 이나모리 가즈오 회장이 이끌고 있는 제2전전은 혼자 날뛰는 야생마 같습니다. 도요타자동차를 모회사로 하는 우리와는 사풍이 전혀 다르죠?"

"오늘은 서로 간의 계획이나 생각하는 바를 이해하고 타진해보자는 취지니까 심각해지지 맙시다."

우정성 담당자가 중재했지만, 일본고속통신 담당자는 한 발 더 나가고 말았다.

"이런 중요한 얘기는 처음부터 확실하게 해두는 편이 낫습니다."

"그렇다면 일본고속통신은 우리와 합병하는 것은 논외로 생각합니까?"

오노데라가 물었다.

"반드시 그렇지만은 않습니다."

"그렇다면?"

"우리가 주식의 70퍼센트를 차지하고 당신들이 나머지를 취득해 우리가 경영권을 잡는다면 교섭할 여지는 있을지도 모르겠네요."

"그건 있을 수 없는 일입니다!"

오노데라가 그의 말을 제지하고 나섰다.

"그렇습니까? 하지만 합병회사를 설립할 때 기업 규모에서 앞서는 기업이 다수 지분을 갖는 것은 일반적이지 않습니까?"

"그건 있을 수 없는 일이라고 말했습니다!"

"통신 방식 건은 어떻게 생각하고 있습니까?"

우정성 담당자가 물었다.

"합병기업을 설립했을 경우에 말입니까? 말할 것도 없이 NTT 대용량 방식을 채택해야 합니다. NTT 자동차전화와의 호환성을 생각하면 선택의 여지가 없습니다."

"TACS 방식도 NTT의 자동차전화와 호환할 수 있고, 통화에도 문제가 없습니다."

우정성 담당자가 화난 표정으로 끼어들었다.

"서로가 한 발 물러서서 서로의 의견을 들어보려는 자세를 보여주어야 하지 않겠습니까? 그렇지 않으면 단일화는 어려워집니다!"

단일화를 위한 회담은 그 후 몇 차례나 열렸다. 하지만 '모회사인 도요타자동차는 경제계가 보증하는 최고 주류 기업'이라고 자부하는 일본고속통신은 제2전전의 경영철학이나 사풍에 대한 거부감을 숨김없이 드러냈다. 따라서 어느 쪽이 경영권을 가질지, 통신 방식은 무엇을 채용할지에 관한 회담은 평행선을 달렸다. 사장들이 회담을 나누기도 했지만 성과는 전혀 없었다.

단일화 조정은 이루어지지 않았고, 결국 제2전전과 일본고속통신은 함께 신청을 연기해야만 했다.

이나모리 가즈오는 단일화 조정이 어떻게 진행되든 사업이 신속하게 출발할 수 있도록 준비했다. 이나모리 가즈오의 지시를 받은 오노데라 등은 사업 계획의 세부 내용을 최종적으로 압축하고, 무선기지국 설치 수나 설치 장소를 결정하는 시뮬레이션을 진행했다.

9월에 이어 10월도 지나갔다. 그리고 11월로 들어서면서 일본텔레콤을 중심으로 하는 무선호출기 사업의 단일화가 실현되었다는 뉴스가 날아들었다. 뉴스에 따르면 수도권에서는 일본텔레콤을 중심으로 시미즈건설, 닛쇼이와이, 도쿄전력, 미쓰이물산 등 다섯 기업이 의견을 모아 12월 중순 도쿄텔레메시지를 설립할 예정이었다.

이나모리 가즈오는 가네다 부사장이 한 말을 떠올렸다.

"일본텔레콤을 중심으로 무선호출기 사업 참가 희망 회사들을 단일화할 예정입니다. 이는 자동차전화와 휴대전화에 참여하지 않은 일본텔레콤에 대한 보상이 아니겠느냐는 말도 나돌고 있습니다."

그 진위가 어찌 되었든 무선호출기의 단일화 조정은 일본텔레콤이 바라던 대로 결론이 났다.

교착 상태에 빠져 있던 국면이 새로운 전기를 맞은 것은 다음 해인 1987년 1월이었다.

1월 17일, 우정성은 제2전전과 일본고속통신의 단일화 조정을 포기하고 각자 단독으로 신규 참여를 허가한다는 방침을 발표했다. 곧이어 제2전전과 일본고속통신의 직원들이 우정성에 호출되었다.

우정성 담당자가 말했다.

"당신들이 각자 개별적으로 사업을 하고자 한다면 방법은 두 가지밖에 없습니다. 준비된 10메가헤르츠의 전파를 절반씩 할당하는 '전파 주파수 2분할'과 서비스 지역을 둘로 나누는 '서비스 지역 2 분할' 뿐입니다. 하지만 다들 알고 있다시피 5메가헤르츠로는 한 개 지역 계약 건수의 상한이 약 3만 대에 지나지 않아 채산이 맞지 않습니다."

"NTT에 할당되어 있는 15메가헤르츠의 전파를 말소한 다음에 우리에게 돌려줄 수는 없습니까?"

일본고속통신 담당자가 물었다.

"우리도 동감입니다. 일본고속통신 측과 참 어렵게 의견이 일치했군요."

오노데라는 농담을 섞어 말했지만, 우정성 담당자는 굳은 표정으로 대답했다.

"그건 무리입니다. NTT에 15메가헤르츠를 할당해주는 방침은 절대적입니다. 현실적인 선택은 '서비스 지역 2분할' 뿐입니다. 좀 더 구체적으로 말하자면 동일본과 서일본으로 나누는 것입니다."

"그것뿐이라면 우리는 동일본을 선택하고 싶습니다!"

일본고속통신 담당자가 강력하게 나섰다.

"우리가 설립하려는 자회사인 일본이동통신은 도쿄에서 서비스하려고 합니다. 따라서 서일본에서는 사업을 할 수 없습니다!"

"도쿄를 중요시하는 것은 우리도 마찬가지입니다!"

오노데라가 힘주어 말했다.

NTT의 자동차전화는 수요의 60퍼센트가 도쿄에 집중되어 있었다. 전기통신기술심의회의 자동차전화 수요 예측에 따르면 7년 후인 1994년에는 도쿄는 350만 대에 달하는 데 반해 오사카는 15만 대, 나고야는 7만 대에 그칠 전망이다. 제2전전 입장에서도 도쿄는 가장 큰 시장이었다.

"당신들의 뜻은 잘 알겠습니다. 어느 쪽이든 서일본을 선택할 가능성은 없습니까?"

"없습니다!"

"그것은 우리도 마찬가지입니다!"

"하지만 어느 한쪽이 입장을 철회하지 않으면 합의를 도출할 수 없습니다."

우정성 담당자는 곤혹스러운 표정으로 오노데라와 일본고속통신 담당자를 돌아가면서 쳐다보았다.

그 다음 주에 열린 두 번째 협상에서도 쌍방 모두 동일본에서 영업하겠다고 충돌해 합의점을 찾지 못했다.

오노데라로부터 보고를 받은 이나모리 가즈오는 회장실의 회의 테이블에 손을 얹고 한숨을 내쉬었다.

"지역을 추첨을 통해 결정하자는 제안도 물 건너간 거죠?"

오노데라가 고개를 끄덕였다.

"무슨 말을 하는 거냐며 무시당하고 말았습니다. 우정성 담당자도 같은 반응이었습니다. '국가적인 프로젝트를 추첨으로 결정하겠다는 것은 불손하다'며 질책하고는, '어린애처럼 굴지 말고 협상으로 마무리하라'고 했습니다."

"협상이 진척되지 않으니 추첨을 해서라도 끝내자는 건데……."

그것을 불손하다고 받아들인 것은 뜻밖이었다. 추첨은 공평하기도 하고, 미국에서는 연방통신위원회가 자동차전화사업을 인가할 때 추첨으로 후보를 압축하는 방법을 진지하게 논의하지 않았는가?

"이대로라면 도무지 합의점을 찾지 못하겠군요."

이나모리 가즈오는 눈을 지그시 감고 어떻게 하면 좋을지 궁리했다.

더 이상 교섭을 끌지 않으려면, 그리고 일본고속통신이 동일본을 고집한다면 우리가 서일본을 차지하는 것도 고려해야 한다. 도쿄라는 가장 큰 시장을 차지하지는 못하더라도 서일본에서 휴대전화 서비스를 정착시킨다면 사업은 성립한다. 그것은 동시에 휴대전화사업의 기반이 될 각 지역을 연결망으로 확보해 '포도송이 구상'을 실현하는 데도 도움이 된다.

하지만 양보한 뒤에도 중요한 문제가 남아 있었다. 동일본, 서일본이라고 말하지만, 그 경계 지역을 어디로 할 것인가? 지금까지 동일본과 서일본의 경계에 대해서는 단 한 번도 논의하지 않았다.

상식적으로 보면 간도 지역부터 동쪽이거나, 시즈오카 현에서부터 동쪽 지역이 동일본, 도카이 지방 서쪽이 서일본일 것이다. 하지만 이것은 법으로 규정된 것이 아니다. 더구나 일본고속통신은 어떻게 생각하고 있을까? 섣부르게 예단할 일이 아니었다.

1987년 2월 4일, 우정성에서 열린 영업 지역 분할을 위한 협상에 이나모리 가즈오가 참석했다. 일본고속통신에서는 하나이 쇼하치 회장, 기구치 사장이 임원들과 나란히 앉았다.

우정성 담당자는 양쪽의 분명한 의견을 요구했다.

"우리 방침은 변함이 없습니다. 동일본에서 사업을 하고 싶습니다."

일본고속통신이 답했다.

"제2전전은 어떻습니까?"

이나모리 가즈오가 일어섰다.

"일본고속통신이 반드시 동일본에서 사업을 하고 싶다고 하는데, 우리까지 동일본을 고집한다면 협상의 여지가 없겠죠. 그래서 우리는 동일본을 양보해도 괜찮다고 생각합니다."

이나모리 가즈오의 발언에 협상장 안이 술렁거렸다.

"다만, 그 전에 확실하게 해두어야 할 것이 있습니다. 동일본과 서일본의 구체적인 지역 구분입니다. 그것이 명확하지 않다면 제2전전은 양보할 의사가 없습니다."

"동일본과 서일본의 지역 구분이라면 우리는 명확합니다."

일본고속통신 측이 일어섰다.

"NTT 자동차전화의 영업 지역 구분에 따르면 동일본이라고 할 때는 나고야 동쪽 지역을 지칭합니다. 우리는 NTT 방식을 그대로 적용해야 한다고 생각합니다."

술렁거림은 더 심해졌다. 상식적인 지역 구분과는 다른 일본고속통신 측의 주장에 우정성 담당자를 포함한 다른 참석자들도 의아해했다.

"도쿄는 물론 나고야에서도 영업을 하고 싶다는 뜻입니까?"

우정성 담당자의 질문에 일본고속통신 측은 그렇다고 고개를 끄덕였다.

"그건 불공정하지 않습니까? NTT의 자동차전화 계약 건수는 도쿄-나고야 지구 합계가 5만 4,000대인 데 비해 오사카 서쪽 지역은 규슈를 포함해도 2만 4,000대에 불과합니다."

이나모리 가즈오는 반론했다. 우정성 담당자도 동의를 표시하며 수긍했다. 하지만 일본고속통신 측의 주장은 강경했다.

"우리는 도쿄, 나고야를 절대 제외할 수 없습니다. 역으로 말하면 도쿄, 나고야에서 영업을 할 수만 있다면 다른 지역은 제2전전에 양보하겠습니다."

이나모리 가즈오는 일본고속통신 측의 터무니없는 주장에 어이가 없었다.

그들은 수요가 많은 도쿄와 나고야에 역량을 집중해서 자동차전화사업을 하고 싶다는 것이다. 투자 효율을 생각하면 이만큼 구미당기는 시장도 없었다.

만약 일본고속통신의 주장을 받아들인다면 제2전전이 획득할 수 있는 영업 지역은 오사카를 제외하면 홋카이도, 도호쿠, 호쿠리쿠, 주고쿠, 시고쿠, 규슈 등에 불과하다. 이들 지역은 도쿄와 나고야에 비해 수요가 적어 투자 효율도 떨어진다. 하지만 지역 할당 협상이 아무런 성과 없이 끝나버리면 어떻게 되는가?

협상일인 1987년 2월 4일은 우정성이 신규 참여 신청을 접수하기 시작한 지 벌써 6개월이 지난 뒤였다. 이후에도 쌍방의 주장이 평행선을 달린다면 우정성은 강제로 두 회사의 단일화를 재촉하고 나올 것이 분명했다. 단일화 외에는 더 이상 해결책이 없다면서, 일본고속통신과 제2전전의 합병기업만 허가할 것이 분명했다.

그 결정에 따라 합병기업을 설립하게 되면 다수 지분은 일본고속통신이 가져갈 것이 틀림없었다. 모회사인 도요타자동차와 교세라를 비교할 경우 기업 규모나 인지도 면에서 도요타자동차가 압도적이었다. 제2전전은 소수 출자자로 전락하고, 따라서 경영권을 포기할 수밖에 없다. 그렇게 되면 제2전전은 독자적인 전략을 펼 수 없게 되고, '포도송이 구상'도 물거품이 되고 만다.

"제2전전은 어떻습니까?"

우정성 담당자가 질문하자 참석자 전원의 시선이 이나모리 가즈오에게 쏠렸다.

"제2전전과 일본고속통신 양측이 대립각만 세우면 이 문제를 절대로 풀 수 없습니다. 일본고속통신이 무조건 도쿄와 나고야에서 하겠다고 고집한다면, 그건 만두소는 자신들이 먹고 우리에게는 만두피만 먹으라고 내미는 것과 다르지 않습니다. 하지만 더 이상 지체할 수 없는 상황이니 제안을 받아들이고, 그 이외의 지역은 우리가 하겠습니다."

참석자들이 놀라 소리를 질렀다. 일본고속통신의 하나이 회장과 기구치 사장을 비롯해 그 자리에 참석한 일본고속통신 임원들조차 믿을 수 없다는 표정이었다.

협상장 안이 심하게 술렁거렸다.

"여러분, 정숙해주세요! 정말 그러시겠습니까?"

이나모리 가즈오는 분하고 억울한 마음을 애써 누르면서 고개를 끄덕였다.

"일본고속통신은 어떻습니까? 들을 필요도 없다고 생각하지만, 제2전전의 영업 지역에 이의 없습니까?"

"없습니다."

우정성 담당자의 질문에 일본고속통신 측은 망설임 없이 답했다. 일본고속통신의 회장과 사장은 표정 변화가 전혀 없었지만, 해냈다는 기쁨을 숨기지 못한 듯 볼에 홍조를 띠었다.

이나모리 가즈오는 입술을 깨물었다. 제2전전 입장에서는 유일한 선택이었지만, 일본고속통신에 비해 훨씬 어려운 상황에서 출발을 강요당하는 결과가 되고 말았다.

이나모리 가즈오는 그날 이사회를 열어, 소니의 모리타 회장과 우시오전기의 우시오 회장, 세콤의 이다 회장 등 제2전전의 주요 이사들에게 반년에 걸친 교섭의 결과를 보고했다.

이사들은 다들 놀라워했다.

"이나모리 가즈오 회장, 만두피만 갖고 온 격 아닙니까? 일본고속통신만 좋은 일 시킨 게 아닙니까?"

우시오 회장이 분하다는 표정으로 물었다.

"이나모리 가즈오 회장, 왜 우리와 상의하지 않고 결정했습니까? 아무리 회장이라고 하지만 우리에게 한마디도 하지 않고 그런 조건을 간단하게 받아들일 수 있습니까?"

모리타 회장이 이나모리 가즈오에게 따지듯이 말했다.

"모리타 회장님은 간단하게 결정했다고 말씀하지만, 이것은 생각을 거듭한 끝에 내린 결정입니다."

"그렇다고 해도 말입니다."

"게다가 상의했다고 해도 결정은 같았을 것이라고 생각합니다. 우리가 양보하지 않으면 결론이 나지 않습니다. 그 경우 남은 선택은 일본고속통신과의 합병뿐입니다. 그것은 도요타자동차에 경영권을 쥐여주는 꼴이 되고 맙니다."

"그렇다고 해도 이번 결정은 멍청하다고밖에 할 수 없습니다. 왜 이런 불공평한 분할을 받아들여야 합니까?"

모리타 회장의 말투는 점점 더 격해졌고, 우시오 회장과 이다 회장도 맞장구쳤다.

"불공평하다는 지적은 저도 동의합니다. 하지만 이것이 제2전전이 취할 수 있는 유일한 방책이었습니다. 지는 것이 이기는 것이라는 말도 있지 않습니까? 지금은 일단 물러나지만, 이후에는 반드시 이기겠습니다."

"자신은 있습니까?"

우시오 회장의 질문에 이나모리 가즈오는 "자신 있습니다!"라고 힘주어 말했다.

4

제2전전은 압도적으로 불리한 상황에 빠지고 말았다. 애써 가꾼 비옥한 토지를 모두 빼앗기고 넓은 황무지를 할당받은 것과 다를 바 없었다. 제2전전과는 달리 일본고속통신은 기쁨을 주체하지 못했을 것이다. 그들은 힘도 들이지 않고 인구가 집중되어 있는 도쿄와 나고야를 수중에 넣은 것이다. 이렇게 간단하게 생각대로 된 것이 정말 잘된 일인지 의아해하기도 하겠지만, 어찌 되었든 득의의 미소를 짓고 있을 것이다.

'어떻게 하면 이 상황을 돌파할 수 있을까? 어떻게 하면 불리한 조건을 뒤집을 수 있을까?'

이나모리 가즈오는 생각에 몰두했다.

'각각의 지역에 확고한 경영 기반을 구축한다면 NTT의 자동차 전화가 발굴해내지 못한 수요를 개척할 수 있을 것이다. 그렇다면 어떻게 해야 이들 지역에 서비스 체제를 뿌리내릴 수 있을까? 제2전전 혼자 힘으로는 무리다. 그렇다면 누구와 협력해야 할까?'

궁리를 거듭한 그는 그 전략을 구체화하기 시작했다.

이나모리 가즈오는 경영회의를 열어 임원들에게 말했다.

"너무 분하고 유감스럽지만, 우리는 그렇게 선택할 수밖에 없었습니다. 맛있는 만두가 눈앞에 있는데도 불구하고 만두소를 전부 빼앗겨버린 꼴입니다. 우리에게 남겨진 것은 만두피밖에 없습니다. 하지만 만두피라도 먹으면 굶어죽지는 않습니다. 그리고 내게는 만두피를 황금으로 바꿀 방법이 있습니다. 물론 쉬운 일은 아니지만, 분통함을 도약의 발판으로 삼아 필사적으로 노력한다면 반드시 해낼 수 있을 것입니다. 그 방법은 지방의 전력회사를 규합해 '포도송이 구상'을 실현하는 것입니다."

모두가 이나모리 가즈오를 뚫어지게 쳐다보았다.

"여러분도 잘 알고 있듯이, 일본의 전력 공급은 전기사업법에 의해 지역 독점 체제가 견고하게 구축되어 있습니다. 각 지역별로 홋카이도 전력, 도호쿠 전력, 도쿄 전력, 중부 전력, 호쿠리쿠 전력, 간사이 전력, 주고쿠 전력, 시고쿠 전력, 규슈 전력이 전력 공급 사업을 독점하고 있습니다. 이런 전력회사들은 지역과 밀착해, 지역 경제에 절대적인 영향력을 행사하고 있습니다. 그런 전력회사들을 우리 편으로 끌어들이는 것입니다."

"회장님 말씀은 그 회사들과 함께 합병회사를 설립하자는 것입니까?"

오노데라가 물었다.

"바로 그것입니다. 도쿄 전력과 중부 전력을 제외한 일곱 개 전력회사와 협력해 각 지역에 셀룰러 회사, 즉 휴대전화 서비스 회사를 설립합니다. 간사이 지역에서는 간사이 전력과 합병해 간사이 셀룰러를, 히로시마와 오카야마가 위치한 주고쿠 지역에서는 주고쿠 전력과 합병해 주고쿠 셀룰러를, 도호쿠 지역에서는 도호쿠 전력과 합병해 도호쿠 셀룰러를 설립하는 방식으로 도쿄와 나고야를 제외한 전국에 셀룰러 회사를 설립해 단기간에 전국적인 '포도송이'를 만드는 것입니다."

모두가 그 대담한 착상에 탄성을 질렀다.

"다만, 합병회사를 설립할 때는 우리가 대주주가 되고 전력회사의 출자는 20퍼센트에 머물도록 해야 합니다. 사장은 전력회사가 보낸 사람이어도 괜찮지만 의결권은 반드시 우리가 가져야 합니다."

"반반씩 출자하는 것이 아닙니까? 우리로서는 부담 아닌가요?"

센모토의 질문에 이나모리 가즈오는 고개를 저었다.

"합병에 절반의 출자는 있을 수 없습니다. 그렇게 되면 의사결정이 흔들려 경영이 갈팡질팡해집니다."

"재미있는 발상이십니다."

가타오카가 감개무량한 표정으로 말했다.

"북으로는 홋카이도에서 남으로는 규슈에 이르는 '포도송이 구상'이 실현되면 만두피로 일본고속통신을 둘러싸는 것이군요."

오노데라가 계속했다.

"게다가 전력회사가 갖고 있는 송전 철탑은 휴대전화의 송수신 장치를 장착할 가장 좋은 수단입니다. 용지를 확보할 시간과 비용을 절감할 수 있습니다."

경영회의가 끝나자마자 제2전전은 '포도송이 구상'을 실현하기 위해 바쁘게 움직이기 시작했다.

한편, 일본고속통신은 12월 18일, 자동차전화를 전문으로 취급하는 일본이동통신(IDO) 설립을 정식으로 발표했다. 발족은 내년 3월 9일로, 자본금은 50억 엔이며, 일본고속통신과 도요타자동차를 중심으로 도쿄전력, 닛산자동차, 거대 종합상사 등을 비롯해 열여덟 개 회사가 출자한다. 사장에는 일본고속통신 부사장인 이케다 가즈오가, 회장에는 일본고속통신 회장인 하나이 쇼하치가 취임할 예정이며, 서비스 개시는 원래 계획했던 대로 1988년 가을을 예정하고 있었다.

이 발표를 계기로 모든 언론 매체는 유선전화에 이어 이동통신 사업에서도 일본고속통신이 압도적으로 유리한 고지를 선점했고,

제2전전은 고전을 면치 못할 것이라고 보도했다. 그런 중에도 제2전전은 전국의 전력회사를 아군으로 만드는 '포도송이 구상'을 실현해나갔다.

다음해인 6월 1일, 제2전전은 간사이 전력 등과 합병해 셀룰러 회사 중 첫 번째인 간사이 셀룰러를 설립했다. 영업 지역은 예정대로 오사카·교토와 효고·와카야마·나라·시가의 네 개 현으로, 2년 뒤인 1989년 7월 서비스 개시를 목표로 세웠다.

간사이 셀룰러는 간사이 전력 총책임자가 사장으로 취임하고, 간사이 전력 사장과 오사카 가스 사장 등이 설립 발기인이어서 간사이 지역의 재계가 힘을 모아 설립한 회사처럼 보였다. 하지만 경영권은 65퍼센트를 출자한 제2전전이 장악했다. 간사이 전력의 출자 비율은 이나모리 가즈오가 지시한 대로 20퍼센트였다.

10월, 제2전전은 간사이 셀룰러에 이어 규슈를 영업 지역으로 하는 규슈 셀룰러를 설립했다. 다음 달인 11월에는 주고쿠 전력과 합병해 주고쿠 셀룰러를 설립했으며, 1988년 4월에는 도호쿠 전력과 합병해 도호쿠 셀룰러를, 5월에는 호쿠리쿠 전력과 연합해 호쿠리쿠 셀룰러를 설립했다. 이 회사들 모두 간사이 셀룰러와 같은 형태로, 지역 전력회사 출신자가 사장에 취임했지만 경영권은 제2전전이 장악했다. '포도송이'들이 조금씩 그 모습을 드러내기 시작한 것이다.

1989년 1월 초순, 모토로라의 로버트 갤빈 사장이 제2전전에 한 가지 정보를 보내주었다. 그것은 제2전전의 휴대전화사업에 획기적인 발전을 의미했다.

모토로라가 세계에서 가장 가볍고 가장 작은 휴대전화 단말기를 개발했고, 4월에 발매하기 시작한다는 것이었다. 단말기의 정식 명칭은 '마이크로택(MicroTAC)'이었다.

모토로라로부터 납품된 시제품을 보는 순간 회의실에 모인 임원들은 환호성을 질렀다.

"정말 대단한 제품입니다."

이나모리 가즈오가 말했다.

마이크로택은 호주머니에 들어가는 작은 크기에 무게가 약 300그램에 불과했고, 덮개를 열면 누름 버튼이 모습을 드러내는 심플하고 세련된 디자인이었다.

NTT가 1985년 발매한 신제품은 무게가 3킬로그램, 크기는 사전 정도였다. NTT는 그 뒤 개량을 거듭해 무게를 줄이고 소형화했지만, 최신형 휴대전화조차도 600그램을 넘었다. NTT 제품과 비교하면 마이크로택의 선진성은 눈에 띄게 돋보였다.

"서비스 개시를 앞두고 힘이 되어줄 아군이 생겼군요!"

이나모리 가즈오의 말에 오노데라는 동의를 표시했다.

1989년 7월, 간사이 셀룰러는 마침내 서비스를 개시했다.

개업을 하루 앞둔 7월 13일, 오사카 우메다 역 앞 광장에서 기념식을 열었다. 많은 관계자가 지켜보는 가운데 이나모리 가즈오는 인사말을 하기 위해 연단에 올랐다.

"마침내 간사이 셀룰러의 휴대전화 서비스를 시작하게 되었습니다. 휴대전화 시대가 막을 연 것과 다름없습니다. 저는 가까운 장래에 '개인전화 시대'가 반드시 올 것이라고 믿고 있습니다. 아기가 태어나면 이름을 지어주기 전에 전화번호부터 가지는 세상이 오는 것입니다. 한 사람 한 사람이 휴대전화로 언제 어디서나 누구와도 통화하는 것입니다. 그런 시대가 반드시 올 것이라고 자신합니다."

이나모리 가즈오의 인사말에 이어 테이프커팅이 거행되었고, 그와 동시에 수많은 풍선이 고층 빌딩숲 위로 솟아 올라갔다. 그 후 오사카의 번화가에서 퍼레이드를 진행했다. 간사이 셀룰러에 의한 휴대전화 서비스 개시를 세상에 알린 것이다.

그리고 14일 0시, 마침내 휴대전화 서비스를 시작했다. 발매 후 계약 비율은 휴대전화 전용 단말기가 45퍼센트, 차 밖에서도 사용할 수 있는 자동차·휴대 겸용 단말기가 15퍼센트, 자동차전화 전용 단말기가 40퍼센트였다. 작년 12월에 도쿄에서 서비스를 시작한 일본이동통신이 8,000대의 계약 단말기 중 자동차전화 전용 단말기 97퍼센트, 휴대전화 전용 단말기 3퍼센트의 비율을 보인 데 비하면 월등한 비율이었다. 휴대전화사업 시작 시점에서 볼 때 제2전전이 일본고속통신을 앞지른 것이다.

간사이 셀룰러는 그 뒤에도 계속해서 계약 건수를 늘려갔다. 당초 기지국 설비는 2만 7,000명의 이용자에 대응할 수 있도록 준비했지만, 1989년 말에는 수요에 비해 설비가 턱없이 부족해질 정도여서, 다음 해 6월에는 5만 4,000명의 이용자에 대응할 수 있는 설비를 증설했다.

그 결과 1989년에 매출이 68억 엔, 경상손실이 11억 엔이었던 간사이 셀룰러는 1990년에는 매출이 240억 엔, 경상이익이 49억 엔에 달해, 단일연도로는 처음으로 흑자로 전환하면서 누적손실을 일소하고 4억 엔의 내부 보유 자금을 확보했다.

간사이 셀룰러의 약진은 지방 전력회사들을 활용해 '포도송이 구상'을 실현하겠다고 한 이나모리 가즈오 스스로도 놀랄 성과였다. 물론 잘될 것이라고 확신했다. 하지만 이렇게 단기간에 수직 상승하리라고는 예상하지 못했다.

간사이 셀룰러의 성공에는 마이크로택의 인기가 큰 몫을 했다.

"유선전화 영업을 위해 방문하는 곳마다 내가 들고 다니는 마이크로택을 달라고 합니다."

다네노가 투덜거릴 정도로 생산이 수요를 뒤따라가지 못해 소비자들 중에는 1년을 기다려야 하는 경우도 있었다.

두 번째 성공 이유는, 사업 성패를 좌우하는 요금 체계가 들어맞았다는 점이었다. 간사이 셀룰러는 기본요금을 NTT보다 30퍼센트 저렴하게 책정했고, 통화요금도 평일에는 긴기 지역 내에서 NTT가 3분간 280엔인 데 비해 200엔, 인접한 지역이나 160킬로미터 이내 지역에서 NTT가 280엔인 데 비해 260엔으로, 적게는 4퍼센트에서 많게는 29퍼센트 싸게 책정했다. 이에 자극받은 NTT는 자동차전화 이용자들이 내는 10만 엔의 예치보증금을 철폐했다. 하지만 이용자들은 이미 제2전전으로 돌아선 뒤였다.

휴대전화의 잠재수요는 상상 이상이었다. 이나모리 가즈오는 휴대전화사업에 진출하자고 제안하면서, 휴대전화가 소형화되는 한편 가격은 계속 하락해 휴대전화 시장이 폭발적으로 확대될 것이라고 예측했다. 그 예측은 현실이 되었다.

이나모리 가즈오는 모리야마 사장을 떠올렸다. 1987년 12월에 쓰러져 불귀의 객이 될 때까지 그는 자원에너지청 장관을 지내면서 맺은 전력회사들과의 두터운 인맥을 활용해 지역 전력회사를 끌어들이기 위해 전국을 돌아다녔다.

그는 이나모리 가즈오에게 이렇게 말한 적이 있었다.

"회장님은 합병회사를 설립할 때 전력회사 출자 비율은 20퍼센트 이하여야 한다고 하셨지만, 비율을 더 올릴 수 없겠습니까? 제가 만난 전력회사들마다 '왜 우리가 20퍼센트냐?'며 합병을 주저합니다. '거대 기업인 자신들과 달리 제2전전은 중소기업에 지나지 않는다. 그렇다면 자신들이 대주주를 차지해야 하며, 적어도 50 대 50이 되어야 하지 않느냐?'며 불만스러워합니다."

그의 질문에 이나모리 가즈오는 이렇게 답했다.

"그것은 절대 안 됩니다. 우리가 대주주가 되는 것은 이 사업을 성공시키고 지속시키는 원칙으로, 50 대 50으로 하면 셀룰러 회사는 계속 이어갈 수 없습니다. 출자 비율은 20퍼센트지만 사장은 그쪽에 맡기겠다면서 설득해주시기 바랍니다."

모리야마 사장은 그때 이나모리 가즈오의 말을 납득할 수 없었을지도 모른다. 하지만 그는 그 후 나약한 말이나 불만 한 번 없이 그들을 제2전전의 '포도송이'로 끌어들이기 위해 온 힘을 기울였다. 모리야마 사장이 제2전전에서 근무한 기간은 짧았다. 하지만 그는 그 짧은 기간 동안 유선전화와 휴대전화라는 두 가지 꽃을 피우는 데 중요한 역할을 담당했다.

간사이 셀룰러에 이어 전국에 설립한 셀룰러 회사들도 휴대전화 서비스를 개시했다. 1989년 12월에는 규슈 셀룰러와 주고쿠 셀룰러가 오픈했고, 1990년 4월에는 도호쿠 셀룰러, 8월에는 홋카이도 셀룰러, 9월에는 호쿠리쿠 셀룰러, 12월에는 시고쿠 셀룰러가 서비스를 개시했다. 이들 회사는 지역에 따라 판매 성과는 조금씩 달랐지만, 지역별 신규 계약자 수는 모두 NTT를 크게 웃돌았다. 특히 간사이 셀룰러는 NTT를 훨씬 웃도는 시장점유율로 간사이 지역에서 1위에 올라섰다.

그리고 1991년 6월, 여덟 번째 셀룰러 회사인 오키나와 셀룰러를 설립했다. 자본금은 3억 엔으로, 제2전전이 60퍼센트를, 오키나와 전력과 그 지역의 유력 기업들이 나머지를 출자했다.

오키나와 셀룰러는 이나모리 가즈오가 '포도송이 구상'을 실현하기 위해 계획했던 지역에 포함되어 있지 않았다. 일본이동통신이 점유한 도쿄 전력, 중부 전력을 제외한 전력회사 일곱 개에 집중했고, 오키나와 전력과는 협력할 계획이 없었다. 계획에도 없던 오키나와 셀룰러를 설립하기에 이른 것은 이나모리 가즈오의 오키나와에 대한 애정과 자립을 갈망하는 지역 경제계 인사들의 바람이 일치한 결과였다.

오키나와 셀룰러를 설립하기 1년 전인 1990년 10월, 일본흥업은

행 대표를 역임한 바 있는 나카야마 소헤이의 요청으로 오키나와 경제·문화 향상을 위한 오키나와 간담회를 발족했고, 우시오전기의 우시오 회장이 대표를 맡았다. 이 자리에 이나모리 가즈오도 함께했다.

이나모리 가즈오는 오키나와가 자립하기 위해 무엇이 필요한지 궁리했고, 한 가지 묘안을 떠올렸다.

'이곳 오키나와에도 언젠가는 규슈 셀룰러 지사나 지부를 개설하게 될 것이라고 생각해왔다. 규슈에 회사를 설립하면 오키나와는 지사 정도로 간주하는 것이 일반적이다. 하지만 여기에 독립된 셀룰러 회사를 설립한다면……."

이나모리 가즈오는 가고시마 현 출신이어서 예전부터 오키나와에 관심을 기울였다. 오키나와 사람들은 우수한 문화와 세련된 미의식을 토대로 독자적인 문화와 생활권을 지켜왔다. 그러나 제2차 세계대전 때 엄청난 희생을 치르면서 쇠퇴하기 시작했다.

'오키나와는 규슈의 일부가 아니다. 규슈의 지사가 아니라 오키나와 사람들에 의한, 오키나와 사람들을 위한 기업이 되어야 하지 않을까?'

이나모리 가즈오는 자신의 구상을 오키나와 간담회에서 이야기했다.

"저는 일본의 전화요금을 싸게 하겠다는 뜻을 품고 제2전전을 설립했고, 그 뜻을 이루기 위해 유선전화에 이어 휴대전화사업도 시작했습니다. 휴대전화 시장은 지금 급성장하고 있습니다. 반도체 기술의 발달에 따라 휴대전화 단말기는 손안에 넣을 수 있을 정도로 작아졌습니다. 한 사람 한 사람이 휴대전화를 호주머니에 넣고 사용하는 시대가 마침내 온 것입니다."

그러면서 이렇게 호소했다.

"여러분이 휴대전화사업을 원하신다면 도와드리고 싶습니다. 제2전전이 대주주가 되고, 지역의 유지인 여러분이 출자해준다면 오키나와에 셀룰러 회사를 설립해 오키나와 사람들을 위한 휴대전화 서비스를 시작하겠습니다. 대표는 이 지역 분이 책임지고, 직원도 이 지역 사람들을 채용하겠습니다."

이나모리 가즈오의 발언에 감격한 오키나와 재계 인사들은 한둘이 아니었다. 오키나와를 대표하는 기업이 속속 출자하겠다고 나섰다. 한 기업의 대표는 이렇게 털어놓았다.

"자신의 생각을 이처럼 분명하고 솔직하게 밝히신 분은 이나모리 가즈오 회장님이 처음이었습니다."

설립 총회로부터 1년 5개월이 지난 1992년 10월 20일, 오키나와 셀룰러가 서비스를 개시했다. 간사이 셀룰러를 비롯해 이미 서비스를 개시한 셀룰러 회사들의 판매는 호조였다. 그에 비해 오키나와 셀룰러에 대해서는 회의적인 전망이 많았다. 그들 중에는 "왜 오키나와에 독립된 셀룰러 회사를 설립했는지 알 수가 없다"고 말하는 사람조차 있었다.

그들의 지적처럼 오키나와 시장은 협소했다. 전기통신사업법이 시행된 1985년에 오키나와에서 NTT의 자동차전화를 계약한 사람은 1,400명에 불과했다.

그러나 이나모리 가즈오는 오키나와 셀룰러도 잘될 것이라고 자신했다. 오키나와 셀룰러의 경영에 참가한 오키나와의 경제인들은 지역 경제를 활성화시키겠다는 사명감과 반드시 성공하겠다는 집념이 강렬했다. 이나모리 가즈오는 그들의 그런 마음가짐이 오키나와 셀룰러를 훌륭하게 성장시킬 것이라고 자신했다.

미군 기지가 산재해 있고, 전파 사각지대가 많은 오키나와는 휴대전화 연결이 원활하지 못했다. 그래서 이나모리 가즈오는 현지에 직접 가서, 전파 사각지대를 해소하는 현지밀착형 전략으로 구석구석을 배려하는 세밀한 서비스를 제공했다. 또 필사적인 영업 활동으로 계약자 수를 늘렸고, NTT의 시장점유율을 뛰어넘었다. 회사 설립 5년 후인 1996년 3월에 결산한 매출은 76억 2,300만 엔, 경상이익은 9억 6,300만 엔, 시장점유율은 60퍼센트에 달해, 오키나와를 대표하는 고수익 기업으로 성장했다.

그리고 1997년 4월 15일, 오키나와 셀룰러는 제2전전의 셀룰러 그룹 중 마지막으로 시작했음에도 불구하고 휴대전화 회사로는 최초로 주식을 공개했다.

지방의 전력회사를 아군으로 만들어 '포도송이 구상'을 실현하겠다는 대담한 구상은 마침내 오키나와 셀룰러라는 변방에서도 꽃을 피웠다. 그리고 풍성한 열매를 맺어 오키나와 경제인들의 자랑이 되었고, 지방이 자립하려면 무엇을 어떻게 해야 하는지 일깨워주는 본보기가 되었다.

5
코스트 전쟁

1

제2전전은 사업 회사로 이행한 지 4년째가 되는 1989년 3월 결산기에 경상이익 44억 엔을 계상해 처음으로 단위연도 흑자를 실현했다. 그 후에도 매출과 영업 이익은 계속 증가했다. 1991년 3월 결산 때는 매출이 1,554억 3,800만 엔으로 드디어 1,000억 엔을 돌파해 206억 7,900만 엔의 경상이익을 달성했다. 1993년 3월 결산 때는 매출이 2,307억 엔, 경상이익이 240억 엔에 달했다.

그 사이 일본 경제는 뿌리째 흔들렸다. 거품경제가 붕괴한 것이다.

1980년대 후반부터 상승을 계속했던 주가는 실수요를 뛰어넘어, 1989년 12월 29일 닛케이 평균주가의 마감지수는 3만 8,915엔으로 최고치를 기록했다. 이 공전의 활황은 1990년 들어 대장성의 토지 거래 규제, 즉 총량 규제를 계기로 단숨에 얼어붙었다. 주가와 지가의 폭락으로 경영 파탄에 빠진 기업이 속출해 금융기관의 불량채권이 쏟아졌다. 금융 시스템이 기능을 상실해 일본 경제는 경기 후퇴가 물가 하락을 초래하고, 물가 하락이 경기 후퇴를 가속하는 디플레이션의 악순환에 빠져들었다. 그 폭풍 속에서도 제2전전은 승승장구했다.

1993년 9월 3일, 제2전전은 신규 통신사업회사 중 최고 자리를 차지했고, 도쿄 증권거래소 2부에 상장했다. 사업화 조사 회사였던 제2전전기획 설립으로부터 9년, 사업 회사로 이행한 지 8년이라는 짧은 기간에 이룬 주식공개였다. 당초 1992년에 주식공개를 예정했지만, 그해 증권시장이 폭락하고 신규공개시장이 침체여서 1년을 미룬 결과였다.

제2전전에 대한 시장의 기대는 대단했다. 370만 엔의 공모가격에 시가는 550만 엔에 달했다. 제2전전은 170억 2,500만 엔의 자금을 조달해, 증자 후 자본금은 287억 5,300만 엔이 되었다.

상장은 제2전전을 설립해 회사를 키워온 이나모리 가즈오와 직원들에게 중요한 전환점이었다.

1987년 9월에 출발한 시외전화 서비스는 전국에 네트워크를 구축했다. 1989년 7월에 영업을 개시한 휴대전화사업도 간사이 셀룰러가 1991년 3월 결산에서 경상이익 49억 엔을 계상하는 등 예상을 웃도는 성장을 이어갔다. 직원 수는 약 2,700명으로, 19명으로 출발한 회사는 규모가 커졌다.

그런 제2전전에게 상장은 아주 중요한 의미를 지녔다. 유선전화에서 휴대전화까지 취급해 NTT에 대항하려면 상장으로 자금조달력을 높이는 것이 필수불가결하다. 또 주식 상장으로 경제계와 언론의 인지도가 높아지면 회사의 영업력과 브랜드 파워도 더욱 강화할 수 있다.

나아가 상장은 예상외의 추가 이득도 가져다주었다. 시모사카 총무부장에 따르면 직원들은 그 어느 때보다도 의욕이 충만해 있었다.

총무부장은 이나모리 가즈오에게 이렇게 보고했다.

"상장기업에서 일하는 것이 꿈이었다고 말하는 직원들도 있습니다. 훌륭한 회사에서 일하고 있다는 자각이 직원들의 업무 의욕을 높여주고 있습니다."

상장한 다음 달, 히오키 아키라 상무가 이나모리 가즈오를 찾아와 상기된 얼굴로 말했다.

"회장님, 직원들 모두가 회장님께 감사하다고 합니다."

"무슨 일이죠?"

"직원들 모두가 기뻐하고 있습니다. 상장기업에 근무하고 있다고 생각하면 일할 의욕이 한층 솟아난다는 목소리가 여기저기에서 들려오고 있습니다."

"총무부장도 같은 말을 하더군요."

"게다가 저를 포함해 고참 직원들은 말로 형언할 수 없는 상을 받았습니다."

직원들에게 주식을 배당한 것을 말하는듯했다.

상황은 6년 전인 1987년 11월로 거슬러 올라간다.

이나모리 가즈오는 직원 한 명 한 명이 경영자라는 의식을 갖게 하고, 지금까지의 노력과 고생을 보상해주기 위해 1,300주를 직원들에게 배당하는 결단을 내렸다.

대상은 1986년 12월 이전에 입사한 직원 149명으로, 구입 가격은 한 주당 5만 엔이었다. 수중에 여유자금이 없는 직원은 은행에서 대출받을 수 있도록 회사에서 편의를 봐주었다. 그 주식이 상장되면서 550만 엔으로 뛰어올랐다. 주식을 배당받은 직원은 주택보증금을 즉시 지불할 수 있을 정도의 이익을 얻게 된 것이다.

"정말 잘되었군요."

이나모리 가즈오가 대답하자마자 히오키가 궁금한 듯 물었다.

"그런데 회장님은 그 주식을 단 한 주도 받지 않으셨습니다. 기억하십니까? 직원들에게 주식을 배당하기 위해 제가 안을 작성해 회장님께 보고드렸을 때 회장님은 '나는 필요없다'고 말씀하셨습니다."

"물론입니다."

"그때 저는 놀랐습니다. 회장님은 '나의 동기는 선한가?', '사심은 없는가?'라고 되뇌어 말씀하셨습니다. 정말로 그처럼 달관하신 건가 싶었습니다."

"그렇게 말하면 내가 부끄럽지만, 그만한 사연이 있습니다."

이나모리 가즈오는 쑥스러운 얼굴로 말했다.

"직원들에게 주식을 배당하기로 결정했을 때 미야무라 씨에게

문의했습니다."

"공인회계사인 미야무라 규지 씨 말씀이십니까?"

"내게 회사의 대표라면 당연히 주식을 갖고 있어야 한다고 말했죠? 나도 그렇게 해야 하는가 고민했습니다. 그런데 미야무라 씨와 만난 자리에서 내가 주식을 취득하게 되었다고 말씀드렸더니 그는 그것만은 안 된다고 하더군요. 회사를 설립할 때부터 '동기는 선한가?', '사심은 없는가?' 되짚어온 내가 주식 취득으로 탐욕이 생길까 염려한 때문입니다."

"……."

"그는 교세라의 감사를 맡아준 것을 계기로 20년 이상 나와 관계를 맺어오고 있습니다. 어려운 일이 있을 때마다 상의하기도 하죠. 내가 '그런 사심은 전혀 없으며, 형식적으로라도 필요한 것 아니냐?'고 반문하자 그는 '아무리 그래도 안 된다'면서 강하게 막았습니다. 그에게 설득당한 셈이죠. 내가 달관해서가 아니라 그런 일이 있어서입니다."

"그렇지만 회장님은 제2전전에서 급료도 받지 않고 계시지 않습니까? 전심전력을 기울여 경영하고 계시는데도 말입니다."

"나는 교세라의 대표를 겸하고 있어 보수는 교세라에서 받고 있습니다. 그것만으로도 늘 감사하고 있습니다."

그 말을 들은 히오키는 머리를 숙였다.

주식 배당 건으로 히오키 상무에게 털어놓은 이야기는 진실이었다. 처음에는 직원들과 같이 주식을 배당받아도 좋지 않을까 생각했다. 하지만 미야무라는 주식을 받으면 안 된다고 설득했다.

미야무라와 알게 된 것은 1970년이었다. 당시 이나모리 가즈오는 39세, 미야무라는 48세였다. 이나모리 가즈오는 교세라를 오사카 증권거래소에 상장하려고 했고, 이를 위해 신뢰할 수 있는 감사법인을 찾아 나섰다. 그때 가깝게 알고 지내던 금융기관 지점장으로부터 소개받은 사람이 미야무라였다.

"어떤 원칙으로 감사하십니까?"

이나모리 가즈오의 질문에 미야무라는 이렇게 답했다.

"회계의 원리원칙에 입각해 엄격하게 대처하는 것이 내 감사 철학입니다. 너무 뻣뻣하지 않느냐고 지적하는 경영자들도 있지만, 경영자라면 언제 어디서든 공정해야 한다고 생각합니다. 정당한 일을 정당하게 관철하는 경영자가 아니면 많은 돈을 주어도 감사를 받아들이지 않습니다."

"그것은 나의 생존방식이자 경영철학이기도 합니다."

그렇게 응한 이나모리 가즈오에게 미야무라는 이렇게 말했다.

"경영자들은 모두 그렇게 말하더군요. 하지만 막상 회사 경영이 어려워지면 편의를 봐달라거나 세세한 일은 눈감아달라고 하더군요."

첫 대면에서 그런 대화가 오갔고, 이나모리 가즈오는 미야무라가 별스러운 사람이라고 생각했다. 하지만 공명정대하게 기업을 감사하는 그의 자세에 감동받은 이나모리 가즈오는 이후 교세라의 감사를 그에게만 의뢰했고, 미야무라도 '인간으로서 무엇이 정당한가' 고민하고 이를 실천해온 이나모리 가즈오를 신뢰했다. 그렇게 두 사람은 나이 차를 뛰어넘어 20년 이상 둘도 없는 벗으로 어울려 지내고 있었다.

그런 미야무라가 설득하자 이나모리 가즈오는 마음을 접었다.

'주식은 받지 않는다!'

그렇게 결심했더니 오히려 가슴이 개운해졌다. 시간이 지나도 그 결정은 옳았다고 확신하고 있다.

'제2전전은 일본의 전화요금을 싸게 한다는 목표를 실현하기 위해 설립했다. 거기에 사심은 티끌조차 없다. 그렇다면 주식을 취득해서는 절대 안 된다. 경영자가 주식을 배당받는 것 자체는 보통 일이고 꺼림칙할 것도 없지만, 마음이 순수해지려면 행동도 순수해야 한다. 그렇지 않으면 엉뚱한 오해를 불러올 수 있고, 내 마음도 흔들릴 것이다.'

며칠 후 제2전전은 상장을 기념해 전 직원에게 월 급여의 절반에 이르는 특별보너스를 지급했다. 그날 조례에서 이나모리 가즈오는 특별보너스를 지급하는 이유를 이렇게 설명했다.

"여러분 모두 알고 있겠지만, 지금 일본에는 대단한 역풍이 불고 있습니다. 경기가 추락해 다수의 기업이 허우적거리거나 고전하고 있습니다. 그런 환경 속에서도 8년이라는 짧은 기간에 상장을 이루어낸 것은 여러분 모두의 덕택입니다. 물론 제2전전을 둘러싸고 있는 환경이 좋다고만은 할 수 없습니다. 격렬한 강풍 속으로 배를 출항시켜야 할지도 모릅니다. NTT라는 강대한 적이 이빨을 드러내며 몰려오고 있고, 일본이동통신과 일본텔레콤이 우리를 필사적으로 따라잡으려 하고 있습니다. 지금처럼 여러분 한 명 한 명이 경영자 의식을 갖고, 창조적으로 연구하고, 쉼 없이 도전해주기를 바랍니다."

직원들은 이나모리 가즈오의 이야기를 한마디 한마디 새겼다.

2

주식 상장은 새로운 싸움의 시작이기도 했다.

"강대한 적이 이빨을 드러내며 몰려오고 있다"는 이나모리 가즈오의 말은 현실이 되었다.

9월 7일, NTT는 시외전화 서비스 요금을 대폭 인하했다. 10월 19일부터 실시 예정인 가격 인하 폭은 평균 21.4퍼센트로, 160킬로미터를 넘는 최장거리 통화를 평일 3분 200엔에서 180엔으로 인하하는 것은 물론, 30킬로미터를 넘는 통화 구간은 최저 10엔에서 최대 60엔 인하하기로 했다. 이대로 가면 NTT의 시외전화 서비스 요금은 일부를 제외하면 제2전전과 같아지거나 그 아래여서, 제2전전의 가격 우위는 완전히 없어지고 만다. NTT의 가격 인하는 제2전전에 반격을 선언한 것과 같았다.

NTT 측의 발표에 따르면 이 가격 인하로 수익은 연간 2,700억엔이나 줄어든다고 한다. 그렇게 되면 1994년 3월 결산 시 경상이익은 당초 예상인 1,490억 엔에서 단숨에 적자로 돌아설 가능성도 있었다. 그 경우 기간 이익으로는 주주에게 배당할 수 없어 이월된 이익금으로 배당을 해야 하는 상황에 이르고 만다.

그럼에도 불구하고 NTT가 대폭적인 가격 인하를 단행한 것은 제2전전 등으로 옮겨 가고 있는 시외전화 서비스 점유율을 빼앗으려는 의도일 것이다.

다음 날 아침, 이나모리 가즈오는 긴급 경영회의를 소집했다.

참석자는 산와은행에서 부사장으로 근무했으며, 1988년 제2전전 비상근이사로 활동한 후 1989년 6월에 사장에 취임한 간다 노부스케, 우정성 사무차관을 거쳐 1993년 6월에 제2전전 부사장에 취임한 오쿠야마 유사이, 역시 부사장 가네다, 전무 센모토, 후지타, 아오야마, 상무 다루바라, 미노, 히오키, 이사 시모사카, 가타오카, 오노데라, 다네노, 기노시타 등이었다.

NTT의 대대적인 공세에 대처하기 위해 회의실로 속속 모여든 임원들은 한결같이 심각한 표정이었다.

이나모리 가즈오가 먼저 말문을 열었다.

"알고 있는 대로 자금력에서 훨씬 앞선 NTT가 배수의 진을 치고 우리에게 역습해왔습니다. 상장을 계기로 한층 더 강한 공세를 꾀하고 있는 우리는 이제 입장이 뒤바뀌어 수세에 몰리고 말았습니다. 이러한 상황에 어떻게 대처하면 좋을지 이 회의에서 결정하고 싶습니다. 여러분의 생각을 자유롭게 개진해주시기 바랍니다."

어느 누구도 입을 열지 않았다.

"다들 의견이 없는 건가요? 다네노는 뭔가 하고 싶은 말이 있는 표정이군요."

"할 수만 있다면 NTT의 새로운 요금을 단숨에 뒤쫓아 추월해버리고 싶습니다. NTT가 160킬로미터를 넘는 최장거리의 통화를 평일 3분 200엔에서 180엔으로 낮춘다면, 우리는 170엔으로 하고 싶습니다. 제2전전의 서비스 개시 이래 전화요금은 우리가 항상 NTT보다 쌌기 때문에 그 우위만은 지키고 싶습니다. 하지만……."

"하지만 뭐가 문제인가요?"

"단숨에 추월해버리려면 대폭적인 수익 감소를 감수해야만 합니다."

"줄어들 매출과 이익은 어느 정도입니까?"

"그것은……."

"요금 설정에 따라 변하기는 하지만, 일시에 적자로 전락해버릴 정도의 금액입니다."

머뭇거리는 다네노를 대신해 기노시타가 대답했다.

"최장거리를 170엔으로 하면, 그것만으로도 5퍼센트의 수익 감소로 이어집니다. 게다가 80킬로미터에서 100킬로미터 구간과 같이 NTT의 새로운 요금이 우리보다 싼 구간을 같은 가격으로 하면, 전체적으로 20퍼센트 가까운 수익 감소를 각오해야 합니다. 11월부터 가격을 인하한다면 이번 결산기에 약 160억 엔의 수익이 줄어들어 연간 약 400억 엔의 수익이 감소하고 맙니다. 1993년 3월 결산 때의 경상이익을 240억 엔으로 예상하고 있었으니, 그것이 일시에 날아가버리고 마는 것입니다."

"지금과 같은 수익 체질을 바꾸지 않으면 적자가 된다는 뜻인가요?"

이나모리 가즈오의 질문에 기노시타는 "그렇습니다"라고 대답했다.

"그렇다면 적자를 우려해 NTT의 공세에 팔짱만 끼고 당하고 있어야 하는 겁니까? NTT에게 고객을 빼앗겨 점유율을 잠식당하는 건 불 보듯 뻔한 일 아닙니까? 그 결과 수익도 악화되겠죠. 다른 의견은 없습니까?"

이나모리 가즈오는 전원을 둘러보았지만 다른 의견은 나오지 않았다. 다들 입술을 깨물고 있었다.

"그렇다면 내가 여러분에게 묻겠습니다. 이것으로 요금 인하는 끝입니까? 우리는 일본의 전화요금을 싸게 한다는 목표를 완전히 달성한 것이라 할 수 있습니까, 오노데라?"

"아직 목표를 달성하지 못했다고 생각합니다."

"NTT는 어떻습니까? 이번 요금 인하로 끝입니까? 그렇지 않다면 계속해서 요금을 인하할까요? 다네노 씨, 어떻게 생각합니까?"

"이것으로 끝이 아니라고 생각합니다. 결국은 또 인하할 것입니다."

"그렇다면 우리가 취해야 할 일은 분명해졌습니다. 제2전전은 일본의 전화요금을 싸게 하기 위해 설립했습니다. NTT는 지금부터 요금 인하로 승부해올 것이 틀림없습니다. 우리는 NTT보다 더 저렴해야 합니다."

"하지만 그렇게 되면 적자를 떠안을 수밖에 없습니다. 더구나 상장한 직후입니다."

히오키가 말하자 몇 명이 그 말에 동의를 표했다.

이나모리 가즈오는 계속했다.

"수익 체질을 확실하게 개선하지 않은 채 NTT에 대항해 요금만 내리면 적자가 될 것입니다. 하지만 체질을 개선한다면 어떨까요? 영업 경비나 노무비, 그 밖의 경비에서 불필요한 것을 철저하게 찾아내어 비용을 줄이면 요금을 인하해도 흑자가 납니다. 보다 근육질로 바뀐다면 우리는 NTT의 온몸을 던진 반격을 즉시 격퇴할 수 있고, 다시 한 번 비상할 수 있지 않겠습니까?"

이나모리 가즈오가 강하게 말했지만 반응은 신통치 않았다. 모두가 굳은 표정이었다.

"여러분 모두는 영원의 시간을 살아간다는 전설의 새, 피닉스를 알 것입니다. 고대 이집트 신화에 등장하는 전설적인 새로, 불사조입니다. 전설에 따르면 피닉스는 500년에 한 번 스스로 불 속으로 뛰어들어 불에 타 죽고, 그 재 속에서 다시 소생한다고 합니다. 우리도 그 피닉스가 되어야 합니다."

이나모리 가즈오는 길게 숨을 내쉰 뒤 옆 좌석에 앉아 있는 간다 사장에게 물었다.

"제2전전 주가는 어제 마감가격이 650만 엔이었습니다. 오늘도 매수주문이 적극적으로 들어오고 있는 것 같은데, 맞습니까?"

"예. 여러분도 잘 알고 있는 것처럼 상장 때의 550만 엔에서 어제는 650만 엔까지 상승했습니다. 어제 NTT의 대폭적인 시외전화 서비스 요금 인하는 우리에게 안 좋은 뉴스였지만, 악조건 속에서도 650만 엔에 이르고 오늘도 매수주문이 계속되고 있습니다. 주주들은 제2전전의 장래성을 높이 평가해주고 있습니다."

"요컨대 '제2전전은 NTT의 가격 인하에 일시적으로 타격을 받아도 머지않아 반드시 부활할 것이다' 그렇게 보는 거겠죠?"

"그렇습니다."

"그렇다면……."

이나모리 가즈오가 말했다.

"우리는 엄청난 기대를 어깨에 짊어지고 있습니다. 그리고 그 기대를 어떻게든 충족시켜야 합니다. 피닉스처럼 소생해 주주와 사회의 기대에 부응합시다! 이것이 우리의 사명입니다!"

이나모리 가즈오는 그렇게 확신을 갖고 말한 뒤 다시 전원을 둘러보았다.

모두가 입술을 깨물고 있었지만, 조금 전처럼 어둡고 침체된 표정은 아니었다.

"새롭게 태어나는 피닉스가 눈에 보이는 것 같습니다!"

다네노가 말했다. 오노데라도 동의했다.

"눈앞이 밝아지는 느낌입니다!"

"여러분, 모두 해봅시다!"

간다 사장이 큰 소리로 말했다.

"NTT에 추월당한다고 해도 다시 흑자를 내고, 회사를 성장 궤도에 올려놓겠습니다!"

"그런 의지가 중요합니다."

이나모리 가즈오가 말했다.

"즉시 요금 정책을 재점검하는 한편 경비 조정에 착수해주시기 바랍니다. 영업 경비, 노무비, 그 밖의 모든 경비 사용에 대한 의식, 업무 추진 방식을 근본적으로 개혁해 반으로 줄이는 것을 목표로 해주시기 바랍니다. 이름하여 '피닉스 작전'입니다."

긴급회의를 종료하자마자 '피닉스 작전'을 시작했다. 얼마 후 간다 사장은 비용 삭감을 위한 세부 항목과 목표를 정리해 이나모리 가즈오에게 보고했다.

"먼저 시외전화 서비스와 전용 서비스 등 유선전화의 경비를 50 퍼센트 삭감합니다. 구체적으로는 새로운 이용자를 확보하거나 고 객과 어댑터 설치 계약을 맺을 때 대리점에 지불해오던 커미션과 어댑터 공사비 등을 회기 초에 설정한 금액의 절반으로 삭감합니 다. 덧붙여 후반기에 28억 6,000만 엔의 지출을 예정하고 있던 판 촉 이벤트 비용과 팸플릿 인쇄 비용도 30퍼센트, 금액으로 할 때 8 억 6,000만 엔 삭감합니다. 나아가 광고선전비도 4억 3,000만 엔 삭감합니다. 그리고 노무비입니다."

이나모리 가즈오는 보고서를 들여다보았다.

"이것은 잔업비를 중심으로 삭감합니다. 잔업비는 매월 그룹 전 체로 계산하면 1억 4,000만 엔에 달합니다. 잔업을 30퍼센트 줄여, 잔업비를 4,200만 엔 삭감합니다. 동시에 시외전화 서비스 이용신 청 등 사무 업무를 처리해주고 있는 파견직원 경비나 업무위탁비 등도 회기 초에 설정했던 44억 5,000만 엔에서 10퍼센트 삭감합니 다. 덧붙여 교통비나 출장비, 사무용품비 등 다른 경상경비를 1개 월에 1억 엔 삭감합니다. 이것이 실현되면 반년간 6억 엔의 경비를 삭감할 수 있다는 계산이 나옵니다."

"목표를 모두 달성하면 이익 규모는 얼마나 됩니까?"

"후반기에 약 100억 엔의 경상이익을 확보할 수 있다고 봅니다. 전반기의 경상이익은 약 130억 엔이므로 회계연도 전체적으로는 약 230억 엔입니다. '피닉스 작전'을 달성하면 연간 200억 엔의 이익을 얻는 체질로 틀림없이 전환할 수 있습니다."

"그리고 힘을 다해 한 발 더 나아간다면 수익을 회복할 수 있겠죠?"

"그렇습니다."

"어떻게 해서든 완수해주시기 바랍니다. 우리에게는 제2전전의 장래를 믿어주고 있는 주주와 국민들의 기대에 응할 의무가 있습니다. 그와 함께 지금부터 말하는 두 가지 사항을 '피닉스 작전'을 수행하면서 꼭 명심해주시기 바랍니다."

"두 가지 사항이라면 어떤 것입니까?"

"하나는 영업비를 반으로 줄이는 문제입니다. 반으로 줄인다는 것은 어디까지나 영업비를 줄이는 것이지, 영업 활동을 반으로 줄이는 것은 결코 아니라는 것을 직원들에게 주지시켜 주기 바랍니다. 영업비를 절반으로 삭감한 다음 남은 절반을 유효하게 활용해 영업 효율을 높이는 것이 본래의 목적입니다. 다른 하나는 지금까지 계약을 체결해온 판매 대리점에 커미션 삭감을 요청할 때 잊지 말아야 할 태도입니다. 계약을 해지하려는 대리점도 나올지 모릅니다. 우리 형편만 생각해서 우리에게만 유리하게 하려고 하면 반감을 초래하고 맙니다. 배려한다는 자세로 협상해서 납득시켜야 한다는 점을 확실하게 주지시켜야 합니다."

간다 사장은 고개를 끄덕였다.

'피닉스 작전'은 즉시 실행에 들어갔다.

간다 사장 이하 제2전전 경영진과 임원들은 목표 달성을 위해 직원들에게 비용 절감 의식을 심어주었다. 하지만 효과는 즉시 나타나지 않았다. 대리점과의 교섭은 난항을 거듭했고, 잔업도 줄어들지 않았다. 제2전전은 1989년 3월 결산 때 흑자 전환을 달성한 이후 매출과 영업이익을 계속 증가시켜 왔다. 직원 수는 본사에서만 2,700명에 달하고 있었다. 확대노선을 달려온 직원들에게 비용 절감 의식을 주지시키는 것은 쉬운 일이 아니었다.

그런 가운데 제2전전은 11월에 시외전화 서비스의 가격 인하에 돌입했다. 160킬로미터를 넘는 최장거리를 NTT보다 10엔 싼 170엔으로 책정하고, 80킬로미터에서 100킬로미터까지를 비롯해 NTT의 새 요금보다 비싼 구간을 모두 NTT와 같은 가격으로 내렸다.

그 결과 제2전전의 수익 구조는 한순간에 악화되었다. 11월 월 결산에서 제2전전은 적자에 빠지고 말았다. 지금까지 매출과 영업이익 증대를 당연하게 여겼던 제2전전으로서는 전환점을 맞이한 것이다.

그 다음 달, 간다 사장이 자리에서 물러나고 오쿠야마 유사이가 신임 사장으로 취임했다.

1954년 우정성에 들어가 통신정책국장과 전기통신국장 등을 역임한 뒤 1988년 우정성 사무차관에 취임했던 오쿠야마는 차관직에서 물러난 후 외곽 단체에 근무하고 있었는데, 그때 이나모리 가즈오가 간청해 1993년 고문으로 제2전전에 입사한 출중한 인재였다.

오쿠야마는 간다의 뒤를 이어 '피닉스 작전'을 차질 없이 실행했다. 하지만 비용 절감을 강하게 밀어붙이자 반발하는 직원들도 나타났다.

오쿠야마가 사장에 취임한 지 얼마 안 되었을 때, 한 임원이 그를 찾아와 "꼭 말씀드리고 싶은 일이 있습니다"라고 말했다. 그는 무엇인가 결심한 얼굴로 오쿠야마 사장을 압박했다.

"영업비를 반으로 삭감하는 것을 철회해주시기 바랍니다. 그게 어렵다면, 적어도 제가 맡은 부문만이라도 제외해주시기 바랍니다."

"그것은 받아들일 수가 없습니다. 예외는 결코 용납하지 않을 방침입니다."

"하지만 경비가 반으로 줄어들면 저희들은 아무것도 할 수 없습니다. 대리점에 지불하는 커미션을 삭감하라고 지시하시는데, 저희는 지금 대리점과 아주 좋은 관계를 맺고 있고, 그것이 영업 성과로 연결되고 있습니다. 여기서 관계에 재를 뿌리게 되면 역효과만 생깁니다."

"무슨 말을 하는지 이해하지 못하는 것은 아닙니다. 하지만 대리점에 지불하는 커미션은 우리 회사만의 문제가 아니고, 업계 전체로 볼 때 지나치게 높습니다. 어떤 방법으로든 그것을 개선해야 합니다."

"그럴지도 모르지만······."

"아무리 말해도 방침이 바뀌는 일은 결코 없습니다. 경비를 줄이지 않으면 우리 회사의 미래도 없습니다."

"하지만 코스트를 하나하나 신경 쓰면서 사업하면 벤처정신이 고갈되어버리는 것 아닙니까?"

"그런 일은 절대 없습니다. 벤처정신은 도전하는 정신으로, 돈을 물 쓰듯 사용하는 것과는 다릅니다. 도전하는 기개를 갖고 '피닉스 작전'을 실행해주기를 바랍니다. 이건 사장의 명령입니다."

오쿠야마 사장은 '피닉스 작전'을 더욱더 철저하게 시행했다. 경비를 줄이고 잔업을 줄이는 등 불필요한 비용 발생 요인을 줄이는 데 전력을 다했다.

오쿠야마 사장이 '피닉스 작전'에 필사적으로 몰두한 것은 경영자로서의 사명감 때문이었다. 거기에는 이나모리 가즈오 회장의 뜻에 따르고 싶은 의지도 한몫했다.

오쿠야마 사장이 이나모리 가즈오로부터 전화를 받은 것은 1992년의 일이었다.

"제2전전에 와주시지 않겠습니까?"

이나모리 가즈오의 요청을 받은 오쿠야마는 즉시 수락했다. 우정성의 전기통신기술심의회 위원을 역임하면서 이나모리 가즈오를 만난 오쿠야마는 이나모리 가즈오의 뛰어난 경영 수완과 사람됨됨이에 감명받아 온 터였다. 그 후에 들은 바에 따르면 이나모리 가즈오도 오쿠야마를 "창의력과 도전정신을 지닌 사람"이라고 높이 평가했다고 한다.

그런데 정작 제2전전에 합류하려고 할 때 오쿠야마는 병으로 쓰러지고 말았다. 오쿠야마는 이나모리 가즈오에게 편지를 썼다.

"저를 높이 평가해주신 점은 너무나 감사하고 감격스러워서 어쩔 줄 모르겠습니다. 하지만 몸이 아파 힘이 되어드리지 못하게 되었습니다. 안타까운 일이지만, 제가 제2전전에 가는 것은 무리일듯

합니다."

그의 편지에 이나모리 가즈오는 이렇게 답장을 보냈다.

"나을 때까지 기다릴 테니 지금은 치료에 전념하기 바랍니다."

오쿠야마는 완쾌한 후 곧바로 제2전전에 입사했다.

언제가 될지 모를 완쾌를 기다리며, 활약할 수 있는 무대를 만들어준 이나모리 가즈오에게 보답하기 위해서라도 오쿠야마는 제2전전을 재도약시키고 싶었다.

1994년 3월 결산 때, 오쿠야마 사장의 의지가 결실을 맺어 제2전전은 흑자를 유지했다. 하지만 제2전전 자체 영업이익은 6.75퍼센트 줄어든 300억 4,700만 엔, 경상이익은 6.01퍼센트 줄어든 226억 3,900만 엔으로, 연도 전체로는 처음으로 감익 결산이었다.

오쿠야마는 회장실을 찾아가 개괄적인 결산 상황을 보고하고, 이어 그동안 하고 싶었던 말을 숨김없이 털어놓았다.

"결과를 제대로 내지 못해 대단히 죄송합니다. 전임 사장이 맡아온 4년간은 줄곧 이익을 냈는데, 제가 사장에 취임하자마자 이익이 줄어들어 직원들 중에는 제가 회사에 가난을 몰고 왔다며 야유하는 이들도 있습니다만, 이익이 줄어든 이상 그런 비판을 달게 받을 수밖에 없습니다."

"가난을 몰고 온다는 건 심하군요."

이나모리 가즈오는 진지한 표정으로 말했다.

"다른 방법은 없을까요?"

"'피닉스 작전'을 더욱더 철저하게 하겠습니다. 성과가 나오기 시작한 것은 올해 들어서부터입니다. 작년에는 '코스트 문제를 하나하나 신경 쓰면 벤처정신이 고갈되어버린다'는 의견도 있었고, 제게 대놓고 불평하는 임원도 적지 않았습니다. 그들은 '새로운 일에 도전하려면 돈을 얼마든지 사용해도 좋다. 그것이 벤처정신이다'라는 생각에 젖어 있었습니다. 그런 그들도 변해, 지금은 쓸데없는 낭비를 의식하게 될 정도가 되었습니다. 가타오카 등은 업자를 고용하면 돈이 든다며 네트워크센터나 중계기지의 제초 작업조차 스스로 하겠다고 나섰습니다. 앞으로는 돈을 사용할 때 어디에 중점적으로 투자하고 무엇을 반드시 줄여야 할지, 즉 돈을 써야 할 곳과 아껴야 할 곳을 의식할 수 있게 지도해나갈 생각입니다."

"좋은 생각이군요."

이나모리 가즈오는 고개를 끄덕이며 수긍했다.

"'피닉스 작전'의 본질은 바로 그것입니다. 쓸데없는 낭비를 줄이고, 한정된 돈을 써야 할 곳과 아껴야 할 곳을 생각하며 유효하게 사용하는 것입니다. 그것을 철저하게 지키려면 이것이 참고가 되지 않겠습니까?"

이나모리 가즈오는 결산 보고서를 가리켰다.

"내가 시간이 있을 때마다 회사의 회계 장부를 주의 깊게 살펴보는 것은 알고 있겠죠? 그건 회계 수치가 회사의 실태를 낱낱이 보여주기 때문입니다. 회계 장부는 단순한 숫자의 나열이 아니라, '나는 이런 회사다'를 빠짐없이 설명해주는 거울입니다. 따라서 회계 장부상의 수치가 의미하는 것을 알아내지 못한다면 경영자로서 실격입니다. 이번 회기 결산서도 예외가 아닙니다. 제2전전의 건강 상태나 병의 징후를 이 수치가 말해주고 있기 때문입니다."

오쿠야마는 결산서를 손에 쥐고 고개를 끄덕였다.

"실은 저도 이번 결산이 중요한 사실을 말해주고 있다고 생각하고 있었습니다. 제2전전 자체만으로는 이익이 줄었지만, 그룹 전체로는 매출과 경상이익 모두 순조롭게 증가하고 있습니다."

"거기에서 무엇을 찾았습니까?"

"유선전화 시대에서 휴대전화 시대로 옮겨 가고 있는 것을 확인했습니다. 시외전화 서비스나 전용 서비스가 정점을 찍은 것과는 달리 휴대전화사업은 호조로, 그것이 회사를 지탱하고 있습니다. 덧붙여 말씀드리면 셀룰러 여덟 개 사의 실적은 1992년 3월 결산기의 매출이 1,021억 엔, 경상이익이 155억 엔이었습니다. 이것이 1994년 3월 결산 때는 매출이 1,235억 엔, 경상이익이 217억 엔으로 늘어나, 매출 대비 경상이익률 17.5퍼센트를 달성했습니다."

"그 변화를 판단 근거로 삼아 과감하게 손을 쓸 수 없습니까?"

오쿠야마는 깜짝 놀라면서 회장의 속뜻을 알아차렸다.

"유선전화사업에서 휴대전화사업으로 전환하고, 자금을 과감하게 재편하도록 하겠습니다. 투자해야 할 곳에 집중하고, 줄여야 할 곳은 철저하게 줄여가는 원칙에 입각한 투자를 시행하겠습니다."

"그렇습니다. 유선전화는 향후 국내총생산(GDP) 성장률을 조금 웃도는 정도만 증가할 것입니다. 그런 상황에서 한정된 자금으로 과거의 고수익 체질로 되돌리려면 휴대전화에 집중하는 것이 최선입니다."

"유선전화 담당자들은 심하게 반발할 것입니다."

"이해시키는 방법밖에 없습니다."

오쿠야마는 회장의 말에 수긍했다.

오쿠야마 사장의 지시로 제2전전은 '피닉스 작전'을 더욱더 철저하게 시행했다. 영업비를 줄이고, 잔업을 자제하고, 그 밖의 경상비를 줄여 매달 60억 엔에서 70억 엔의 경비를 줄여나갔다. 그리고 유선전화에 대한 투자는 억제하는 한편 휴대전화사업에는 1,000억 엔의 설비투자를 과감하게 단행했다.

대리점과 커미션 삭감 교섭을 진행하는 데 순풍이 되어준 것은 휴대전화사업의 급성장이었다. 대리점들은 시외전화 서비스 커미션을 삭감하는 것에 심하게 반발했다. 하지만 휴대전화사업이 급성장하자, 커미션을 줄이더라도 대리점을 계속 운영하는 것이 이득이 된다고 생각했다.

1995년 3월 결산 때 제2전전의 자체 매출은 전년 대비 28.7퍼센트 늘어난 3,778억 6,800만 엔, 영업이익은 19.6퍼센트 늘어난 359억 6,200만 엔, 경상이익은 29.6퍼센트 늘어난 293억 4,700만 엔에 달했다. 또한 같은 기간, 각 셀룰러 회사를 포함한 제2전전그룹의 전체 매출은 전년 대비 34.9퍼센트 늘어난 5,103억 9,100만 엔, 영업이익은 22.1퍼센트 늘어난 794억 4,600만 엔, 경상이익 역시 전년 대비 32.3퍼센트 늘어난 687억 5,800만 엔에 달했다.

제2전전은 다시 한 번 고수익 기업으로 빛을 발하기 시작했다.

3

경영관리부의 모로즈미 히로후미는 제2전전의 피닉스 같은 부활을 보여주는 수치를 보면서 말로 표현할 수 없는 성취감을 맛보았다.

'피닉스 작전'의 성공에는 그를 비롯해 경영관리부 직원들이 헌신적으로 매달려 만든 면밀한 관리회계 제도가 큰 몫을 했다. '피닉스 작전'은 회사 경비를 반으로 줄이는 것을 기치로 내걸었다. 하지만 관리회계 제도가 없었다면 회사 경비 중 어느 항목을 얼마만큼 삭감해야 하는지 목표를 구체적으로 제시하지 못했을 것이다. 월별 적자를 예측해 기민하게 대책을 세우지도 못했을 것이다.

NTT나 다른 회사에서는 '피닉스 작전'을 입안하고 수행하기 불가능했다. 그들이 도입하고 있는 일반적인 회계 제도로는 월 결산이 흑자일지 적자일지 미리 알 수가 없을 만큼 허술했다. 이에 반해 제2전전의 관리회계 제도는 꼼꼼하고 면밀하기로 유명한 교세라의 관리회계 제도를 기초로 했다.

우선 부문별 수입과 그 수입을 얻기 위해 사용한 경비를 세세하게 집계해, 각 부문의 책임자에게 통보한다. 책임자는 이 자료로 통솔하고 있는 각 부문의 경영 수치를 제때 파악할 수 있다. 그리고 부문별 수치를 통합해 회사 전체의 수치로 정리한다. 경영진은 이들 수치를 근거로 현재 회사의 경영 상황을 정확하게 파악해 필요한 대책을 강구한다.

'하반기에 28억 6,000만 엔의 지출을 예정하고 있던 판촉 이벤트 비용이나 홍보용 팸플릿 인쇄비를 30퍼센트, 금액으로 환산하면 8억 6,000만 엔 삭감한다', '매월 1억 4,000만 엔에 달하는 잔업비를 30퍼센트, 4,200만 엔 삭감한다'고 규정한 '피닉스 작전'의 구체적인 목표도 이런 데이터를 근거로 삼은 것이다.

이나모리 가즈오의 지시에 따라 관리회계 제도 구축에 착수한 것은 제2전전이 시외전화 서비스를 출발한 1987년부터였다. 이나모리 가즈오는 "회사의 경영 상태를 정확하게 보여주는 수치가 없다면 회사를 제대로 경영할 수 없다"는 자신의 지론을 강조했다.

모로즈미가 파이오니아를 퇴직해 제2전전에 입사한 것은 제2전전이 관리회계 제도 구축에 착수한 1987년이었다. 31세로, 파이오니아에서 회계 업무를 담당한 그는 그 경험을 살려 제2전전 경리부에 배속되었지만, 입사 일주일 만에 경영관리부로 옮겨 갔다.

경영관리부는 이나모리 가즈오의 지시에 따라 창설한 부서로, 교세라의 관리회계 제도에 기초해 제2전전의 관리회계 제도를 구축하고, 이를 운용하기 위한 규칙을 작성했다.

부서를 관장하는 임원은 교세라의 관리회계 제도를 상세하게 알고 있는 제2전전 전무 아오야마 요시미치였다. 부장, 과장도 모두 교세라 출신이었다. 교세라의 관리회계 제도는 이나모리 가즈오가 고안하고 아오야마 전무 등이 구축한 것으로, 아메바 경영으로 알려져 있었다.

아오야마 전무는 새로 들어온 모로즈미에게 가장 먼저 해야 할 업무를 지시했다.

"교세라에 말해두었으니, 교세라 본사에 가서 교세라의 채산관리 기법과 교세라 경영철학을 공부하고 오게."

모로즈미는 교토에 위치한 교세라의 경영관리본부 담당자들로부터 교세라의 경영철학인 '전원 참가 경영'과, '철저한 목표 주지', 그리고 '매일매일 채산을 작성'하는 이유와 중요성을 교육받았다.

이후 아오야마 전무는 교토에서 돌아온 모로즈미에게 '매일매일 채산을 작성'할 것을 지시했다.

"매일 아침 일찍 출근해서 시외전화 서비스의 전날 매출을 취합해 장표에 기입한 후 각 부문에 나눠주게. 월요일부터 일요일까지의 매출을 매일매일 체크하면 요일별 매출 경향과 월별 매출 동향을 예측할 수 있네. 그 후 매월 1개월의 매출 계획을 세워 그것과 실적을 비교해 어느 정도 차이가 발생했는지 채산하고, 이를 다시 각 부문에 배포하게."

전무는 계속했다.

"이로써 각 부문별 책임자들은 매일매일 자신이 맡은 부문의 채산을 관리해 정리할 수 있네. 이것은 그들에게 맡은 일에 대한 책임감과 의욕을 불러일으키지. 따라서 우리는 그들에게 부문별 채산 관리를 주지시키는 가장 중요한 기초 작업을 수행하고 있는 거라네."

이런 발상은 전직 회사인 파이오니아에는 없었다. 모로즈미는 아오야마 전무의 지시에 당황했지만, 이 일을 하면서 매일매일 채산을 관리하는 것이 얼마나 중요한지 실감했다.

해가 바뀌어 1988년이 시작되면서 제2전전의 독자적인 관리회계 제도 구축은 더욱더 본격화되었다. 특히 그해 목표로 삼은 '전원 참가 경영'을 실현하기 위해 각 부문별 채산 관리를 더욱 철저히 했다.

먼저, 제2전전의 채산 관리를 면밀하게 수행하기 위해 부문별로 세분화했다. 세분화된 부문별로 명확한 수입과 그 수입을 얻기 위해 소요된 비용을 산출해, 각 부문이 스스로 경영할 수 있는 기반을 마련해주었다. 모로즈미 팀은 아오야마 전무의 지시에 따라 회사 전체의 업무 흐름을 분석하고, 이를 토대로 시외전화 서비스 영업부, 전국에 분산된 영업 지점, 영업소 등 부문별 채산 관리의 최소 단위가 되는 부문을 나누어 갔다.

계속해서 부문별 수입이나 그 수입을 얻기 위해 소요된 비용을 분류했다. 비용 항목은 일반 결산서의 감정 과목보다 훨씬 상세했다. 영업비의 경우 판매 대리점에 지불한 커미션, 판촉을 위한 팸플릿 제작비, 인쇄비 등 자세하게 분류했다. 또한 본사나 지점, 영업소의 임대료도 각 부문이 점하는 공간 면적에 따라 꼼꼼하게 분류했다.

이 부문별 채산표를 매일매일 부문별 책임자에게 전달해, 책임자가 회계 전문가가 아니더라도 그가 맡은 부문의 경영 상태를 한눈에 알 수 있도록 피드백했다.

그 결과 각 부문 책임자들은 자신이 통솔하고 있는 부문의 경영 내용을 실시간으로 파악할 수 있었다. 책임자들은 그 수치에 기초로 '매출을 최대한 늘리고 경비를 최소화해, 그 차이가 되는 이익을 최대로 한다'는 원칙에 따라 각 부문별 채산 관리를 실천했다.

그런데 여기에서 커다란 벽에 부딪혔다. 관리회계 제도의 기본이 되는 교세라와 제2전전의 코스트 구조가 다르다는 점이 문제였다. 교세라는 제조업체이기 때문에 재료비 비율이 큰 반면, 생산설비 등의 고정비는 상대적으로 적다. 이에 비해 전기통신은 장치산업이기 때문에 고정비 비율이 매우 크고, 고객을 확보하기 위한 영업비도 막대했다.

이런 이유 때문에 교세라의 회계 기법을 제2전전에 그대로 적용할 수는 없었다. 제2전전은 수입·지출 항목을 독자적으로 분류해, 이를 토대로 비용 항목을 정리해두어야 했다. 이에 따라 모로즈미 팀은 우선 제2전전의 코스트 구조를 철저하게 분석해, 전체적으로 관리하는 전사관리 경비와 부문별로 관리하는 부문관리 경비로 나누었다. 이 중 전사관리 경비는 '세금과 차입금의 이자 등 회사경영비', '통신 설비의 감가상각비 등 네트워크 운영비', '광고선전비' 등으로 분류했다.

그리고 다음 해에 부문관리 경비를 분류하고, 월별 회계 데이터로부터 부문관리 경비에 해당하는 비용 항목을 추출해 월별 실적으로 삼았다. 이 자료를 부문별로 배포하는 한편, 각 부문별로 경비 관리 담당자를 임명해 월별 예정을 작성해 제출하도록 했다.

모로즈미 팀은 이나모리 가즈오의 지도와 조언을 받으며 제2전전의 경영, 조직 실태에 맞는 관리 기법을 모색해갔다.

"부문관리 경비를 확실하게 분류해 각 부문에 배분하는 것은 부문별 채산 관리를 정확하게 제시하기 때문에 빈틈이 없어야 합니다. 의미가 없는 수치가 나열되어 있으면 부문별로 경영에 오류를 범할 수 있습니다."

이나모리 가즈오는 부문별 채산 관리의 중요성을 이렇게 강조했다.

배분한 경비에 대해서 "이 경비를 우리 부서에 배분하는 것은 옳지 않다"는 불만이 터져 나오는 경우도 적지 않았다.

그때마다 경영관리부 직원들은 즉시 재검토해 실정에 맞도록 경비를 재분배하기도 했다. 이나모리 가즈오에게서 이렇게 지도받았기 때문이다.

"부문별 채산 관리를 좀 더 효율적으로 하기 위해서는 아침에 목표한 것을 저녁에 바꾸어도 괜찮습니다. 그러면 위엄이 서지 않는다고 말하는 사람도 있지만, 정말로 곤란한 것은 실제로 현장에서 부문별 채산 관리를 철저하게 운용할 수 없다는 것입니다."

어려움은 경비의 분류, 배분만이 아니었다. 수입도 마찬가지로, 특히 전화요금 수입을 어느 부문에 배분하느냐는 큰 문제였다.

제조업체라면 도호쿠 지점에서 판매한 수입은 도호쿠 지점 것으로 잡힌다. 도쿄 공장에서 제조한 제품을 출하한 수입은 도쿄 공장 것으로 잡으면 된다. 하지만 전화사업은 그렇게 간단하게 배분할 수 없다. 도호쿠에서 도쿄로 걸려온 전화는 도호쿠 지점과 도쿄 본사 중 어느 쪽 수입으로 잡아야 할까?

경영관리부 직원들은 이나모리 가즈오의 조언을 받아들여, 전화를 발신한 측 지점의 수입으로 삼았다. 도호쿠에서 도쿄로 걸려온 전화는 도호쿠 지점의 수입이 되는 것으로 규칙을 제정한 것이다.

이것은 영업 성과를 올린 측이 수입을 얻는다는 사고방식에 기초했다. 도호쿠-도쿄의 통화가 제2전전 수입으로 입력되기 위해서는 발신한 측의 전화에 어댑터가 부착되어 있어야 한다. 그리고 그것은 바로 영업 노력의 성과였다.

한편, 도쿄와 오사카가 연계해서 전용 서비스의 고객을 확보한 경우, 도쿄 본사와 오사카 지점의 영업이 각각 어느 정도 공헌했는지를 검토해 5 대 5 또는 7 대 3으로 배분할지 여부를 정하는 규정도 만들었다.

경영관리부 직원들은 아오야마 전무의 지도를 바탕으로 부문별 채산 산출 방식을 전 회사에 주지시키기 위해 여러 가지 방법을 강구했다.

우선 매월 본사에서 채산검토회의를 열었다. 모든 임원이 참가해, 회사 전체의 채산 실적과 마스터플랜 진척 상황을 점검하고, 과제나 문제점을 토론하고 의견을 모았다. 각 지점에 출장 가서 지점장이나 영업소장, 네트워크센터장을 대상으로 채산검토회의를 개최하기도 했다.

아오야마 전무가 말했다.

"부문별 채산 관리를 기능하게 하고 목표를 입안·실천하는 것은 각 부문별 책임자인 여러분의 의무입니다. 여러분은 매일매일 피드백된 수입과 비용 수치를 검토해서 오늘은 얼마나 수입을 거두었는지, 나아가 그 수입을 얻기 위해 경비가 얼마나 발생할지를 분석해 월별 매출 및 경비를 입안해야 합니다. 그리고 월별 매출 예정과 경비 예정을 모은 연별 마스터플랜도 작성해야 합니다."

부문별 책임자들은 마른침을 삼켰다.

"그리고 여러분은 그런 목표와 매일매일의 실적을 비교해 진척 상황을 파악해가면서 필요한 조치를 취해야 합니다. 예정한 매출 달성이 늦어질 경우에는 그 목표를 이루기 위한 대책을 강구하고, 예정보다 많은 경비를 사용했을 경우에는 비용 지출을 엄격하게 조정해야 합니다. 그 결과 여러분은 작은 부문이라도 그 부문의 경영을 책임지는 사람으로, 자신도 경영자의 한 사람이라는 의식을 갖게 되어, 창의적인 아이디어로 업적을 향상시키는 데 몰두할 것입니다. 이처럼 부문별 채산 관리는 경영자 한 사람이 아닌, 전원 참가 경영을 목표로 하고 있습니다."

아오야마 전무는 계속했다.

"부문별 채산 관리를 실천하려면 각 부문에서 발생하는 수입, 경비를 매일매일 정확하게 정산하고 예측해야 합니다. 그렇지 않으면 제도가 아무리 우수해도 부문별 채산 관리는 제 기능을 하지 못합니다. 그렇기 때문에 여러분 모두가 다음 사항을 철저하게 주지해야 합니다. '지출 시에는 반드시 지불전표를 발행하고, 수입이 있으면 그 즉시 계상한다', '수치 입력 실수나 누락 또는 날조가 없도록 이중으로 체크한다' ……."

아오야마 전무의 이야기는 종료 시간을 지나서도 좀처럼 끝나지 않았다.

그러나 어려움은 여기서 끝나지 않았다.

248

1989년 7월, 간사이 셀룰러가 서비스를 개시하면서 제2전전 그룹은 유선전화에 이어 휴대전화사업도 취급하게 되었다.

그런데 휴대전화 서비스는 1994년 이후 휴대전화 단말기를 싸게 판매해 계약자를 늘리고, 그 기본요금이나 매월 통화요금으로 얻은 수입으로 휴대전화 단말기 판매에서 생긴 적자를 회수해 수익을 높이는 비즈니스 모델로 전환했기 때문에, 이전까지 해온 유선전화사업과는 전혀 달랐다. 그 때문에 모로즈미 팀은 유선전화와는 다른 새로운 채산 관리 기법을 만들어야만 했다.

모로즈미 팀이 이나모리 가즈오에게 도움을 청하자, 이나모리 가즈오는 이렇게 말했다.

"휴대전화사업은 휴대전화 단말기를 판매하는 비즈니스, 신규 계약을 확보하는 비즈니스, 통화를 담당하는 네트워크 등 세 개의 비즈니스로 나눌 수 있습니다. 그것들을 분할해서 수입, 지출을 계상해 채산을 관리할 수 있도록 하면 됩니다. 사업 전체를 막연하게 보기만 해서는 어디가 잘 돌아가서 사업이 성공했는지 알 수 없습니다."

지난 일들을 떠올린 모로즈미는 자리에서 일어났다. 과거를 반추하는 것은 이것으로 끝이다. 부문별 채산 관리는 매일매일 새롭게 발전시키지 않으면 안 된다.

6

합병으로 가는 머나먼 길

1

　1996년 봄, 통신 자유화와 전전공사의 민영화를 규정한 전기통
신사업법 시행으로 막을 연 일본의 통신혁명은 철퇴를 맞았다. 당
연하게 여겼던 NTT의 분리·분할이 백지화될 분위기였다.

　NTT를 민영화한 후 장거리전화 회사와 지역전화 회사로 분리해
공정한 경쟁을 유도한다는 것은 제2차 임시행정조사회인 도코임
시조사회가 1982년에 발표한 기본 방침이자 정부의 확고한 의지였
다. 그것은 사회적 약속이기도 했다. 1985년에 시행한 전기통신사
업법은 'NTT의 경영 형태를 5년 뒤에 다시 한 번 수정한다'고 규
정했으며, 1990년 3월 우정성 전기통신심의회는 '1995년을 목표
로 NTT를 장거리전화 회사와 지역전화 회사로 분리한다'는 방침
을 발표했다.

그리고 1996년 2월, 전기통신심의회는 NTT를 2년 안에 장거리 전화 회사와 두 개의 지역전화 회사로 분할하는 NTT 분리·분할 방침을 발표했고, 이어 "NTT의 경영 형태를 같은 해 3월 말까지 결론내야 한다"고 못을 박았다.

그런데 정부는 형식적인 논의만 하며, "NTT 분리·분할에는 여전히 신중론이 우세하므로 1996년 3월 말까지는 결론을 내지 않는다"며 뒤로 물러섰다. "총선거가 가까워졌기 때문에 NTT 재편과 같은 문제에 빠져들고 싶지 않다"며 소극적이던 여당에 당한 꼴이었다.

더구나 여당에서 연 공청회에 참석한 이들은 대부분 NTT 분리·분할 반대론자로, 전기통신심의회의 방침을 무시해버릴 의도가 다분했다.

NTT 분리·분할을 반대하는 이들은 이렇게 주장했다.

"지난 몇 년간 통신 환경은 크게 변해 국제경쟁력이 더없이 강조되고 있습니다. 이런 상황에서 NTT의 국제경쟁력, 기술개발력을 깎아먹는 분리·분할은 오히려 악영향만 미칩니다. 덧붙여 지금까지 경쟁이 없었던 지역전화 분야도 CATV나 PHS(간이형 휴대전화) 참여가 증가해 경쟁이 시작되고 있습니다. 전기통신심의회가 방침을 세운 1990년과는 상황이 바뀌어, 당시 방침은 더 이상 의미를 갖지 못하게 되었습니다."

이나모리 가즈오는 답답한 마음으로 사태의 추이를 지켜보면서 반대론자의 의견을 주시했다.

반대론은 궤변에 불과했다. 그들은 NTT를 분리·분할하게 되면 국제경쟁력이 떨어진다고 주장하지만, 그렇다면 지금의 NTT는 국제경쟁력을 갖고 있단 말인가? NTT가 개발한 교환기나 네트워크 시스템은 세계적으로 기술을 인정받아 보급되고 있단 말인가? 아니었다. 이동통신만 봐도 그랬다. NTT가 개발한 기술은 세계 표준과는 달라 국제적으로는 전혀 통용되지 않고 있었다. 더구나 그것은 해외의 통신기기 생산업체가 일본 시장에 참여하려 할 때 문제될 소지가 다분했다.

지역전화 분야에서 경쟁이 시작되고 있다는 판단도 경솔하기는 마찬가지였다. 우정성은 CATV를 방송뿐 아니라 통신에 이용해도 좋다고 강조했지만, CATV 보급률은 아직도 낮아 통신망 기능을 하지 못하고 있었다. PHS도 이제 겨우 서비스를 시작한 직후였다.

게다가 PHS 기지국은 ISDN(종합 디지털 통신망) 회선으로, NTT의 지역 전화망에 얽매여 있었다. NTT와의 경쟁 상대라기보다는 PHS 이용률이 올라갈수록 NTT의 지역전화 매출이 신장하는 구조였다.

이처럼 반대론에 허점이 많은데도 불구하고 여당이 NTT의 분리·분할에 주춤하는 데는 NTT와 NTT의 노동조합인 전국전기통신노동조합의 정치적 압력도 무시할 수 없었다. 특히 연립 여당을 구성한 사회당의 최대 지원 조직인 전국전기통신노동조합은 1985년의 전전공사 민영화를 계기로 자신들의 조직을 지키기 위해 민영화 찬성·분할 반대로 정부에 맞섰고, NTT 분할을 한 차례 저지한 바 있었다.

이나모리 가즈오는 분함을 억누르지 못했다.

제2전전이 출발한 지 10년, 이나모리 가즈오는 불공정한 경쟁을 강요받아왔다. 만약 NTT가 민영화와 동시에 분리·분할된다면 장거리전화 회사인 제2전전의 경쟁 상대는 NTT에서 분리된 장거리전화 회사가 될 것이 틀림없었다. 하지만 분리·분할은 연기되었고, 제2전전은 장거리전화와 지역전화를 통합해 매출 6조 엔, 직원 20만 명을 거느린 강대한 독점기업과 계속 경쟁해야만 했다.

그것만이 아니었다. 제2전전은 유선전화 서비스를 하려면 기존 NTT 지역망에 접속해야 하기 때문에 NTT에 고액의 접속요금을 지불하고 있었다. 그 금액은 1994년에만 1,370억 엔으로, 제2전전 전화요금 수입의 3분의 1 이상이었다.

이나모리 가즈오는 NTT가 장거리전화 회사와 지역전화 회사로 분리되면 이 상황이 개선되리라 기대해왔다. 그러나 그것은 기대에 불과했다.

1996년이 저물어갈 무렵, 이나모리 가즈오의 정세 분석은 적중했다. 전기통신심의회의 방침과는 달리 NTT의 분리·분할은 실현되지 않았고, NTT의 경영 형태는 자민당의 정치적 결정에 맡겨지고 말았다.

12월 6일, NTT의 경영은 지주회사가 관리하는 체제로 결정되었다. 정부의 발표에 따르면 1999년 7월을 목표로 지역전화사업을 동일본전신전화(NTT 동일본)와 서일본전신전화(NTT 서일본)로 분할한다. 그때 NTT커뮤니케이션즈는 민영화를 단행, NTT의 꿈이었던 국제통신에도 참가하게 된다.

이것만 보면 NTT는 장거리전화 회사와 복수의 지역전화 회사로 분리·분할되는 것처럼 보였다. 하지만 그것은 속임수에 불과했다. NTT 자신이 지주회사가 되어 동일본전신전화, 서일본전신전화, NTT커뮤니케이션즈를 산하에 두고 모든 경영을 예전 그대로 유지하는 것이기 때문이다.

게다가 지주회사인 NTT는 1992년에 설립한, 휴대전화사업을 경영할 자회사인 NTT이동통신(현 NTT도코모)과 1988년에 설립해 기업의 데이터통신을 담당하는 자회사 NTT데이터통신(현 NTT데이터)를 여전히 산하에 두고 있었다.

이번 재편으로 NTT는 분리·분할되기커녕 업무 범위와 업태를 확대해, 지금까지 이상으로 강대한 기업으로 재탄생했다. 경영은 더 강화되었다고 해도 좋았다. 그리고 그것은 제2전전 등 새로운 전화회사들에게 불공정한 경쟁을 강요하는 결과를 낳고 말았다.

1996년 12월 17일, 제2전전 본사에 출근한 이나모리 가즈오는 오쿠야마 사장을 회장실로 호출했다. 오쿠야마는 당시 분리·분할에 따른 NTT의 향방과 그에 따른 통신업계 정세를 면밀히 분석하고 있었다.

"최악의 결정입니다."

오쿠야마 사장은 그렇게 말하면서 미간을 찡그렸다.

"낭패입니다."

이나모리 가즈오는 분함을 곱씹으면서 고개를 끄덕였다.

1995년 전기통신사업법 시행으로 막을 연 통신혁명이 NTT의 관리 경영이라는 터무니없는 결정으로 무너지려 하고 있었다. 더구나 지주회사는 당시 법률로 인정되지 않았다. 자민당의 결정은 준법정신을 짓밟아버리고 말았다.

"이번 결정으로 통신업계는 크게 변할 것 같습니다."

"틀림없습니다. NTT가 지주회사로서 규모가 더 커졌고, 그와 함께 국제전신전화주식회사(KDD)법 폐지도 결정되었습니다. NTT가 더 강대해지는 한편, 이 법으로 국내·국제 통신 울타리가 없어져버렸습니다. KDD의 국내통신 참여를 인정하는 대신 타사도 자유롭게 국제통신사업을 할 수 있도록 했습니다. 이미 NTT커뮤니케이션즈는 국제통신 참여 의지를 표명했습니다. 이것으로 통신회사 경쟁은 한층 더 격렬해질 테고, 경쟁력 강화를 위한 동종 업계 간 합병이 이루어질 것입니다."

"재편 움직임이 본격화된다는 말씀입니까?"

이나모리 가즈오는 고개를 끄덕였다.

"업계 재편 움직임이 일기 시작한 것은 작년, NTT의 경영 형태에 대한 논의가 재개될 무렵부터입니다. 그것은 앞으로 가속화될 것이 틀림없습니다."

"그런 상황에서 우리는 어떻게 하면 좋겠습니까?"

오쿠야마 사장은 몸을 앞으로 내밀었고, 이나모리 가즈오가 답했다.

"내가 늘 말해왔듯이, 제2전전의 경영 기반을 확실히 다지는 것이 무엇보다도 중요합니다. 그리고 제2전전 스스로 업계의 재편 소용돌이 한가운데에 서야 합니다."

"소용돌이 한가운데라면 통신업계 변화의 중심이 되자는 말씀입니까?"

"그렇습니다. 더 강대해진 NTT에 대항하려면 제2전전 스스로가 강력한 대항 축이 되어야 합니다. 그러기 위해서는 우선 우리에게 접촉해온 글로벌원과 일본국제통신(ITJ)과의 제휴와 합병을 본격화해야 합니다."

글로벌원은 미국의 전화회사인 스프린트가 프랑스텔레콤과 도이치텔레콤을 끌어들여 설립한 국제연합으로, 올해 2월 일본 법인인 글로벌원-재팬을 설립했다. 스프린트는 일찍부터 국제적인 제휴를 모색했고, 올해 5월에는 CEO인 윌리엄 에스레이가 이나모리 가즈오를 직접 방문해, 통신업계의 장래에 대한 의견을 교환했다.

일본국제통신은 1986년에 설립한 민간 국제전화 회사로, 스미토모상사·미쓰비시상사·미쓰이물산·마쓰시타전기산업 등 쟁쟁한 기업이 출자했다. 하지만 국제전화 시장은 국내전화 시장의 25분의 1에 지나지 않았고, 그 작은 시장조차 KDD와 국제디지털통신(IDC)이 상당 부분 점유하고 있어 고전을 면치 못하고 있었다. 여기에 NTT 그룹이 국제전화에 참여해 들어오면 더 이상 살아남을 길이 없었다. 위기감을 느낀 일본국제통신 사장이 이나모리 가즈오와 오쿠야마에게 면담을 신청했다. 그 자리에서 일본국제통신 사장은 "저희 힘으로는 이 상황을 이겨내지 못합니다. 이나모리 가즈오 회장님의 지도를 부탁드립니다"라는 의미심장한 말을 했다.

"지켜보세요. 우리가 글로벌원이나 일본국제통신과 교섭한다는 소문이 통신업계에 퍼지면 머지않아 KDD를 시발로 다른 통신회사들도 제휴·합병 얘기를 꺼낼 것입니다. 지금은 다들 서로를 의

심하고 두려워하고 있지만, 이 상황은 머지않아 반드시 바뀝니다. 그러니 다른 통신회사의 동향을 수시로 파악해 움직임이 있으면 반드시 알려주시기 바랍니다."

이나모리 가즈오는 숨을 가다듬은 후 말을 이었다.

"이와 관련해 또 하나 사장에게 반드시 하고 싶은 말이 있습니다. 제휴나 합병 교섭은 본래대로라면 회사의 최고임원들에게 자문을 구해야 합니다. 하지만 이번 경우는 기밀을 요구하는 사항으로, 몇 명이 내밀하게 진행해야 합니다. 소니 회장을 비롯한 이사들에게는 제휴와 합병 절충·교섭은 모두 이쪽에 맡겨주시기 바란다고 양해를 구하고, 어느 날 갑자기 신문 등에 보도되어도 절대로 놀라지 마시라고 설득해주시면 고맙겠습니다."

"알겠습니다."

오쿠야마는 고개를 끄덕였다.

2

이나모리 가즈오의 지시를 받은 오쿠야마 사장은 글로벌원, 일본국제통신과 접촉해 제휴·합병 건을 진행했다.

하지만 각 사의 경영 상황이 다르고, 그들이 제휴·합병을 원하는 속내가 드러나면서 교섭은 난항을 거듭했다. 글로벌원과 일본국제통신은 제2전전과 협상 의도가 상충했고, 자사의 이익만을 앞세웠다.

스프린트의 CEO인 에스레이가 직접 일본을 방문해 이나모리 가즈오와 한 차례 의견을 나눈 데 이어, 1996년 7월과 9월에는 이나모리 가즈오가 미국과 독일, 프랑스를 방문해 도이치텔레콤 회장, 프랑스텔레콤 회장과도 회담을 했다.

그 자리에서 도이치텔레콤 총재와 프랑스텔레콤 회장은 이나모리 가즈오의 경영철학과 업적에 경의를 표했다.

"지금까지 수많은 일본 경영자들을 만나보았지만, 처음 나누는 대화에서 이렇게 서로 공감한 경우는 없었습니다."

하지만 오쿠야마 사장을 중심으로 진행한 실무자 교섭에서 스프린트가 제2전전을 글로벌원-재팬의 현지 대리점으로 이용하려는 속셈을 가지고 있음이 드러났다. 스프린트의 경영은 의외로 심각했다. 스프린트는 경영이 악화되고 있었고, 프랑스텔레콤, 도이치텔레콤과의 관계도 삐걱거리고 있었다.

일본국제통신은 훨씬 더 심각했다. 이 회사 사장도 이나모리 가즈오의 경영철학에 경도되었고, 제2전전에 의한 구제합병을 바라고 있었지만, 대주주인 미쓰비시상사·스미토모상사·마쓰시타전기산업은 제2전전보다는 일본텔레콤과의 합병을 바라고 있었다. 아무리 사장이라도 대주주의 의사를 거역할 수는 없었다. 그런데도 불구하고 일본국제통신이 제2전전과의 교섭을 지루하게 끄는 것은 좀 더 높은 금액으로 일본텔레콤에 매수되려는 속셈이었다.

1997년 2월, 오쿠야마 사장은 이나모리 가즈오에게 지금까지의 경위와 상황을 보고했다. 이야기를 들은 이나모리 가즈오는 잠시 눈을 감고 생각에 잠긴 뒤 이렇게 말했다.

"일본국제통신의 협상 목적은 어디까지나 일본텔레콤과의 합병입니까?"

오쿠야마는 고개를 끄덕였다.

"일본국제통신 사장은 우리와의 합병을 바라고 있지만, 대주주에게는 전혀 통하지 않고 있습니다. 그는 자신이 결말을 내보겠다고 말하지만 무리인 것 같습니다."

"유감이기는 하지만 일본국제통신과의 교섭은 여기에서 끝내야겠군요. 글로벌원 건은 우리가 걱정하는 내용을 그쪽에 알리고 답변을 기다려봅시다. 그런 다음에 대응 방안을 결정합시다. 그들이 확실한 답을 보내오지 않으면 그들과의 교섭도 접어야겠습니다."

글로벌원은 제2전전의 우려를 불식할만한 명쾌한 회답을 보내지 않았다. 이에 제2전전은 일본국제통신에 이어 글로벌원에도 교섭 결렬을 통보했다.

1997년 3월 12일, 제2전전과 일본국제통신 간 교섭이 깨진 것을 기다리고 있었다는 듯이 일본텔레콤과 일본국제통신이 합병 합의를 발표했다.

신문 기사에 따르면 1997년 10월을 목표로 일본텔레콤이 일본국제통신을 흡수하는 형태로 새 회사를 발족하기로 했으며, 회사 이름은 일본텔레콤을 그대로 유지하기로 했다. 합병 비율은 정해지지 않았지만, 일본국제통신의 주식 12주에 대해 일본텔레콤의 주식 한 주를 할당하는 안이 유력했다.

언론은 일본텔레콤을 치켜세우며, 이로써 업계 재편을 향한 합병 전략에서 제2전전보다 앞서게 되었다고 보도했다.

국내 첫 대형 통신회사 동업자들 간의 합병에 의해 일본텔레콤의 매출 규모는 4,000억 엔을 넘어설 것으로 보인다. 일본텔레콤은 국제통신 인프라나 노하우를 손에 넣음으로써 국내와 국제를 아우르는 일관 서비스 체제를 신속하게 정비하게 되었다. 게다가 스스로의 힘으로 국제 업무를 취급할 수 있게 되어, 향후 구미 통신회사와의 제휴를 모색할 때 유리한 조건을 확보할 수 있을 것으로 예상된다. 이에 비해 제2전전은 합병 전략에서 크게 뒤졌고, 특히 국제 사업 장래성 면에서는 적신호가 켜지고 말았다.

일본텔레콤에 의한 일본국제통신 흡수 합병이 발표된 직후 오쿠야마 사장은 이나모리 가즈오를 찾아갔다.

"사외이사들로부터 '일본국제통신을 일본텔레콤에 빼앗기는 게 아니냐'며 심하게 질책을 들었습니다."

이나모리 가즈오는 어깨가 처진 오쿠야마에게 말했다.

"실망하는 것은 아직 이릅니다. 이전에도 말했지 않습니까? 우리가 글로벌원이나 일본국제통신과 교섭을 진행한다는 이야기가 퍼지면 다른 통신회사들도 우리에게 연락할 게 틀림없다고. 안달할 필요 없습니다. 제2전전 단독으로 할 각오가 되어 있다면 길은 반드시 열립니다."

이나모리 가즈오의 예상은 얼마 지나지 않아 적중했다.

"제2전전과 긴밀한 관계를 구축하고 싶습니다."

KDD였다. 제2전전과 일본국제통신의 협상이 결렬된 것을 확인한 KDD는 정식으로 합병 교섭을 제의해왔다. KDD 경영진은 머지않아 NTT커뮤니케이션즈가 국제전화 시장에 들어오면 KDD 혼자 힘으로는 살아남을 수 없다는 위기감을 가지고 있었다.

오쿠야마 사장은 KDD 대표와 몇 차례 회담을 갖고 합병 조건을 절충했다. 하지만 협상을 하면 할수록 쌍방의 이견은 더 깊어지기만 했다.

"우리 KDD는 유일한 국제전화 회사로서 오랜 역사와 전통을 갖고 있습니다."

KDD는 일본에서 국제전화를 처음 시작했다는 자긍심 때문에 자사를 지나치게 과대평가했다. 특히 KDD가 마지막까지 애착을 버리지 않은 것은 합병 후의 회사 이름이었다. 그들은 이렇게 주장했다.

"우리는 100년의 역사라는 자긍심을 가지고 있습니다. 미국의 AT&T, 영국의 BT, 일본의 KDD라고 부를 정도로 우리 기술은 세계적으로도 인정받고 있습니다. 제2전전은 설립한 지 고작 15년밖에 안 되지 않습니까? 그렇기 때문에 합병 후에도 반드시 KDD 브랜드는 남기고 싶습니다.'

그들은 역사와 브랜드에 대한 강한 애착 때문에 합병 비율도 비상식적인 의견을 고수했다.

"합병 비율을 결정한 뒤에 우리 회사의 주식을 좀 더 높게 평가받고 싶습니다. 우리에게는 100년의 역사와 브랜드에 더해 국가를 대신해 국제통신 분야 조약에 서명하는 권한이 있습니다. 이런 무형자산을 주가에 반영해 평가받고 싶습니다."

"주가는 시장이 결정하고 그에 따라 합병 비율을 결정합니다. 그것이 경제 원리입니다."

오쿠야마는 몇 번이나 같은 설명을 반복했다. 이나모리 가즈오와 협의해 '합병 후 발족하는 새 회사의 사장은 KDD에서 해도 좋다', '회사명도 KDD와 유사한 이름이라면 상관없다'는 파격적인 양보안을 제시했지만, KDD는 여전히 동의하지 않았다.

오쿠야마 사장으로부터 보고를 받은 이나모리 가즈오는 한숨을 쉬었다.

"비상식적이라고 할까, 경제 원리를 전혀 모르고 있군요."

"합병하지 않으면 조만간 어려움에 빠져들 것은 그들이고, 그들 자신도 그것을 잘 알고 있으면서도 막무가내인 것은 회사 브랜드에 대한 집착 때문인 것 같습니다."

"그런 사람들과 함께 일하면 경영이 힘들어질 것입니다."

이나모리 가즈오의 지시를 받은 오쿠야마는 KDD 사장과 만나 교섭 결렬을 통보했다. KDD 사장은 당황해했다.

"서두르지 말아주세요. 저희는 반드시 당신들과 함께하고 싶습니다. 제 뜻을 꼭 이나모리 가즈오 회장님께 전달해주세요. 그러면 저희 성의를 알아주실 거라고 믿습니다."

이틀 후, KDD 사장의 간청을 받아들인 이나모리 가즈오는 KDD 측과 최종 협상을 했다. 그런데 그 자리에서도 KDD는 회사

명에 집착했고, 여전히 자사의 역사와 브랜드를 주가에 반영해달라고 주장했다.

"이 회담은 없었던 것으로 합시다."

이나모리 가즈오는 단호하게 말했다. 1997년 9월 4일, KDD와의 교섭은 정식으로 막을 내렸다.

오쿠야마 사장은 다네노로부터 이 소식을 들은 KDD 현장 직원들이 크게 낙담하고 있다는 말을 전해 들었다. 다네노는 KDD와 공동으로 영업 캠페인 계획을 짜고 있어서 KDD 현장 직원들의 반응을 누구보다 잘 알고 있었다.

KDD 현장 직원들뿐만 아니라 내근직 직원들도 경영진 이상으로 자사의 앞날에 강한 위기감을 품고 있었다. 그들은 제2전전과의 합병이 실현되기를 기대했다.

3

제2전전과 KDD의 합병 교섭이 좌초된 직후 일본 통신업계에는 새로운 재편 움직임이 있었다. 1997년 11월 25일, KDD와 일본고속통신이 합병 합의를 발표한 것이다. 계획대로라면 1998년 10월에 새 회사를 발족해, KDD의 브랜드 파워와 일본고속통신의 광통신 통신망을 결합한 국내·국제 전화 통합 서비스를 제공한다는 구상이었다.

구체적인 합병 조건은 정해지지 않았지만, KDD가 존속회사가 되어 KDD를 그대로 이어간다', '일본고속통신의 모회사인 도요타자동차가 새 회사의 주식 중 20퍼센트 가까이 보유해 최대주주가 된다' 등의 큰 틀은 합의를 본 것으로 알려졌다.

KDD와 일본고속통신의 합병은 1999년 7월을 목표로 진행하고 있는 NTT의 지주회사에 의한 관리 경영과 NTT커뮤니케이션즈의 국제전화 참여를 앞두고 위기감이 커진 양 사의 방어 전략이라고 밖에는 볼 수 없었다. 그렇지 않더라도 양 사의 경영은 악화되어 가고 있었다. 일본고속통신은 누적손실을 일소하기 위해 증·감자를 실시할 방침을 밝혔고, KDD도 5,300명의 직원을 2000년 말까지 4,800명으로 줄인다는 계획을 발표했다.

1998년 7월 29일, KDD와 일본고속통신은 합병 가계약서에 서명했고, 12월 1일에 새 회사를 발족하기로 발표했다. 당초에는 10월에 출발할 예정이었지만, 합병 비율 문제로 절충점을 찾지 못하면서 미뤄진 것이었다. 존속회사 및 회사명은 예정대로 KDD로, 회장과 사장도 KDD에서 맡았다.

도요타자동차의 고문을 맡고 있던 골드만삭스 일본법인의 담당자가 오쿠야마 사장에게 일본이동통신(IDO)에 대한 정보를 전달하기 시작했다. 1987년 3월에 설립한 일본이동통신은 자동차전화 등의 이동통신을 취급하기 위해 도요타자동차가 중심이 되어 설립한 기업이었다.

"도요타자동차는 일본고속통신 문제가 해결된 다음 일본이동통신을 처리할 것 같습니다."

이렇게 귀띔한 골드만삭스의 담당자는 마침내 "도요타자동차는 일본이동통신의 거취 문제로 제2전전과 협상하고 싶어 한다"는 정보를 오쿠야마 사장에게 전했다.

이에 앞선 1997년 3월, 제2전전은 일본이동통신과 디지털 휴대전화에 관한 기술·서비스 제휴를 맺었다. 미국 퀄컴 사가 개발한 CDMA(코드분할 다중접속) 방식을 공동으로 채용해 'cdmaOne'이라는 통일 브랜드로 서비스를 전개한다는 협약이었다. 이런 제휴와 골드만삭스가 전해준 정보는 제2전전과 일본이동통신의 의견이 합치하고 있음을 보여주었다.

상황을 보고한 오쿠야마 사장은 이나모리 가즈오에게 말했다.

"알고 계시는 것처럼 도요타자동차와는 휴대전화사업에 함께 착수할 때 서비스 지역 할당 건으로 이견이 심했습니다. 그 후 서로 관계가 매끄럽지 못했지만, 이번 건은 그것을 개선할 수 있는 좋은 기회입니다. 게다가 우리와 일본이동통신이 합병하면 휴대전화사업에서 아주 좋은 보완 관계를 이룰 수 있습니다. 우리 셀룰러 각 회사는 도쿄 지역과 중부를 제외한 전국에서 서비스하고 있습니다. 반면에 일본이동통신의 영업 지역은 도쿄 지역과 중부로, 이곳까지 합치면 전국을 빈틈없이 커버할 수 있습니다."

"도요타자동차와 접촉해서 합병에 들어갈 것인지 타진해보세요. 상대의 진심을 파악하는 게 우선입니다."

오쿠야마 사장은 머리를 끄덕였다.

9월 1일, 오쿠야마는 도요타자동차와의 첫 번째 협상에 임했다. 도요타자동차에서는 전무가 출석했다. 도요타자동차 측의 요청에 따라 첫 번째 협상에서 골드만삭스의 담당자가 입회인으로 동석했다.

회담 자리에서 먼저 입을 연 것은 도요타자동차였다.

"이 안건은 부사장이 담당해야 하지만, 부사장은 다음번 인사에서 자리를 이동합니다. 그래서 제가 특명을 받아 담당하게 되었습니다. 제가 이 자리에서 말하는 내용은 이미 수뇌부까지 보고되었습니다. 그러니 수뇌부의 뜻을 반영해 말씀드리는 것으로 이해해 주시기 바랍니다."

도요타자동차 측 담당자인 전무는 큰 숨을 들이쉰 뒤 오쿠야마 사장에게 물었다.

"KDD와의 협상은 무엇 때문에 결렬되었습니까?"

전무는 오쿠야마 사장의 얼굴을 뚫어지게 쳐다보았다. 그것은 제2전전이 KDD에게 이치에 맞지 않는 요구를 해서 협상이 결렬된 것이 아니냐는 의미였다. 오쿠야마 사장은 회사명과 합병 비율 문제로 합의점을 찾지 못했다고 설명하고, 도요타자동차 전무에게 물었다.

"일본고속통신과 KDD의 정식 합병이 자꾸 늦어지고 있는 것은 무엇 때문이죠?"

전무는 합병 비율에 차이가 있어 조정에 시간이 걸리고 있다고 답했다.

오쿠야마가 머리를 끄덕이고는 거듭 물었다.

"이번 일로 일본이동통신이 우리에게 접촉하려고 합니다. 그들이 우리 회사의 진의를 떠보려는 것 아니냐고 말하는 이들도 있습니다. 일본이동통신 건은 우리가 별도로 처리할까요?"

이 질문에 전무는 확실하게 답했다.

"그 건은 도요타자동차가 처리합니다. 일본이동통신에서도 이해했기 때문에 별도로 접촉할 필요는 없습니다."

"말씀드리고 싶은 게 있는데 괜찮겠습니까? 정중히 제안해드리고 싶은 일이 있어서……."

골드만삭스의 담당자가 끼어들었다.

"오늘은 양 사 모두 수뇌부가 출석해주신 것을 봐도 알 수 있듯이 양 사의 합병에 대한 의지가 크다고 봅니다. 그래서 제안해드리고 싶은 게 있습니다. 저희는 일본고속통신과 KDD의 합병 협상을 도와준 바 있습니다. 그때 도요타자동차, KDD 양쪽이 대등한 입장이라는 전제에서 합병에 관한 협상을 시작했습니다. 어떻습니까? 이 경험을 바탕으로 이번에도 대등한 입장에서 협상하는 것이 좋지 않겠습니까?"

"이견이 없습니다."

도요타자동차 전무가 머리를 끄덕였다.

"제2전전은 어떻습니까?"

"대등한 입장은 오히려 혼란의 원인이 됩니다."

오쿠야마 사장이 말했다. 이 말에 도요타자동차의 전무, 골드만삭스의 담당자 모두 놀란 표정이었다.

"이것은 제2전전 이나모리 가즈오 회장님의 지론이기도 합니다. 대등한 입장으로 합병하면 나중에 문제가 발생할 우려가 있습니다."

"그렇다면……."

골드만삭스의 담당자는 머쓱해진 표정으로 말했다.

"'대등한 정신'이라고 하면 어떻습니까? 대등한 정신에 따라 합병에 대한 협상을 시작한다면 문제없는 것 아닙니까?"

"아뇨."

오쿠야마는 단호하게 고개를 저었다.

"그렇게 해도 문제는 남아 있습니다."

"하지만……."

"이에 대해서는 돌아가 상의해보겠습니다. 이나모리 가즈오 회장님과 의견을 나누어보고……."

골드만삭스의 담당자는 알겠다며 수긍했다.

"어쨌든……."

도요타자동차의 전무가 말했다.

"저는 '정식 합병 협상에 들어가면 목숨을 걸고 하라'는 명령을 받았습니다. 정중히 부탁드립니다."

이틀 후, 오쿠야마 사장은 교토의 교세라 본사로 가서 이나모리 가즈오에게 회담 내용을 보고했다. 이 자리에서 '대등한 정신으로 시작한다'는 골드만삭스의 문구를 상의했다.

이나모리 가즈오는 고개를 저었다.

"'대등한 정신'이라고 말해도 그건 '대등한 입장', '대등한 파트너'와 다를 바 없습니다. 그런 전제에서 출발하면 모든 일이 실패하고 맙니다."

이나모리 가즈오는 계속했다.

"과장된 말이 아닙니다. 일본 기업의 대등 합병에는 좋은 합병은 단 한 건도 없다고 말해도 좋습니다. 은행 간 합병은 모두가 대등 합병으로, 대표 등의 고위직 인사는 나눠 먹기 식입니다. 합병한 은행이 교대로 출신자를 대표로 취임시키는 구조죠. 그렇게 해서는 합병 후에 활력이 생길 수 없습니다. 경영의 중심에 축이 있어 그 축에 모두가 결집하지 않으면 안 되는데도 대표들이 각각 출신 기업의 뜻을 받들어 자기 주장을 내세우면 의사결정이 흔들려 경영은 갈팡질팡합니다. 그런데 일본 기업문화에는 누군가가 중심이 되어 다른 사람을 결속시키는 발상이 없습니다. 그래서 내가 그것을 말하면 모두들 패권주의라고 지적하더군요. '으스대고 싶어서 그렇게 말하는 것 아니냐'고 말입니다. 나는 그런 생각을 한 번도 해본 적 없습니다. 나는 결코 으스대기를 좋아하는 사람이 아닙니다. 합병해서 탄생한 회사를 훌륭한 회사로 만들려면 지휘 체계가 분명해야 한다고 믿고 있을 뿐입니다. 구제합병 이후 잘된 사례가 많은 것은 흡수된 회사가 흡수한 회사의 의사결정에 철저하게 따랐기 때문입니다."

이나모리 가즈오는 오쿠야마 사장을 바라보았다.

"지금 내가 한 말의 진의를 도요타자동차 측에 정확하게 전달해 주기 바랍니다. 이것은 매우 중요한 일입니다. 도요타자동차에서 받아들이지 않는다면 합병 협상에 들어가지 않아도 상관없습니다. 수긍하지 않은 채 합병 협상에 들어간다면 서로가 오해와 혼란만 일으킬 뿐입니다."

오쿠야마는 도요타자동차 전무와 접촉해서, 이나모리 가즈오 회장의 진의를 전달했다. 그 말을 들은 전무는 낙담한 듯 말했다.

"그건 제가 처리하기 어려운 문제입니다. 제2전전에서 우리 수뇌부에게 직접 말씀드리는 것은 어떨까요?"

"수뇌부라고 함은?"

"저희 회사 회장님과 사장님입니다. 제2전전이 우리 수뇌부에 직접 설명한다는 것이 좀 어폐가 있긴 하죠? 그렇다면 이렇게 하면 어떨까요? 골드만삭스의 담당자가 중개자 자격으로 제2전전의 의견을 우리 수뇌부에게 전달하는 것입니다."

9월 4일, 이나모리 가즈오는 골드만삭스의 담당자를 만나, 자신이 언급한 대등한 입장과 정신에 대해 설명했다. 담당자는 "단 한 마디, 단 한 구절도 빠트리지 않고 전달해드리겠습니다"라고 약속했다.

그로부터 열흘 후인 9월 14일까지 도요타자동차 측에서는 아무 연락도 없었고, 이번에도 협상이 결렬되는구나 싶었다. 그러던 차에 도요타자동차와 골드만삭스로부터 오쿠야마 사장에게 연락이 왔다.

"이나모리 가즈오 회장님의 진의, 제2전전의 취지를 받아들이겠습니다. 저희는 반드시 귀사와 정식으로 합병 협상에 들어가고 싶습니다."

합병 교섭의 막이 마침내 열린 것이다.

이나모리 가즈오는 오쿠야마 사장에게 지시를 내렸다.

"이번 합병의 기본은 세 가지입니다. 'NTT에 대한 강력한 대항

세력을 만들어내는 것을 기본 축으로 한다', '경영은 반드시 제2전
전이 책임진다', '일반적인 경영은 교세라와 도요타자동차가 함께
한다' 입니다. 이것을 반드시 고수해야 합니다."

4

오쿠야마는 움직이기 시작했다. 정식적인 교섭을 시작하기 위해
도요타자동차 측에 공식 간담회를 제의해 성사시켰고, 그 후 도요
타자동차 측 대표인 전무와 접촉해 합병에 관한 세부 항목을 압축
했다.

그러는 사이 새로운 움직임이 있었다. 10월 1일, 일본고속통신
과 합병할 KDD 경영진이 제2전전에 구제합병을 요청해온 것이다.

"그때부터 줄곧 내부에서 검토했는데, 역시 제2전전과 협상해야
한다는 결론에 도달했습니다. 이나모리 가즈오 회장님께 이 뜻을
전달해주지 않겠습니까? 저희가 변한 것을 반드시 이해해주시리
라 믿습니다."

이전의 합병 교섭 개시부터 1년 반, 결렬로부터 13개월 사이
KDD는 급속하게 악화되고 있었다. 1997년에는 최종 연결손익에
서 49억 3,000만 엔의 흑자를 냈지만, 1998년의 최종 연결손익은
20억 엔 가까운 적자를 예상했고, 1999년 이후에도 회복 전망은 보
이지 않았다. 국제전화 서비스 경쟁과 국제전화 요금의 대폭적인
인하로 경영에 압박을 받은 결과였다.

오쿠야마 사장은 이나모리 가즈오에게 이 건을 문의했다.

이나모리 가즈오가 말했다.

"KDD는 기술과 연구 수준이 높고, 직원들의 자질도 매우 훌륭합니다. NTT에 맞설 대항 축을 만들기 위해서는 그들의 자원이 필요합니다. 3사 합병이 최종적인 목표지만, 교섭은 도요타자동차부터 해주시면 좋겠습니다. KDD가 저자세로 돌아선 것을 고려하면 그들은 우리가 교섭해주기만을 기다릴 것입니다."

12월 초, KDD 대표는 오쿠야마 사장에게 협상 테이블에 함께하고 싶다고 전화했다.

오쿠야마 사장은 KDD 본사를 방문해 경영진과 접촉했다. 이 자리에서 오쿠야마 사장은 "제2전전과 KDD를 둘러싼 환경이 크게 변했으니 처음부터 다시 협상하고 싶다"고 제안했지만, KDD 측은 이전 협상을 전제로 한 교섭을 희망했다. 변함없이 회사명과 합병 비율에 집착했다. KDD는 구제합병을 희망하면서도 이 두 가지 문제만은 양보하지 않겠다는 자세였다.

한편, 도요타자동차와의 교섭도 벽에 부딪혔다.

도요타자동차 측은 이렇게 주장했다.

"오늘과 같은 성과를 거둔 제2전전과 이나모리 가즈오 회장님께 경의를 표합니다. 하지만 합병 비율만큼은 교세라와 도요타자동차의 주식 지분 비율을 대등하게 하고 싶습니다."

그들은 한 발 더 나아갔다.

"경영 형태는 순수 지주회사를 추진하고 싶습니다. 지주회사인 새 회사를 설립하고, 거기에 장거리전화 회사와 이동통신 회사가 매달려 있는 형태입니다.”

제2전전으로서는 도저히 받아들일 수 없는 주장이었다.

새 회사 주식의 지분 비율을 대등하게 하고, 순수 지주회사로 하는 것은 대등합병을 의미했다. 이러면 경영 축이 생기지 않아 경영이 갈팡질팡해지고 만다.

지주회사의 관리 경영으로 점점 강대해지는 NTT에 대항하는 세력을 만들려면 유일한 순수 민간회사로 출발해 제로에서 큰 입지를 구축한 제2전전의 경영력이 절실했다. 그러려면 제2전전이 존속회사가 되어 경영권을 장악해야만 한다. 이것은 이번 합병을 이끄는 이나모리 가즈오의 기본 방침이었다.

이나모리 가즈오가 이런 주장을 편 것은 제2전전만 중요하다고 생각했기 때문이 아니었다. 자신이 혼신의 힘을 기울여 키워낸 제2전전에 애정이 가는 것은 당연했다. 하지만 이나모리 가즈오는 'KDD도 규합해 탄생할 새 회사의 경영을 반석에 올려놓으려면 이것이 가장 좋은 선택'이라는 결단과 신념이 더 강했다.

1998년이 저물고 1999년이 되어도 쌍방의 차이는 메워지지 않았다.

업계와 주식시장에서 제2전전을 헐뜯고 폄하하는 말들이 떠돌아다녔다. 그것을 보도하는 언론까지 나타나기 시작했다.

제2전전은 국제전화 서비스에서 NTT나 일본텔레콤에 뒤지고 마는 결과를 초래했다. 거기에 경영 체질이 물과 기름인데도 불구하고 KDD와의 약자 연합을 모색하고 있다.

오쿠야마 사장은 초조했다. 최고 기업이라고 자임하는 도요타자동차와의 합병 교섭은 정신적 압박으로 이어졌다. 아주 사소한 말 실수로 협상이 결렬될 수 있기 때문에 교섭장에서는 더 주의하고 더 집중했다. 정보 누설도 신경 써야 했다.

그런 힘들고 지루한 협상 중에도 이나모리 가즈오는 전혀 흔들리지 않았다. 이나모리 가즈오의 지시는 항상 명쾌했다. 그래서 그는 도요타자동차의 주장과 사태 추이를 있는 그대로 이나모리 가즈오에게 보고할 수 있었다. 만약 이나모리 가즈오가 그에게 조언을 해주지 않았다면 이 합병 교섭은 오래전에 결렬되고 말았을 것이라고 그는 생각했다.

1999년 2월, 오쿠야마 사장은 이나모리 가즈오가 생각한 바를 적어 제2전전 회장 명의로 도요타자동차에 보냈다. 오해나 차질이 절대로 생기지 않도록 하라는 이나모리 가즈오의 지시 때문이었다.

그 내용은 다음과 같았다.

이번 합병은 진정한 의미의 통신 자유화를 실현하기 위해 NTT의 대항 축을 구축할 수 있는 마지막 기회입니다. 작은 이견을 버리고 하나가 되지 못하면 NTT에 대항하는 방법을 영원히 잃고 맙니다. 이에 더해, 제2전전과 일본이동통신의 합병은 요동치는 통신업계에 필연적인 흐름입니다. 일본이동통신으로서는 반드시 선택해야 하는 길이고, 다른 방도도 없습니다. 진정한 의미의 통신 자유화를 달성하기 위한 대동단결을 실현하려면 제2전전에 모든 자원을 집중해서, 귀사가 교세라에 이은 대주주로서 경영에 참가해주시기를 바랍니다. 제2전전에는 우시오전기, 소니, 세콤 등 창업 때부터 참가한 주주가 있습니다. 그 기업들을 제치고 귀사를 제2위의 대주주로 요청하는 것은 저희가 이번 대동단결을 얼마나 중요하게 여기는지를 분명히 나타냅니다. 이 사실을 이해해주시기 바랍니다. 마지막으로, 유일한 순수 민간회사로 시작해서 제로에서 오늘날과 같은 성과를 이루어놓은 제2전전의 실적을 정당하게 평가해주시기를 바랍니다.

오구아마 사장은 이 편시를 바탕으로 도요타자동차 측과 교섭에 임했다. 하지만 3월이 지나고 4월이 되어도 양 사의 간격은 메워지지 않았다.

도요타자동차는 끝까지 지주회사를 고집했다.

"저희는 이나모리 가즈오 회장님이 보내신 편지의 취지를 십분 이해합니다. 제2전전의 지금까지의 실적, 이나모리 가즈오 회장님의 경영수완 역시 크게 평가하고 있습니다. 하지만 제2전전이 일본이동통신을 흡수하는 형태로는 합병을 받아들일 수 없습니다. 재삼 죄송하지만, 저희는 다시 한 번 순수 지주회사를 주장합니다."

"제2전전에 모든 자원을 집중한다는 기본 축은 절대 양보할 수 없습니다."

"KDD로부터 합병 제안이 오고 함께 해보자는 기운이 무르익고 있는데, 제2전전의 입장만 고집한다면 이 협상은 깨지고 맙니다. 지금 이런 상황을 이어가려면 경영 형태를 다시 한 번 재고해주시기 부탁드립니다."

"그것은 있을 수 없습니다! 저희 입장에서 많이 생각하고 낸 결론입니다."

"저희 회사 분들 중에는 제2전전이 그렇게 말하는 건 패권주의가 아니냐는 분들도 있습니다."

"그 말씀은 참고 넘길 수가 없습니다."

오쿠야마 사장의 목소리가 격해졌다.

"이전에도 설명했지만 우리는 패권을 쥐고 싶은 것이 결코 아닙니다! 경영에서는 중심이 되는 축이 반드시 필요하기 때문에 대등합병으로는 회사를 제대로 경영할 수 없다고 말씀드리는 것입니다."

진전이 전혀 없는 것만은 아니었다. 교섭을 계속하는 동안 제2전전의 이나모리 가즈오 회장과 도요타자동차의 오쿠다 회장이 직접 만나 현안에 대해 이야기해야 한다는 분위기가 움트고 있었다.

1999년 5월, 오쿠야마 사장은 다시 한 번 이나모리 회장의 생각을 적은 편지를 도요타자동차 측에 보냈다. 전에 보낸 편지를 상기시킨 후, 패권주의라고 비판받는 것에 대한 진의를 덧붙였다.

1999년 8월 25일, 이나모리 가즈오와 오쿠다의 회의가 드디어 성사되었다. 장소는 도요타자동차 도쿄 본사였다.

그날 이나모리 가즈오와 오쿠다는 환한 얼굴로 인사를 나누었다.

오쿠다는 1932년 12월 태어나 당시 66세로, 1932년 1월에 태어난 이나모리 가즈오와는 같은 세대였다. 1955년에 도요타자동차판매주식회사에 입사한 그는 경리부 시절 상사와 충돌해 마닐라 지사로 옮겨 가야 했다. 사실상의 좌천이었다. 하지만 마닐라에서의 실적을 인정받아 1982년에 임원이 되었다. 미국 켄터키 공장 건설을 담당한 후 1995년에는 사장, 1999년에는 회장에 취임했다. 사장 재임 중에는 1997년 세계 최초로 하이브리드카를 개발, 판매하는 등 선진적인 발상으로 개혁을 이끌었다.

"이나모리 가즈오 회장님을 꼭 한 번 뵙고 싶었습니다."

오쿠다 회장이 말했다.

"교세라를 제로에서 세계 유수의 고수익 기업으로 일으켜 세웠고, 제2전전이라는 엄청나게 어려운 프로젝트도 훌륭하게 성공시켰습니다. 그 수완에 진심으로 감복하고 있습니다."

"고맙습니다."

"지난번 회장님이 경제지와의 인터뷰에서 하신 말씀은 나 역시 공감합니다. 땀 흘려 일하기보다는 금융파생상품 거래 등에 휩쓸려 편하게 일하고 돈 벌려는 현 사회에 경종을 울려주셨습니다. 나도 이 풍토를 개탄하고 있습니다. 기업의 본분이나 사회적 사명을 저버린 현실이 안타깝기만 합니다."

이나모리 가즈오가 고개를 끄덕였다.

"이나모리 가즈오 회장님!"

오쿠다 회장의 눈이 예리하게 빛났다.

"통신업계의 현상이나 향후 전망에 대한 인식은 이나모리 가즈오 회장님과 일치하고 있다고 생각합니다. 재편에 의한 지주회사

의 관리 경영으로 보다 강대해진 NTT에 대항하려면 강력한 대항
축을 만들어야 합니다. 그를 위해서는 사소한 차이는 버리고 하나
가 되지 않으면 안 됩니다. 그래서 이 교섭을 어떻게 해서든 결말
짓고 싶습니다. 이나모리 가즈오 회장님의 분명한 의사를 듣고 싶
습니다."

이나모리 가즈오는 오쿠다 회장을 바라보며 말했다.

"일체경영을 강화해 보다 강대해진 NTT에 대항하려면 강력한
대항 축을 만들어야 한다고 말씀하셨습니다. 나는 지금이 그 마지
막 기회라고 생각합니다. 역으로 말하면 지금 우리가 작은 의견차
를 버리고 하나가 되지 않으면 NTT에 대항할 방법을 영원히 잃어
버리고 맙니다. 나는 그렇게 확신하고 있습니다."

오쿠다 회장도 동의를 표시했다.

"그 목적을 함께 이루기 위해 반드시 귀사의 힘을 빌리고 싶습
니다. 그리고 귀사에서 경영의 일익을 담당해주시기를 바랍니다.
그것은 귀사가 통신사업에 뛰어든 취지에 틀림없이 부합한다고 생
각합니다. 또 합병 후 새 회사의 회장으로 도요타자동차 측에서도
한 분 보내주시기 바랍니다."

"그 자리라면 저희 명예회장이신 쇼이치로 회장님이 적당하다
고 봅니다."

이나모리 가즈오는 말을 이어갔다.

"그리고 편지에도 썼지만, 통신회선을 깔 인프라조차 갖고 있지
않았던 나는 몸뚱이 하나로 제2전전을 설립했습니다. 당시 모두 무
모한 도전이라며 비웃었습니다. 엄청난 리스크를 각오하고 통신

자유화 경쟁에 뛰어든 그때를 생각한다면, 그 후의 경영 성과에 대해 정당한 평가를 받고 싶습니다."

"그것은 물론입니다."

"따라서 양 사가 대동단결을 실현할 때는 제2전전에 모든 자원을 집중시키는 것을 꼭 이해해주시기 바랍니다. 이런 생각을 패권주의라고 말하는 이들도 있다고 들었지만, 내게는 그런 마음이 손톱만큼도 없습니다. 물론 유일한 순수 민간기업으로서 지금까지 성장해왔다는 자부심은 갖고 있습니다. 그것을 패권주의라고 비판한다면 더 이상 할 말이 없습니다."

오쿠다 회장은 이야기를 마친 이나모리 가즈오를 뚫어지게 바라보았다. 이나모리 가즈오 역시 그를 뚫어지게 바라보았다.

마침내 오쿠다 회장이 말했다.

"잘 알았습니다. 지금 이나모리 가즈오 회장님이 말씀하신 것을 기본으로 삼아 합병 협상을 결말지었으면 합니다."

"이해해주시는 것이군요?"

"무모할 수도 있는 목표를 위해 뛰어든 이나모리 가즈오 회장의 순수한 마음과 제2전전의 빛나는 업적을 소중하게 생각합니다. 이후에는 주식 교환 비율이나 이사진 비율 등 실무적인 일을 포함한 교섭을 나누시지요. 잘 부탁드립니다."

오쿠다 회장이 머리를 숙였다.

합병 교섭의 간극을 메운 이나모리 가즈오와 오쿠다의 회담은 새로운 움직임을 불러왔다. 제2전전과 도요타자동차의 협상 진척 상황을 지켜보고 있던 KDD 측에서 이전까지의 연장선상이 아닌

제로베이스에서 협상을 하고 싶다고 연락해온 것이다.

오쿠야마 사장은 KDD의 사장을 만나 거듭해서 다짐을 받았다.

"이전 협상에서 결렬 원인이 되었던 회사명, 합병 비율 문제에만 국한된 것이 아니고, 전체 교섭 조건을 하나부터 열까지 재검토하고 싶은데, 괜찮겠습니까?"

KDD 측은 동의했다. 이제 국면은 제2전전, KDD, 일본이동통신의 3사 합병으로 급선회했다. 3사 담당자들은 세부적인 합병 조건을 도출해내기 시작했다.

세부적인 합병 논의는 상상 이상으로 어려운 작업이었다. 회사 대표들이 기본적인 조건에는 합의했지만, 구체적인 상황으로 들어가면서 해석 차이나 의견 불일치가 많아 사소한 일로도 교섭이 결렬될 정도로 긴장감이 감돌았다.

'역사적인 합병 교섭이란 이런 것을 두고 하는 말인가?'

오쿠야마 사장은 그렇게 통감하면서 정신적인 압박과의 싸움을 계속했다.

9월 21일, 제2전전과 KDD 사이에 합병 조건에 대한 기본 합의가 이루어졌다. 이어서 11월 25일, 이나모리 가즈오와 오쿠다의 최고경영자회담이 재차 열려 합병으로 탄생할 새 회사의 이름과 임원진 인사, 합병 스케줄 등을 최종적으로 합의했다.

그리고 12월 16일, 이나모리 가즈오, 오쿠다, 도요타자동차 사장인 조 후지오, 오쿠야마, 니시모토 다다시, 일본이동통신 사장인 나카가와 아키라, 교세라 사장인 니시구치 야스오 등 일곱 명이 도쿄의 한 호텔에서 공동기자회견을 열어 제2전전, KDD, 일본이동통신 3사의 합병을 발표했다.

제2전전, KDD, 일본이동통신 3사는 내년 2000년 4월 1일에 합병 계약서에 조인하고 10월 1일 합병한다.

존속회사는 제2전전으로, KDD 주식(액면가 500엔) 92.1주에 대해 제2전전 주식(액면가 5,000엔) 1주, 일본이동통신 주식(액면가 5만 엔) 2.9주에 대해 제2전전 주식 1주를 할당한다.

새 회사 이름은 KDDI로 한다.

신생 회사의 최대 주주는 교세라로, 출자 비율은 15.8퍼센트, 2대 주주는 도요타자동차로 출자 비율은 10.3퍼센트지만 합병 전에 도요타자동차가 제2전전의 제3자 할당 증자를 인수, 합병 시양 주주의 보유 주식 비율의 차는 2포인트가 된다.

사장에는 제2전전 사장인 오쿠야마가 취임하고, 교세라 명예회장인 이나모리 가즈오, 도요타자동차 명예회장인 도요타 쇼이치로가 함께 명예회장에 취임한다.

3사 합병 충격은 엄청났다. 언론은 NTT에 강력하게 대항할 축이 실현되어 국내 통신업계는 NTT와 KDDI의 2강이 대결하는 구도가 될 것이라고 보도했다.

사실 3사를 합한 1999년 3월 결산기의 매출은 2조 630억 엔으로, NTT의 9조 7,300억 엔과는 차이가 있었지만, 규모로는 국내 2위가 되어 장거리·국제통신 부문에서 29퍼센트의 시장점유율을 차지했다. 또한 1999년 11월 말의 휴대전화·PHS의 계약자 수는

NTT도코모의 2,800만 대에 근접한 1,600만 대로, 성장세가 뚜렷한 이동통신 분야에서 NTT그룹을 추격할 수 있는 위치에 섰다.

하지만 이 합병이 무엇보다도 획기적인 것은 전체 경영 자원을 제2전전에 집중해 경영 중심축을 확립했다는 점이었다. 대기업 동종 업계의 합병으로는 일본에서 처음이라고 해도 과언이 아니었다. 이나모리 가즈오와 오쿠야마 사장은 3년에 걸친 끈질긴 교섭 결과, 과거에 없는 역사적인 합병을 완수한 것이었다.

합병 발표 후, 3사는 오쿠야마 사장이 위원장을 담당하는 합병 준비위원회를 중심으로 합병 준비에 본격적으로 돌입했다. 지점·영업소를 통폐합하고, 2000년 4월 새 회사 이름인 'KDDI'를 공식적으로 발표했다. 2000년 5월에는 셀룰러 여덟 개 사와 일본이동통신이 우정성에 차세대 휴대전화의 사업 변경 허가를 신청했다.

차세대 휴대전화는 유선전화에 버금가는 음질을 갖고, 고속·대용량 데이터 전송이나 국경을 초월한 통신을 가능하게 하는 새로운 기술을 말한다. 음성 중심의 아날로그 방식, 디지털 방식에 이어 제3세대 휴대전화라고도 불리며, NTT도코모와 스웨덴의 에릭슨 등이 개발한 일본·유럽 방식인 W-CDMA와 미국의 퀄컴이 개발한 cdma2000 등 두 가지 국제규격이 나란히 경쟁하고 있었다.

NTT도코모는 이미 일본·유럽 방식에 참여하기로 해, 2001년 5월이면 도쿄와 요코하마, 가와사키에서 영업을 시작할 계획을 세웠다. 제2전전과 일본이동통신은 앞서가는 NTT도코모에 대항하기 위해 2002년 9월부터 중부 지역과 긴키에서 서비스를 개시하고

2004년 3월까지 다른 지역을 망라하는 계획을 공개했다.

KDDI가 채택한 미국 방식인 cdma2000은 제2전전 때부터 계산하면 1989년에 출발한 아날로그 방식의 TACS, 1994년에 출발한 PDC, 1998년 여름에 서비스를 개시한 디지털 방식의 cdmaOne에 이은 네 번째 휴대전화 서비스였다.

나아가 제2전전과 일본이동통신은 합병에 앞서 그해 7월부터 휴대전화의 통일브랜드 'au'를 사용하고 판매점 명칭도 'au숍'으로 통일한다고 발표했다. 'au'는 access(접근), amenity(쾌적)의 머리글자인 a와 unique(독특), universal(보편적)의 u를 조합한 조어로, 고객들이 다가서기 쉬운 휴대전화의 이미지를 표현한 것이다.

이어서 7월 하순, 제2전전은 산하의 셀룰러 회사를 12월에 합병한다고 발표했다. 회사명은 휴대전화의 통일 브랜드명과 같은 'au'. 이미 주식을 공개하고 있는 오키나와 셀룰러를 제외한 홋카이도 셀룰러, 도호쿠 셀룰러, 호쿠리쿠 셀룰러, 간사이 셀룰러, 주고쿠 셀룰러, 시고쿠 셀룰러, 규슈 셀룰러 등 일곱 개 회사를 통합하고, 거기에 10월에 탄생하는 KDDI가 주식교환으로 전력회사의 출자분을 매수, 2001년 3월 말에 au를 100퍼센트 자회사로 하기로 했다. 셀룰러 회사별로 각각 다른 서비스를 통일해 KDDI그룹 전체의 기업경쟁력을 높이고 브랜드를 홍보하기 위한 획기적인 전략이었다.

2000년 10월 1일, 드디어 KDDI가 발족했다. 다음 날인 2일 월요일, 도쿄의 KDDI 빌딩에서 합병 기념회를 개최했다. 이어서 열린 기자회견 자리에서 이나모리 가즈오는 길고도 길었던 합병 교섭에 대한 생각을 밝히면서 이렇게 말했다.

"오랫동안의 교섭을 거쳐 제2전전, KDD, 일본이동통신이 합병해 KDDI가 발족했습니다. 하지만 합병 시기는 약간 늦었다고 생각합니다. NTT는 이미 지주회사에 의한 관리 경영을 더욱 강화해 NTT도코모가 휴대전화 시장에서 수위를 달리고 있습니다. 2년 전에 뭉쳤다면 NTT에 막상막하의 실력을 겨룰 대항 축이 되었을 것입니다. 하지만 지금도 늦지 않았습니다. 반드시 KDDI를 NTT에 대항할 기업으로 키우겠습니다. 이를 위해 저 자신부터 필사적으로 노력할 것입니다."

이어서 사장에 취임한 오쿠야마가 포부를 밝혔다.

"국제적인 브랜드와 대기업을 중심으로 수많은 고객을 갖고 있는 KDD, 경쟁이 심한 도쿄와 중부 지역에서 휴대전화사업을 전개해온 일본이동통신, 중소기업이나 일반 고객에 강한 제2전전 3사를 합한 힘은 NTT를 웃돌 것이라고 믿습니다. 그 힘을 충분히 발휘하기 위해서는 사장인 저 자신이 먼저 앞장서야 한다고 생각합니다. 휴대전화와 인터넷에 경영 자원을 집중한다는 의미에서 '모바일과 IP'를 사업 전략으로 내세워 싸울 계획입니다."

NTT의 대항 축이 드디어 본격적인 시동을 건 것이다.

새로운 도전을 꿈꾸며

제2전전의 성공은 단순히 KDDI라는, NTT의 강력한 경쟁 상대를 만든 것만이 아니었다. 그것은 일본 사람들의 생활과 경제활동에 엄청난 혜택을 안겨주었다.

무엇보다도 제2전전이 일으킨 자유경쟁 체제로 전화요금은 전전공사가 독점하던 때보다 크게 하락했다. 그 덕분에 전기통신 시장의 규모는 전전공사가 독점하던 때의 5조 엔 초반에서 15조 엔으로 세 배 이상 커졌다. 게다가 제2전전이 처음으로 참가하겠다고 이름을 내걸었던 휴대전화는 그 후 일본 국민들의 라이프스타일과 경제활동을 한순간에 바꾸었다. 그 결과 지금은 휴대전화가 없으면 단 하루도 생활할 수 없게 되었다.

'전화요금을 낮추고 싶다' 는 한 경영자의 순수한 열정에서 시작한 영세한 전화회사는 세상을 혁명적으로 바꾸어, 오늘날과 같은 고도정보화사회를 창조했다. 이런 의미에서 이것은 한 기업의 이야기가 아니라, 사회를 변화시킨 도전 그 자체다.

제2전전이 KDDI로 재출발한 후에도 경영진은 고삐를 늦추지 않고, KDDI를 NTT의 강력한 경쟁 상대로 만들기 위해 노력했다. 셀룰러 통합, 차세대 휴대전화 시장 참여라는 공격적인 전략을 지속하는 한편, 3사 합병에 따라 일어나는 문제들을 해결하는 데 온힘을 기울였다. 그 문제들이란 본사 빌딩 이전, 3사에서 각각 다르게 운영되던 급여 체계와 급여 수준 통합을 위한 인사제도 프로젝트 추진, 58명으로 늘어난 임원진의 슬림화 등이었다.

KDDI의 연결 유이자부채는 2조 2,400억 엔에 달했다. 합병 시점의 유이자부채 평균 이자는 약 2.5퍼센트이기 때문에 연간 이자 지급액은 약 560억 엔. 1,000억 엔의 영업이익을 올려도 그 절반 이상을 이자를 갚는 데 쓰는 설정이었다. 유이자부채가 커진 가장 큰 이유는 휴대전화사업의 설비 투자가 그만큼 늘어났기 때문이었다.

제2전전그룹의 각각의 셀룰러 회사나 일본이동통신은 PDC 방식 휴대전화의 설비상각이 끝나지 않은 가운데 cdmaOne 방식의 서비스를 개시해 연간 수천억 엔의 설비투자를 단행했다. 그렇게 하지 않으면 가입자 수가 급증하고 있는 NTT도코모를 추격할 수 없기 때문이었다. 하지만 PDC 방식과 cdmaOne 방식의 병존은 양사의 자금 부담을 급증시키고 말았다.

게다가 제2전전의 자회사인 DDI포켓이 1995년 7월부터 출발시킨 PHS 사업도 제2전전 그룹의 재무 기반을 흔들었다. PHS는 전무였던 센모토 사치오가 중심이 되어 시작한 사업이었다. PHS는 휴대전화보다 통화요금이 저렴하다는 장점이 있었다. 하지만 '제2전전의 주력 사업으로 한다'는 계획은 이루어지지 않았고, PHS 사업은 고전을 면치 못했다.

PHS의 네트워크는 모든 지상 회선을 NTT의 ISDN 회선에 의존했다. 하지만 NTT의 교환기가 휴대전화와의 상호 통화에 대응해주지 못했고, NTT에 지불하는 회선이나 통신설비 사용료가 DDI포켓의 수익을 압박했다.

휴대전화와의 접속이 실현되고 나서도 PHS는 개선되지 않았다. PHS는 등장한 지 3년 만에 가입자 수가 정점을 지난 상황이 되고 말았다.

DDI포켓은 적자결산을 계속했다. 그리고 그것이 화근이 되어 제2전전은 창업 이래 처음으로 적자를 내면서 자금 부담에 시달렸다. 결국 2004년 10월, KDDI는 DDI포켓을 매각해, 미국의 투자회사인 칼라일 그룹이 DDI포켓의 최대주주가 되었다. DDI포켓은 2005년 2월 윌컴으로 회사 이름을 변경한 후 데이터 통신 서비스에 주력하려 했지만, 2010년 2월 법정관리를 신청하고 말았다.

재무 건전화에 힘쓴 사람은 부사장인 야마모토 마사히로였다. 야마모토는 이나모리 가즈오의 요청으로 2000년 4월 교세라 부사장에서 제2전전의 전무로 옮겼고, 다음 해인 2001년 6월에 제2전전 부사장에 올라, 도쿄 신주쿠에 위치한 KDDI 빌딩(옛 KDD 빌딩)

으로의 본사 이전과 인재 재배치 등을 지휘했다.

야마모토는 전국 곳곳의 영업소를 찾아다니며 경영 상황을 설명하면서, 유이자부채를 줄이는 것이 절실하다고 설명했다. 그리고 2000년 1월 유이자부채 삭감 프로젝트팀을 발족시켜 '5년 안에 유이자부채 1조 엔을 삭감한다'는 목표를 내걸었고, 설비투자부터 대폭 삭감했다. 2001년의 마스터플랜에 포함된 설비투자액은 약 6,500억 엔, KDDI의 현금흐름은 4,000억 엔이었기 때문에 이 계획을 실행하려면 2,500억 엔의 유이자부채가 늘어나고 만다. 그래서 야마모토는 유이자부채 삭감 목표를 달성할 때까지 연간 설비투자액을 3,000억 엔 이하로 억제하는 기본 방침을 제시했다.

당연히 사내 반발은 거셌다. 특히 휴대전화사업의 중계기지 설치 부문이나 유선전화의 광통신 설치 부문 등 자금 수요가 큰 부문에서 비판이 격렬했다. 하지만 야마모토는 비난 속에서도 유이자부채 삭감 프로젝트를 과감하게 추진했다.

이 노력이 결실을 맺어 2004년 12월 말 유이자부채는 드디어 1조 엔 아래로 떨어졌다. 프로젝트를 실행한 지 4년 1개월, '5년 안에 1조 엔을 삭감한다'는 목표는 어느새 '5년 안에 1조 엔 아래로 줄인다'는 더 높은 목표로 변해 있었지만, 그 목표조차도 11개월 앞당겨 달성한 것이다.

또 하나의 중요한 과제는 신생 KDDI의 직원들에게 공통의 가치관, 기업문화를 심어주는 것이었다.

여러 매체에서 제2전전을 '떠돌이 무사', KDD를 '왕실', 일본이동통신을 '관료'라고 보도하는 데서 알 수 있듯이 제2전전과 다른 두 개 사 직원들의 의식과 근무 태도는 확연히 달랐다. 특히 KDD 출신들은 제2전전 출신 직원에 비해 고객 지향성과 업무 추진력이 약했다. 하지만 KDD 출신 직원은 전 직원의 절반에 달했다.

그래서 오쿠야마 사장은 기업 이념이자 직원들의 행동 규범이기도 한 경영철학을 도입하기로 결단하고, 이나모리 가즈오에게 의견을 물었다.

이나모리 가즈오도 동의했다.

"참 좋은 생각입니다. 제2전전 직원들은 여러 회사에서 모여들었고, 특히 전전공사 출신 직원들은 좋게 말하면 이지적이지만 지나치게 논리를 따지는 인텔리 타입이 많습니다. 고생스럽겠지만 KDDI를 훌륭한 회사로 키우기 위해 적극적으로 나서주길 바랍니다. 경영에는 인력, 물자, 자금을 비롯해 여러 가지 자원이 필요하지만, 가장 중요한 것은 인력, 즉 사람입니다. 모두의 마음을 한데 합치지 않으면 회사는 결코 성장하지 못합니다."

그러나 공통된 경영철학을 도입하는 데는 많은 어려움이 있었다.

'개인의 생각은 당연히 자유로워야 하는데 한 가지 경영철학을 강요하는 것은 옳지 않다'고 비판하는 직원들이 적지 않았다. 특히 KDD 출신자들이 심하게 반발했다. 일본이동통신 출신 직원들은 모회사인 도요타자동차의 기업 이념인 '도요타 기본 이념'이 있기 때문에 어느 정도 대비하고 있었지만, KDD에는 기업 이념이나 행동 지침이 없었기 때문에 KDD 출신 직원들은 거부반응을 보였다.

그래도 오쿠야마 사장은 포기하지 않고 KDDI의 경영철학을 그룹 전체에 주지시키기 위해 노력했다.

"개인이 어떤 가치관을 갖든 상관하지 않는다. 자기 생각에 따라 산 인생의 결과 역시 자신이 책임지면 그만이다. 하지만 기업은 직원들 각자가 제멋대로 행동하거나 그 결과가 제각각이면 절대로 존속할 수 없다. 기업에는 그 기업의 가치관과 목표가 되는 경영철학이 반드시 필요하다."

그렇게 끈질기게 강조했다.

그사이 이나모리 가즈오는 2001년 6월 26일, 회장에서 물러나 최고고문에 취임했다. 회사의 정신적인 지주로서 그는 KDDI를 지켜보고, 때에 따라서는 경영진을 도와주고 있다. 동시에 신임 사장에 오노데라가, 부회장에 오쿠야마가 취임했다.

젊은 경영진으로 일신한 KDDI는 이런 노력에 힘입어 순조롭게 성장하고 있다. 2002년 3월 결산에서는 연결영업수익(매출)이 2조 8,337억 엔, 연결영업이익이 1,022억 엔이었다. 이것이 4년 뒤인 2006년 3월에는 연결영업수익이 3조 608억 엔으로 처음으로 3조 엔대를 돌파했고, 2,965억 엔의 연결영업이익을 올렸다. 2010년 3월에는 연결영업수익과 연결영업이익을 각각 3조 4,800억 엔과 4,700억 엔 달성했다.

KDDI그룹 전체 매출로 보면 10조 엔이 넘는 NTT의 절반에도 미치지 못하지만, 핵심 수익원인 휴대전화 시장점유율을 들여다보면 KDDI는 28.9퍼센트, NTT도코모는 51.2퍼센트로, 둘 사이의 점유율 차이는 많이 줄어들었다.

이나모리 가즈오와 열아홉 명의 기술자가 첫 발을 내디딘 일본의 고도정보화사회는 현재 새로운 단계에 접어들고 있다. 고도의 정보 전송·처리 능력을 가진 휴대전화 네트워크는 방송과 출판 등 기존 미디어를 포괄적으로 견인하면서, 이들을 변화시켜 언제 어디서든 컴퓨터 네트워크에 접근할 수 있는 유비쿼터스사회를 실현해가고 있다.

이 새로운 출발점에서 KDDI는 다시 한 번 승자가 될 수 있을까? 그것은 아직 알 수 없다. 하지만 한 가지만은 분명하게 말할 수 있다. 어느 시대든 마침내 성공하는 사람은 순수한 마음으로, 오직 한 가지 뜻을 품고, 지혜와 열정으로 자기 일에 임하는 사람들이라는 것을.

사람들은 시대를 떠나 영웅을 갈망한다. 정치, 경제, 문화, 스포츠 분야 다 그렇다. 일본 사람들도 그렇다. 그들은 전국시대의 혼란을 정리한 오다 노부나가, 도쿠가와 이에야스를 영웅으로 흠모한다. 메이지유신의 기반을 닦은 사카모토 료마, 사이고 다카모리를 존경한다. 패전 이후 파나소닉 신화를 쓴 마쓰시타 고노스케는 일본 경제 부흥의 상징적인 인물로 사랑받았다.

20년 장기 불황에 허덕이는 요즘 '살아 있는 경영의 신'으로 불리는 이나모리 가즈오 교세라 창업주가 일본 사람들에게 신격화 수준으로 추앙받고 있다. 그는 최근 몇 년간 어려운 기업이 있을 때마다 구세주로 부름을 받았다. 지난 2010년 2월부터는 일본의 자존심이라는 일본항공(JAL)의 구원투수로 활약하고 있다. 일본항공 회장으로 주 3, 4일 근무하고 있지만, 그는 급여를 한 푼도 받지 않는다. 나라를 위한 마지막 봉사라고 생각하기 때문이다.

이나모리 가즈오의 인생은 도전의 역사 그 자체다. 두 차례의 중학교 낙방, 한 차례의 대학교 낙방을 딛고 일어섰다. 대학 졸업 후 무너지기 직전의 회사에 입사했고, 상사와 제품 개발 문제로 충돌해 회사를 나와야만 했다. 그런 그가 27살 때인 1959년, 다른 회사의 공장 한구석을 빌려 종업원 28명을 데리고 세라믹 제품 등을 만드는 교토세라믹(현 교세라)이라는 벤처 기업을 창업했다. 이후 그는 매년 흑자를 냈고, 교세라를 6만 3,000여 명의 직원과 212개의 자회사를 거느린 세계적인 기업으로 키웠다.

일본은 중소기업이 대기업으로 성장하기 어려운 풍토다. 진입 장벽이 높고 심하다. 또 대기업과 하청업체인 중소기업이 밀착되어 있는 경우가 대부분이라 벤처 신화를 쓰기가 어렵다. 이나모리 가즈오는 교세라 창업 초기 미국 시장을 개척했다. 그리고 그 시장에서 신용을 얻어 일본 시장을 뚫는 우회 전략으로 단단한 진입 장벽을 넘었다. 그리고 불교 철학에 기반한 독특한 도덕경영으로 직원들의 일체감을 형성했다.

나는 2000년대 중반 3년간 도쿄특파원으로 활동하며, 당시 경영 일선에서 물러나 승려 생활을 하던 이나모리 가즈오와 몇 차례 인터뷰를 추진했지만 무산되어 아쉬움이 컸다. 당시도 이나모리 가즈오의 경영철학은 일본과 우리나라에서 많은 관심을 끌었다. 지금 이 책으로나마 그때의 아쉬움을 덜어내고, 이나모리 가즈오의 경영철학과 위기 돌파 전략 등을 다시 한 번 접할 수 있게 된 것을 행운이라 생각한다.

이 책이 다룬 KDDI 성공 신화는 동양사상에 기초한 '이나모리 경영철학'을 박진감 넘치게 보여준다. 이 책에서 이나모리 가즈오는 '동기는 순수한가?', '사심은 없는가?' 자문자답하면서 1984년 전화사업에 뛰어들었다. '너무 비싼 일본의 전화요금을 낮추겠다'는 목표를 내세운 그는 도전정신이 넘치는 열아홉 명의 기술 인력을 모아 치열한 정보전에서 앞서가며 거인들을 차례로 제압했고, 마침내 성공 신화를 썼다.

이 책은 기업 최고경영자의 결단이 기업을 일으키고 키우는 데 얼마나 중요한지 생생하게 보여준다. 이나모리 가즈오는 시외전화사업 참여 초기 일본국유철도, 일본도로공단 등 거인들과 경쟁할 때 '유일한 순수 민간기업'이라는 긍지로 위기를 돌파했다. 이동통신사업 지역 할당 문제 때는 명분보다 실리를 택하는 결단으로 직원들과 담당 공무원까지 감복시켰다.

이 책이 보여주는 이나모리 가즈오의 기업 성공 스토리는 드라마틱하다. 그는 일본 정부가 통신사업 민영화에 나섰던 1984년에는 제2전전을 설립했고, 2000년에는 도요타자동차 등 강적들과의 경쟁에서 우위를 차지하며 KDDI 설립을 주도했다. 그리고 KDDI를 일본 2위의 통신회사이자 최고의 민간 통신회사로 키웠다. 이 책은 이나모리 가즈오와 열아홉 명의 젊은 도전자가 KDDI를 일구

어내는 과정을 실감나게 묘사하고 있다. 이나모리 가즈오의 결단과 통찰의 리더십을 극적으로 묘사한 이 책은 세계적인 경제 위기를 맞아 고뇌를 거듭하는 국내 기업인들에게 훌륭한 경영 지침서가 될 것이다.

이춘규

추천사

내가 KDDI 최고고문이자 교세라 명예회장인 이나모리 가즈오에게 관심을 갖게 된 것은 그가 세계적 육종학자인 우장춘 박사의 넷째 사위라는 사실 때문이었다. 나는 일본에서 17년 동안 생활했다. 특히 유학 시절인 1980년대, 재일동포들은 적지 않은 정체성 혼란에 시달렸다. 그런 상황에서 전도양양한 일본 기업인이 우장춘 박사의 사위라는 사실을 알게 되었을 때 '도대체 그가 누구일까' 라는 궁금증이 밀려왔다.

우장춘 박사는 광복 직후 "쓰시마 섬과도 바꿀 수 없다"는 일본 정부의 짝사랑을 뿌리치고 가족을 일본에 둔 채 우리나라로 영구 귀국했다. 그는 일본인 모친의 장례식에도 참석하지 않았다. 일본에 가 돌아오지 않을지도 모른다고 우려한 우리 정부가 출국 허가

를 내주지 않았다는 말도 있지만, 그렇지만은 않은듯하다. 아버지
가 명성황후 시해 사건과 직접 관련된 것에 대한 속죄였을까? 그는
우리나라 육종산업의 선구자로서 업적을 남기고 세상을 떠났다.

이나모리 가즈오 명예회장은 장인을 어떻게 생각하고 있을까?
연민의 정을 느끼고 있을까, 아니면 자랑스러워할까?

호기심은 선천적인 감정이지만 진화한다. 특히 한 인간에 대한
호기심은 그 사람에 대해 학습하고 탐색하려는 마음을 강화한다.
나 역시 마찬가지였다. 그의 명성과 영광의 이면에 있는 내적인
'그 무엇'에 대한 궁금증이 점점 더 커져갔다. 그것은 일본 사회가
그에게 보내는 절대적인 신뢰감은 어디서 오는 것이며, 그것은 어
떻게 형성되었는지에 관한 것이다.

그는 전자부품 업체 교세라의 창업주다. 교세라는 세계 세라믹
시장점유율 1위의 탄탄한 기업이다. 경영 실적 역시 일본 기업들
중에서도 최고 수준이다. 그런 그에게 하토야마 유키오 전 일본 총
리가 일본의 자존심이라고 할 수 있는 일본항공(JAL) 회장을 맡아
달라고 부탁한 이유는 무엇일까? 일본 사람들은 왜 그를 '경영의
신'이라고 치켜세우면서, 그의 경영철학을 뜻하는 '이나모리즘'에
열광하는 걸까?

교세라의 영업 실적으로 보면 '경영의 신'이라는 말이 무색하지
않음을 알 수 있다. 교세라는 1959년 남의 회사 공장에서 시작한,
일본의 1세대 벤처기업이다. 지금의 교세라는 세계 세라믹 시장의

70퍼센트를 점유하고 있다. 연평균 이익률이 20퍼센트, 매출액 증가율은 30퍼센트에 육박하고 있다. 그리고 영업이익은 1조 원을 넘는다. 견고한 지속 성장 가능 구조를 갖고 있는 것이다.

그는 자신의 경영철학에 대해 '인격수양'이라고 답변한다. 전형적인 도덕주의적 경영관이다. 그는 전쟁을 방불케 하는 비즈니스 현장에서 자신의 도덕적 경영철학을 사업과 어떻게 연계시켰을까? 그는 성공 비결에 대해 "왜 일해야 하는지, 일을 통해 무엇을 얻을 수 있는지를 깨닫고 일에 집중했기 때문"이라고 말한다. 그의 고백에서 또 다른 의문이 생긴다. 그는 무슨 일을 했고, 그 일을 통해 무엇을 얻었으며, 또 일에 대한 열정은 어떻게 경영에 반영되었을까? 이에 대한 답변을 원한다면 이나모리 가즈오의 실화를 담은 이 책을 읽어보기를 강력하게 권한다. 이 책은 KDDI의 창업에서 일본 이동통신시장 2위에 오른 현재까지의 숱한 사건을 가감 없이 보여주고 있다.

KDDI 창업 자체가 일본에서는 기적으로 여겨진다. KDDI의 벤처정신이 일본 통신시장의 역사적 전환을 가져왔다고 평가받는다. KDDI의 성공은 도전정신이 없었다면 불가능했다. 이 책은 이나모리 가즈오가 왜 전화사업에 뛰어들었는지, 벤처정신을 구체적으로 어떻게 구현해나갔는지 드라마틱하게 묘사하고 있다.

벤처기업은 소자본과 소수 인력으로, 기술력과 조직원의 의기투합으로 틈새시장을 공략하는 기업이다. 그래서 성공에 대한 보답은 크지만 그만큼 위험도 크다. 이 책은 KDDI 창업 과정에서 위험을 어떻게 희석시켰는지 잘 보여주고 있다. 그것은 한마디로 '이나모리 가즈오 식 리더십'이다. 그는 이 책에서 상대에게 신뢰를 쌓고, 사업 파트너는 물론 직원들에게도 끊임없이 동기를 부여한다. 잠재능력을 자극함으로써 스스로 하게끔 유도한다. 그것을 구체적으로 설명하면 직원들이 열정을 갖고 힘을 모을 수 있도록 환경을 조성하는 것일 수도 있고, 뜻하지 않게 부딪히는 난관을 헤쳐 나가는 방안일 수도 있다.

그것은 독자의 입장에 따라 다르게 다가올 것이다. 분명한 것은 이 책이 기업의 리더들에게 성공 노하우가 될 것으로 확신한다는 점이다. 아울러 경영이나 사업에 관심이 많은 이들에게 이 책은 미래를 준비하는 성공 모델로 충분한 가치가 있다고 믿는다.

임상빈
(중앙대 경영전문대학원 일본지역최고경영자과정 주임교수)

지은이 시부사와 가즈키(澁澤和樹)

1959년에 태어났으며, 1984년부터 기자로 활동하며 당시 일본 경제
계의 관심 대상이었던 통신 자유화를 취재했다. 특히 그가 기자로 첫발
을 내디딘 1984년은 이나모리 가즈오가 일본 최초의 민간 전화회사인
제2전전을 출범한 때로, 이후 그는 제2전전이 일본의 국영 통신회사인
일본전신전화공사(현 NTT)와 경쟁하며 현재의 KDDI로 발전한 상황을
깊이 있게 다루었다. 1997년 통신사업을 소재로 한 장편 미스터리 소
설 《녹빛 경종》으로 작가로 데뷔했는데, 이 작품은 〈선데이마이니치〉
가 선정한 그해 일본 미스터리 부문 2위를 차지했다. 이후 일본 기업의
흥망성쇠를 소설화하는 데 주력해, 본서 외에도 《버추얼 드림》·《늑대
의 과실》·《죄인의 사랑》 등을 집필했다.

옮긴이 이춘규

서울대 신문학과(현 언론정보학과)를 졸업하고, 한국개발연구원(KDI)
국제정책대학원 경제정책과정을 수료했다. 서울신문 정치부 차장, 도
쿄특파원, 체육부장, 국제경제 선임기자, 경제 담당 편집부국장 등을
역임했다. 현재 서울신문 논설위원으로, 일본 경제와 관련된 글을 쓰고
있다. 저서로는 《일본을 다시 본다》(공저)와 《일본에 대해 알지 못했던
것들》이 있다.